suhrkamp taschenbuch 5261

Mexiko, heute. Die beiden Journalisten Andrew und Carlos sollen eigentlich nur ein Routinestück über die Ölindustrie in Poza Rica, Veracruz, machen, wo ein amerikanischer Konzern groß einsteigt. Zufällig finden sie die furchtbar verstümmelte Leiche eines jungen Umweltaktivisten, Julián Gallardo. Während Carlos noch fotografiert, trifft die Guardia Civil ein und scheucht beide aus der Stadt. Trotz massiver Drohungen stellen die beiden weitere Nachforschungen an, bevor sie nach Mexico City zurückkehren. Als Carlos dort umgebracht wird, flieht Andrew außer Landes. Aber der Tod von Carlos, der nicht nur sein Kollege und Freund war, sondern auch sein Lover, lässt ihn nicht los. Er kehrt nach Poza Rica zurück und recherchiert die Geschichte von Julián Gallardo und bringt damit nicht nur Polizei, Militär und Kartelle gegen sich auf ...

»Ein hartes und kompromissloses Debüt – es lässt einen begeistert zurück.« *Lee Child*

»Fesselnd. Stimmungsvoll. Ich habe es geliebt.« *Adrian McKinty*

Tim MacGabhann, geboren 1989, aufgewachsen bei Kilkenny, Irland. Er hat u.a. für *Esquire*, Reuters, *The Washington Post* und Al Jazeera aus Lateinamerika berichtet. Er hat einen M.A. für Creative Writing der University of East Anglia und lebt heute in Mexico City. *Der erste Tote* ist der erste Teil einer geplanten Trilogie.

Conny Lösch, geboren 1969 in Darmstadt, lebt als Literaturkritikerin und Übersetzerin in Berlin.

Tim MacGabhann

DER ERSTE TOTE

Thriller

Aus dem Englischen von
Conny Lösch

Herausgegeben von
Thomas Wörtche

Suhrkamp

Die Originalausgabe erschien 2019 unter dem Titel
Call Him Mine
bei Weidenfeld & Nicolson, an imprint of
The Orion Publishing Group Ltd, London.

Klimaneutral
Druckprodukt
ClimatePartner.com/14438-2110-1001

Erste Auflage 2022
suhrkamp taschenbuch 5261

Umschlaggestaltung: zero-media.net, München,
nach einem Entwurf von Estuary English/Orion Books
Druck und Bindung: CPI books GmbH, Leck
Printed in Germany
ISBN 978-3-518-47261-3

www.suhrkamp.de

DER ERSTE TOTE

1

Niemand hatte uns gebeten nachzusehen, und seitdem ist kein Tag vergangen, an dem ich nicht wünschte, wir wären einfach weitergefahren.

»Nur eine Sekunde«, hatte Carlos hinter mir gesagt, sich neben den Toten gehockt, den wir entdeckt hatten. Der Auslöser seiner Kamera klickte so rasch hintereinander, dass man es in der feuchten Dunkelheit kurz vor der Morgendämmerung auch für zirpende Grillen hätte halten können.

»Komm schon, Mann, eine Sekunde sind bei dir zehn Minuten«, sagte ich gähnend und putzte meine Brille mit einem Zipfel meines Hemds. Nach vier Tagen im Jeep und in vollklimatisierten Hotelzimmern klang meine Stimme heiser, meine Kehle fühlte sich an wie eine mit Glasscherben gefüllte Socke.

Carlos lachte und sagte: »Kann sein.«

Bevor wir den Toten gefunden hatten, hätte ich niemals gedacht, mich später überhaupt noch mal an Poza Rica zu erinnern. Wir hatten gedacht, es würde um eine stinknormale Story gehen, einen ganz gewöhnlichen Artikel. »*Warten auf den schwarzen Goldrausch*« lautete die vorläufige Überschrift – ein Porträt von Poza Rica, der heruntergekommenen Erdölmetropole in Veracruz, im Osten Mexikos, »*eine Stadt*«, hatte ich geschrieben, »*die wie scheintot verharrt und auf ausländische Investitionen wartet, um aus den fünfzehn Milliarden Barrel Rohöl der Region Kapital zu schlagen – und in ihrem früheren Glanz zu erstrahlen.*«

Wir hatten gedacht, wir würden vier Tage lang Interviews führen, dann wären wir wieder zu Hause, würden Text und Fotos zu einer jener freudlosen, aber gutbezahlten Reportagen zusammenstellen, von denen alle Freiberufler träumen, bis sie tatsächlich einen solchen Auftrag bekommen.

Aber okay, nach den acht Jahren, die ich nun schon in Mexiko lebte, hätte ich wissen müssen, dass es so etwas wie einen stinknormalen Artikel hier gar nicht gibt.

Ob in Iguala oder Reynosa, Manzanillo oder Apatzingán, in allen armen Städten findet man dieselben verrammelten Ladengeschäfte und abgewrackten Kfz-Werkstätten, dieselben blauen Logos der Anonymen Alkoholiker und die mit Blut gesprayten Tags der Straßengangs.

Auch dieselben Altäre an Taxiständen, dem heiligen Judas und der Jungfrau von Guadalupe gewidmet, dieselben verblichenen Wandgemälde aus der Zeit der Revolution, dieselben Plazas, Musikpavillons und Büsten toter Berühmtheiten.

An jedem Laternenmast und in jedem Schaufenster hängen dieselben »Vermissten«-Plakate, dieselben kaputten Abflussrohre verbreiten denselben Blut-und-Schwefel-Gestank.

Aber nachdem wir den Toten entdeckt hatten, war nichts mehr so wie vorher.

Zehn Minuten zuvor hatten wir die Heimfahrt Richtung Mexico City angetreten, im Radio liefen Boleros. Hin und wieder machten wir Halt, um Bohrtürme für unseren Artikel zu fotografieren: Im Mittelkreis eines verdorrten Fußballplatzes, auf einem kostenpflichtigen Parkplatz, am Ende einer kleinen Seitenstraße zwischen dem Best Western Hotel und der Banco Azteca.

Kurz vor fünf Uhr morgens fuhren wir also gerade die Hauptstraße hinunter, niemand war auf dem Weg zur Arbeit, niemand ging von der Spätschicht nach Hause, in den dunklen Ecken unter der großen Überführung lag der Müll vom Markt des Vortags. Wir kamen an einer auf und ab schwenkenden Tiefpumpe am Ende eines Sträßchens zwischen einem hellerleuchteten Oxxo-Supermarkt und einer geschlossenen Bar vorbei, als Carlos sagte: »Ach, du Scheiße, halt an, *vato.*«

»Was?«, fragte ich, parkte oben an der Ecke, als Carlos bereits zu einer auf dem Boden liegenden Person rannte.

Erst wollte ich ihm nachrufen, es sei bestimmt nur ein Besoffener, aber dann stieg ich aus dem Jeep und sah den Mann, dessen Arme und Beine in einer Haltung ausgestreckt lagen, die kein betrunkener Schläfer je freiwillig einnehmen würde. Ich blieb stehen, außer Atem, oben an der Straße, mein Herzschlag bebte in meiner Kehle und meine Fingerknöchel traten weiß hervor, als ich die Tür des Jeeps viel zu fest umklammerte und ein leichter, feuchtkalter Regen auf mich niederfiel.

Ich hatte kein Problem mit Leichen. Sie erzählen alle nichts, ob sie nun verkohlt in einem ausgebrannten Wagen sitzen, gefesselt am Strand liegen oder grünlich verfärbt und seifig aus Massengräbern lugen. Aber der arme Kerl, der da neben der Tiefpumpe unter der Straßenlaterne lag, war anders als alle anderen Leichen, die ich je gesehen hatte. Seine gefälschten Levi's und die weiße Unterhose waren heruntergezogen, so dass ein Büschel Schamhaare um ein blutiges Loch herum zum Vorschein kam, sein Schwanz und die Eier, geschält wie Trauben, lagen auf seinen mehrfach gebrochenen Händen. Seine billige Lederjacke war offen, darunter trug er ein Polohemd, das keinesfalls fabrikmäßig rot gewesen war und dessen Färbung einen zuckrigen Metzgersgeruch verströmte, der den 7-Eleven-Kaffee, den ich im Jeep getrunken hatte, beinahe wieder in meinen Mund zurückbefördert hätte.

»Kotz hier bloß nicht rum, *vato*«, sagte Carlos und lachte, als er mich spucken hörte. »Du ruinierst mir noch mein Bild.«

»Genau, weil's nämlich so ein schöner Anblick ist«, sagte ich und zündete mir eine Zigarette an, um den Gestank zu überdecken, während die Pumpe im Hintergrund schepperte.

Wer behauptet, der Tod habe einen eigenen Geruch, irrt sich: Er hat Dutzende, und ich kenne nur ein paar davon. Bei den Morden am Strand von Acapulco, über die Carlos und ich einige Jahre zuvor berichtet hatten, waren die Täter auf Jet-Skis herangerast, man hatte den Blutgeruch nicht von dem des trockenen Blasentangs unterscheiden können. Bei dem großen Lagerhausmassaker in Tlatlaya, über das wir Mitte 2014 berichtet hatten, rochen die von Kugeln zersiebten Eingeweide vor allem nach Weizen. Die in Tacxo entdeckten Massengräber stanken dagegen durchdringend und pilzartig nach Buttersäure, so dass ich danach nie wieder Appetit auf Roquefort hatte.

Selbst aus der Entfernung konnte ich erkennen, was dem Jungen angetan worden war. Das Blut auf seinem Hemd stammte nicht von der Einschusswunde: Am Hals bildeten Blutergüsse eine Art Kragen, der ihm die Luft abgeschnürt hatte, aber weder auf der Brust noch im Gesicht befanden sich sichtbare Verletzungen. Tatsächlich hatte er gar kein Gesicht mehr. Und daher kam auch das viele Blut: Sein Gesicht war abgeschnitten, seine Augen ausgequetscht, übrig war nur eine feuchte, rote, mit Dreck und Schottersteinchen gesprenkelte Maske, die Zähne waren schwarz. Ein Stanley-Messer vermutete ich: Gezackte Ränder säumten die Wunde rechts vom Kinn. Anhand der zerfetzten Haut auf der linken Seite konnte ich feststellen, dass die Täter nicht weitergeschnitten, sondern den Rest seines Gesichts mit den Händen abgerissen hatten.

Eine Ameise krabbelte über den Steg aus Knochen und Knorpel, wo einst die Nase war. In meinem Magen brodelte es wie in einem Vulkan. Carlos beugte sich vor, blies die Ameise weg, dann nahm er wieder den Deckel vom Kameraobjektiv.

»Halt auf der Straße Ausschau«, sagte Carlos sanft und kehrte mir den Rücken zu.

Eigentlich wollte ich sagen: *Wenn du dich nicht beeilst, kotze ich hier alles voll.*

Tatsächlich aber sagte ich: »Okay« und schluckte den sauren Geschmack im Mund herunter.

»Alles gut, *vato*«, sagte Carlos zu dem Toten, als er sich mit der Hand neben den verklebten blutigen Haaren des jungen Mannes abstützte, hinkniete und wie im Gebet dabei leise murmelte: »Es ist vorbei.«

Carlos hatte immer behauptet, wenn jemand ermordet wurde, würde sein Geist noch eine Weile am Tatort verweilen. Die Jesuiten auf der Highschool in Juárez hatten ihm das angeblich beigebracht. Und dass die Seele, weil sie gewaltsam aus dem Körper vertrieben wurde, zu verängstigt sei, zu erschrocken, um ins Nirgendwo davonzuschweben.

»Hab keine Angst«, sagte er zu dem gesichtslosen Jungen, nahm einen langen Zug von seiner Zigarette und blies den Qualm wie Weihrauch auf einer Beerdigung über den Toten. »Lass dich nicht von uns aufhalten.« Er hob die Kamera, um weiter Fotos zu machen. Der Blitz war weiß wie Kerzenlicht.

»Dauert keine Minute mehr.«

»Vor einer Minute hieß es noch ›eine Sekunde‹«, sagte ich.

»Entspann dich«, sagte Carlos. Ich konnte nicht feststellen, ob er mit mir oder dem jungen Mann redete.

»Wir waren schon auf der Heimfahrt«, sagte ich. »Ich kann nicht fassen, was du da machst.«

»Entspann dich«, sagte Carlos noch einmal. »Wir kommen doch auf unsere Kosten, oder nicht?«

Die Straße weiter oben war tot wie der Mond. Nicht einmal mehr die schmalgesichtigen Teenager mit ihren brandneuen Basecaps und den ihrem Aussehen nach raumfahrttauglichen Sneakern standen noch bewaffnet mit Smartphones und Pistolen in den Taschen ihrer Kapuzenjacken an den Straßenecken. In den ganzen vier Tagen, die wir in Poza Rica verbracht hatten, waren sie überall gewesen: hatten in den Seitenstraßen herumgelungert, an Marktständen aufgepasst oder sogar den Cops draußen vor den Wohnhäusern in den ärmeren Vierteln Tipps gegeben.

Aber jetzt? Niemand. Nur die glanzlosen und heruntergekommenen Gebäude an der Hauptstraße, nur die von Benzinabgasen grauen Straßenlaternen.

»Komm schon, Mann«, sagte ich und sah einem verletzten Hund hinterher, der auf seinen drei gesunden Beinen vorbeihinkte. »Wie viele Bilder brauchst du?«

»Halt einfach mal kurz die Augen offen, ja?« Seine Stiefel knirschten, als er seine Position veränderte, um den richtigen Winkel zu erwischen.

Man kann sein Leben damit verbringen, auf andere aufzupassen. Die gesamte Oberschule hindurch, damals noch in Irland, war ich immer derjenige gewesen, der bei Schlägereien auf dem Schulhof nach den Lehrern Ausschau halten, das Gras und die Ecstasy-Vorräte der anderen bei sich zu Hause aufbewahren oder den Alkohol verstecken musste, den die anderen aus den Barschränken der Eltern geklaut hatten. Und jetzt stand ich Schmiere, während mein Freund Fotos machte, die er eigentlich lieber nicht machen sollte.

»Passt du auf?«, fragte Carlos hinter mir. »Ich bin fast fertig.«

Angefangen in den roten Bergen von Michoacán bis zu den zwielichtigen Nachtclubs der Zetas in Coatzacoalcos, von den Massengräbern in den grasbewachsenen Hügeln von Cocula bis zu den Lagerhäusern von Huejutla, wo Ratten und Feuchtigkeit an den noch ungewaschenen Geldbündeln des Golfkartells nagten, vom strahlend blauen Himmel und den unbefestigten Straßen in den Tarahumara-Bergen bis hierher, bis heute, bis zu dieser Seitenstraße voller Scherben und getrocknetem Blut in Poza Rica, Veracruz – an jedem dieser Orte hatte ich auf Carlos aufgepasst, während er seine Fotos machte, und ich hatte es nie vermasselt, nicht ein einziges Mal.

»Alter«, sagte ich und schaute über meine Schulter nach Carlos, der sich zu dem Gesicht runterbeugte, das keines mehr war.

Carlos schob seine Hand in die Jacke des Toten, suchte nach der Innentasche.

»Du hinterlässt noch überall Fingerabdrücke«, sagte ich.

»Na klar, weil die Spurensicherung hier auch so super akribisch arbeitet«, sagte Carlos, der bereits die Brieftasche des jungen Mannes aufgeklappt in Händen hielt.

»Ich glaub's nicht«, sagte ich, obwohl das natürlich gelogen war.

Carlos zog einen Studentenausweis der Universidad Veracruzana hinter Rabattkarten von Cinépolis und KFC hervor, dann machte er ein Foto davon. Name: Julián Gallardo. Geburtsdatum: Oktober 1996.

»*Mire, güey*«, sagte Carlos, schob den Ausweis wieder in die Brieftasche und diese zurück in Juliáns Innentasche. »Nichts für ungut.«

Irgendwo weiter hinten, wo ich den Hund außer Sichtweite hatte humpeln sehen, kreischten jetzt Reifen auf.

»Du hast nicht aufgepasst.« Carlos legte seine Kamera auf den Boden.

Kies knirschte. Eine Sirene spaltete meinen Schädel. Dann wurden wir auch schon vom Licht der Polizeischeinwerfer überflutet, rotes, blaues und weißes Halogenlicht, Türen schlugen laut zu, als zwei Weiße aus einem Pickup der Guardia Civil stiegen, während ein dritter ein festmontiertes AR-15-Sturmgewehr auf uns richtete.

»Runter«, sagte ein Polizist in ängstlichem Flüsterton.

»Ich kann nicht fassen, dass du das verkackt hast«, sagte Carlos.

»Klar, Mann, wie du meinst«, sagte ich zu Carlos und ging auf die Knie, legte die Hände hinter den Kopf, hielt meinen laminierten Presseausweis an einem Band fest ums Handgelenk gewickelt hoch.

Der erste Cop trat vor, der zweite gab ihm von hinten Deckung, Licht glänzte auf den Spiralen des Telefonkabels, mit dem seine Waffe gesichert war.

Wir knieten im grellweißen Licht, die Hände hinter den Köpfen verschränkt, Scherben schnitten durch unsere Jeans in die Knie, und die Umrisse der Polizisten wurden bedrohlich größer, ihre Schritte kamen näher.

2

Die beiden Cops traten aus dem Licht und direkt vor uns. Der erste, der uns erreichte, riss mir den Ausweis aus der Hand, während der auf der Ladefläche des Pickups sein Gewehr die Straße rauf und runter schwenkte. Man konnte immer noch die Ölpumpe rattern hören und auch die traurigen Melodien, die aus dem Radio meines Jeeps in die Dunkelheit sickerten.

»Das ist ein Tatort«, sagte der erste Cop.

Meine Haut war keine schützende Hülle mehr, nur noch ein heißes, zittriges Kribbeln.

»Wir dachten, er lebt noch«, behauptete ich.

Der Cop sah Julián an, dann wieder mich.

Scheiße drückte heiß von innen an mein Arschloch.

»Bis wir näher rangekommen waren«, ergänzte ich.

Der Cop sagte nichts, machte nur eine Bewegung mit dem Kinn Richtung Carlos.

»Hast du Fotos gemacht?«, fragte er.

»Wollte ich gerade«, sagte Carlos. »Tut mir leid.«

Der erste Cop schlug Carlos mit dem Griff seiner Pistole ans Kinn und sagte: »Du dämliches Arschloch. Wegen dir werden wir noch alle ermordet.«

Das Wort *Hilfe* stieß an meinen Gaumen und verklang ungehört. Carlos schrie nicht mal auf, fiel einfach nur um, gefügig wie eine geschlachtete Kuh. Der zweite Cop hielt den Lauf seiner Waffe auf ihn gerichtet.

»Hol dir seinen Ausweis«, sagte der erste Cop zum zweiten.

In Momenten wie diesem ist dir alles egal. Dein Kopf ist so rückstandslos leer wie ein ausgekipptes Goldfischglas. Nichts, von dem du dachtest, dass es von Bedeutung sei, spielt mehr eine

Rolle, nicht deine Kaffee-Fahne, nicht dein Kopfschmerz, auch nicht, ob du dir in die Hose scheißt, nicht einmal die Erinnerung an die Menschen, die du nie wiedersehen wirst. Du bestehst nur noch aus dem Asphaltgeruch in deiner Nase und dem Schotter und den Scherben unter deinen Händen.

Der Cop stand über mich gebeugt und sagte: »Wollt ihr enden wie der Junge da?«

»Nein«, sagte ich und blies mit meinem Atem Schottersteinchen weg.

»Ich auch nicht«, sagte Carlos.

Der Cop hockte sich neben mich. »Wisst ihr, wem diese Stadt gehört?«

»Wir machen eine Reportage über Öl«, sagte ich. »Nur Zahlen. Nichts über Kriminalität. Auf der Heimfahrt haben wir den Mann da liegen sehen und angehalten, wollten nachschauen, was los ist.« Ich sog Luft ein, die nach Straße schmeckte. »Mehr nicht.«

Der erste Cop presste seine Finger an die Stirn. »Hört zu, ich sag's noch mal. Wisst ihr, wem diese Stadt gehört?«

»Ich glaube, das wissen die nicht«, sagte der zweite Cop. Seine Stimme war hoch, nasal, die Stimme eines Anfängers. »Sonst wären sie nicht hier.«

Der erste Cop sah mich an, dann Carlos, dann den Anfänger.

»Lass uns von hier verschwinden, ganz im Ernst«, sagte der Anfänger, jetzt mit flehender Stimme.

Der erste Cop senkte den Blick zu Boden, nickte, dann steckte er seine Waffe ins Holster.

»Heute habt ihr Glück«, sagte er, die Hände auf die Hüften gestemmt, und schüttelte den Kopf.

Carlos, der ein Stück von mir entfernt auf der Straße lag, zwinkerte mir zu. Sein Kiefer war rot, verfärbte sich allmählich dunkel und zimtfarben, und an seiner Lippe hing ein dunkler

Faden Blut. Unter meiner Zunge stieg Salzgeschmack auf; unter seiner vielleicht auch. Der zweite Cop sagte: »Tut mir leid wegen deinem Kinn.«

Der erste Cop machte eine Kopfbewegung in Richtung unseres Jeeps und sagte: »Worauf wartet ihr? Los, *los*.«

Carlos klopfte sich den Dreck von der Jeans und mir auf die Schulter.

»Komm schon.«

Der zweite Cop hustete, und augenblicklich lag Kotzegestank in der Luft.

»Wo holen die bloß diese jungen Typen her?«, fragte Carlos, den Arm um mich gelegt.

»Zehn Jahre dauert dieser scheiß Drogenkrieg jetzt schon.« Ich hielt meinen Presseausweis so hoch, dass ihn auch der dritte Cop hinten auf dem Pickup sehen konnte. »Von den richtig harten Jungs sind nicht mehr viele übrig.«

»Daran muss es wohl liegen«, sagte Carlos und schaute noch mal über seine Schulter zu dem Toten in der hellerleuchteten Seitenstraße zurück. »Trotzdem, armer Kerl. Ich frage mich, wo die ihn hinbringen.«

Der Cop, der Carlos geschlagen hatte, zerrte Julián Gallardo an den Schultern zum Pickup. Der mit mir geredet hatte, nuschelte jetzt in ein Funkgerät. Mit einer Hand hielt er einen von Juliáns Füßen fest, der andere schleifte über den Boden.

»Da, wo sie alle landen«, sagte ich und drehte den Schlüssel im Zündschloss.

Die Cops warfen Julián auf die Ladefläche des Pickups, er knallte auf den harten Stahl, Arme und Beine über Kreuz, der Cop mit dem Funkgerät verwischte die Spuren im Schotter und Dreck.

»Ja«, sagte Carlos. »Im Nirgendwo.«

3

Auf der Fahrt raus aus der Stadt rauchte Carlos eine ganze Zigarette in nur jeweils vier, fünf Sekunden langen Zügen, und das, ohne auch nur ein einziges Mal zu husten, während ich unrhythmisch mit den Fingern aufs Lenkrad trommelte. Obwohl der tintenschwarze Himmel kobaltblau aufhellte, wirkten die Schatten der Gebäude, Straßenlaternen, Einkaufsstraßen mit Cinépolis und KFC immer dunkler.

An einer Tankstelle in einer nebelverhangenen Kurve auf dem Highway über dem Tal fuhren wir ab, das gleichmäßige Dröhnen der Reifen auf dem Tankstellenbeton ließ meinen adrenalinbedingten Kopfschmerz abflauen. Wir holten uns Frühstück: Doughnuts und überzuckerten Kaffee für mich, Zigaretten und Tequila-Soda in der Dose für Carlos. Er blieb noch eine Weile im Laden, unterhielt sich mit ein paar stämmigen Bikern, die offenbar zur El-Tajín-Pyramide wollten.

»Wieso hast du keine Angst?«, fragte ich ihn, als er wiederkam.

Carlos sah mich an, hielt sich zwei Finger an den Hals. »Fühl mal.«

»Scheiße. Wie eine Maus im Trickfilm.«

»Schon langsamer geworden, *vato*«, sagte Carlos. »Vorhin hab ich gedacht, mein Herz platzt aus meiner Brust.« Er drehte seinen Fidel-Castro-Schlüsselanhänger, der gleichzeitig ein USB-Stick war, um seinen Finger. »John-Hurt-Style.« Anhänger und Schlüssel wirbelten im Kreis herum. »Bin echt froh, dass die meine Kamera nicht einkassiert haben«, sagte er.

»Aber sie haben dein Gesicht«, sagte ich. »Und deinen Namen.«

Carlos winkte ab. »Ach egal, dann muss ich mich halt rasieren, bevor ich da noch mal hinfahre. Eine Brille aufsetzen.«

»Du trägst doch schon eine.«

»Oh. Ach so.«

»Ist sie verkratzt?« Ich beugte mich vor, um seine Gläser auf Schrammen zu untersuchen, aber sie waren zu dreckig, um das überhaupt feststellen zu können.

Er hob die Hände, schob mich schultertätschelnd weg. »Nein, *vato*, bleib cool, ja?« Dann streckte er sich auf der von Stechmücken gesprenkelten Motorhaube aus, die Hände hinter dem Kopf, und stieß ein langes Staccato-Stöhnen aus, das sich in ein gackerndes Lachen verkehrte. »Das war unglaublich. Wir müssen auf jeden Fall noch mal da hin.«

Das Tal war ein träge wogender Ozean aus Nebel. Hinter dem Highway sah man nichts außer einer Decke aus reinem Weiß, die feuchte Luft perlte an meinen Stiefeln ab und verfärbte eine herunterhängende Strähne meines Haars.

»Ich weiß nicht«, sagte ich. »Sogar die Cops sahen aus, als hätten sie Angst.«

»Cops sind auch nur Menschen.« Carlos zuckte mit einer Schulter.

»Irgendwie.«

»Im besten Fall.« Ich kratzte mich unter dem Kinn, schaute auf die Straße zu den Laternen, die im diesigen Licht wie düstere Siebener aussahen, dann zu den Fahrbahnmarkierungen auf dem glitschigen Asphalt, die an zerrissene Gedankenstriche erinnerten. »Aber warum schaffen die eine Leiche weg, die jemand anders dort hingeworfen hat? Und wieso macht ihnen das Angst?«

Carlos legte mir einen Arm auf die Schulter und wackelte mit einem Zeigefinger vor meiner Nase, dann sagte er: »Deshalb drehen wir noch mal um.« Er ließ mich los und setzte sich auf, tippte auf seine Dose mit dem Tequila-Drink. »Du hast doch nichts dagegen?«, fragte er, zog den Ring hoch.

»Frag mich nicht solche Sachen.«

Die Dose knackte auf. »Ganz schön stressig, *vato*.«

»Ist es doch immer.«

Als Carlos die Dose geöffnet hatte und in einem Zug austrank, musste ich ihm den Rücken zukehren und mir noch eine anzünden.

Carlos zog sein Handy aus der Tasche, schrieb Nachrichten.

»Sagst du's deiner Mutter?«, fragte ich.

»Nein, ist nur Gelaber«, sagte Carlos. »Alles okay?« Er schaute nicht von seinem Handy auf.

»*Mir* geht's gut. *Dich* haben sie geschlagen.« Ich hob sein Kinn an, der Bluterguss hatte inzwischen die dunkle Färbung einer Aubergine.

Er drehte den Kopf weg. »Ist okay, ehrlich.«

»Na schön.« Der Doughnut, in den ich jetzt biss, war so trocken, dass er in meinem Mund zu Staub zerfiel. »Aber schon komisch«, sagte ich. »Einen Toten so da liegen zu lassen.«

»Allerdings«, sagte Carlos. Ich hielt die Klappe, tunkte die andere Hälfte meines Doughnuts in den Kaffee, bis er nicht mehr wie Spanholz schmeckte.

In Cocula hatten wir Gräber besucht, in denen kaum etwas begraben lag, weil die Einheimischen manchmal nicht mehr gefunden hatten als Knochensplitter und Spuren von gelblichem Glibber, wenn die Leichen in Fässern mit Natriumhydroxid aufgelöst worden waren. In ausgehobenen Gruben in Taxo hatten wir Tätowierungen von Heiligen, Kindernamen und Bandenzugehörigkeiten in der Erde verrotten sehen.

»Wenn es so einfach ist, eine Leiche verschwinden zu lassen«, sagte ich laut, »warum lässt man dann eine in der Öffentlichkeit liegen?« Ich trat in den Schmutz.

Carlos stieß einen langen Atemzug aus, hielt die Augen geschlossen. »Weißt du, du kannst ewig weiter drüber nachdenken«, er machte eine weitere Dose auf, »oder *zurückfahren und fragen.* So wie richtige Reporter das machen.«

Ich ignorierte ihn. »Hast du irgendwen da auf der Straße gesehen?«

Carlos zuckte mit den Schultern.

»Eben«, sagte ich. »Also, wer auch immer die Leiche da hingelegt hat, er wollte, dass sie gefunden wird.« Den zweiten Bissen Doughnut bekam ich so geschmeidig herunter wie einen Brocken Straßenbelag. »Aber wieso?«

Carlos schnalzte mit der Zunge. *»Ni puta idea, güey.«* Er zeigte auf den Jeep. »Dieses Zaubergefährt, wir sollten uns reinsetzen und die Leute fragen, wer der Junge war.«

»Auf der Website mit den Vermisstmeldungen gibt es keinen Julián Gallardo.« Ich ging die Tabs auf meinem iPad durch. »Nichts in den Lokalnachrichten. Nichts auf Twitter.«

»Schau bei Facebook nach.«

Ich scrollte runter. »Ein paar Bilder von ihm bei einer Demo. Ein paar Hashtags wegen Umweltverschmutzung.«

Carlos tippte auf einen der Hashtags, er lautete »AJENJO ASESINO« – »AJENJO sind Mörder«, und sagte: »Das ist doch ein Hinweis.«

»Nicht wenn hier jedes Ölunternehmen als ›Mörder‹ bezeichnet wird«, sagte ich und meldete mich aus dem Internet ab.

Carlos hatte die Hände tief in den Taschen vergraben. Eine weitere Nebelwelle hob sich und brach auf. Er biss sich auf die Lippe, scharrte mit den Absätzen über den Beton und sagte: »Wäre bisschen vergeudet, wenn wir eine Leiche finden und dann nichts unternehmen.«

»Dafür ist unser Tagessatz gar nicht hoch genug«, entgegnete ich.

»Mag sein«, sagte Carlos. Sein Blick wanderte vom Display seiner Kamera, das noch immer die Aufnahme von Julián Gallardos Ausweis zeigte, zu den Bikern, die gerade ihr Frühstück auspackten.

»Mal sehen, ob sein Name in den nächsten Tagen in den Zeitungen auftaucht«, sagte ich. »Wenn sich ein Zusammenhang zu dem ergibt, woran wir arbeiten, frage ich Dominic, ob wir das Thema vertiefen dürfen.«

Carlos sagte nichts.

»Ist ein Kompromiss«, sagte ich und schlug ihm auf die Schulter. »Mir tut er auch leid. Aber was soll's?« Jetzt war es an mir, mit der Schulter zu zucken. »Du weißt doch, wie das hier ist.«

»*Ich* weiß das«, sagte er und betrachtete Julián Gallardos schmales, ernstes Gesicht und schaute dann durch die braunen Haarsträhnen, die ihm selbst vor den Augen hingen, zu mir auf. »Aber du?« Er wackelte mit der Hand hin und her.

»Ich bin müde«, sagte ich, öffnete die Tür des Jeeps. »Komm schon.«

Aus den Lautsprechern drang ein weiterer alter Bolero, wehmütige Tenorgesänge und mandelfarbene Gitarrenklänge.

Carlos schaute wieder zu den Bikern. »Weißt du was, fahr allein weiter.« Seine Finger trommelten aufs Dach. »Ich will zurück.«

Wohlklingender Tenorgesang, der von dem Wahnsinn kündete, in den Lauf des Schicksals eines Geliebten eingreifen zu wollen. Fast sah ich das traurige Lächeln der Sänger, sah den Text in die Luft gedruckt, spürte jedes einzelne Wort, das mir schwer im Magen lag.

Carlos klopfte eine Zigarette aus der Packung. »Es sei denn, du willst mitkommen. Mir Gesellschaft leisten.« Er zwinkerte mir zu. »Du und ich, wir machen es uns gemütlich, im Feuerring der Auslandskorrespondenten.«

»Weißt du, was es kostet, einen Toten von Mexiko nach Irland zu verschiffen?«, fragte ich.

Carlos stieß einen langen spiralförmigen Rauchfaden aus und ballte seine tätowierten Fäuste: betende Hände, ein wachsames Auge, ein Anker mit der Aufschrift NEC SPE NEC METU – weder Hoffnung noch Furcht. »Komm schon, Mann, du hast was wieder gut zu machen. Wärst du nicht sooo müde gewesen und hättest du nicht *unbedingt* nach Hause gewollt, hätten uns die Cops vielleicht gar nicht erwischt.«

»So *hartherzig*«, sangen die Stimmen im Radio.

»Nein?« Carlos ertränkte seine Zigarette in einem der zahlreichen Kaffeebecher, mit denen seine Seite des Jeeps vermüllt war.

Die Radiostimmen sangen davon, wie es ist, auf dem Boden eines Motelzimmers zu liegen und zu seiner Geliebten aufzuschauen, die auf einem Halbmond sitzt.

»Hör auf«, sagte ich.

»Aber das kannst du nicht abstreiten.« Carlos' Lächeln verdichtete sich jetzt zum anzüglich grinsenden Angelhaken.

Ich presste die Finger an die Stirn. »Was willst du?«

»Ich will, dass du deinen Job machst«, sagte er. »Ich will die Story.«

»*Die braunen Kacheln an meiner Wange*«, sang es aus dem Radio, »*kälter als das Herz in deiner Brust.*«

»Die Geschichte von diesem Mann hier.« Carlos hob das iPad, zeigte mir noch einmal Julián Gallardos stummen, augenlosen Schrei. Er beugte sich in den Wagen, sein heißer Atem erreichte mich über den Schalthebel hinweg. »Sei ein echter Journalist, *vato*«, sagte er. »Ausnahmsweise mal.«

»*Trunkener Wahn*«, sang es aus dem Radio, »*zu glauben, ich hätte dir etwas zu bieten.*«

Ein Laster dröhnte aus dem Nebel, spritzte Regenwasser über die Windschutzscheibe und ließ den Jeep beben.

»Okay.« Ich drehte den Schlüssel im Schlüsselloch so fest, dass ich dachte, er würde abbrechen. »Wir sind fertig hier.«

»*Trunkener Wahn*«, sang es im Radio, lauter als der Motor brummte, »*zu glauben, du könntest je die meine sein.*«

»Schlappschwanz.« Carlos zog seine Kameratasche aus dem Fußraum, sie krachte gegen die Tür. »Ich hau ab. Ich schreib dir.«

»Was? Willst du trampen?«, schnaubte ich.

»Äh, ja?« Carlos gestikulierte mit dem Kinn in Richtung der Biker vor der Tankstelle, dann knallte er die Tür zu und ging über den Vorplatz zurück. Das Gesicht wegen des feinen Regens gesenkt, winkte er den Bikern bereits zu.

Im Rückspiegel sah ich, wie Carlos jedem Einzelnen die Hand schüttelte, er lieh sich einen Helm und schwang ein dünnes Bein über den Sattel einer BMW.

»Immer charmant«, sagte ich zu niemandem, zündete mir noch eine Zigarette an. Als die Motorräder ansprangen, hob Carlos eine Hand über die Schulter, zeigte mir rückwärts seinen Stinkefinger. Die betenden Hände auf seinem Handrücken schienen mich anzuflehen, nicht sauer auf ihn zu sein.

»Na, dann viel Glück, verdammte Scheiße.« Ich löste die Handbremse, legte den ersten Gang ein. Als ich gleichzeitig das Radio ausschaltete, knirschte der Kies unter den Reifen, wie eine aus der Rille gesprungene Plattenspielernadel. Bevor ich auf den Freeway fuhr, sah ich Carlos noch nach, bis er verschwunden war.

Mir den Stinkefinger zu zeigen, war vielleicht seine Art, mir zu sagen, dass es nur ein ganz gewöhnlicher Streit war, dass er sich nicht in Poza Rica ermorden lassen würde, dass er bald wiederkäme.

Wie sich inzwischen herausgestellt hat, hätte ich damit fast recht behalten.

4

Mein Telefon brummte nur einziges Mal auf der Fahrt nach Mexico City, und zwar, als Carlos mir das Foto von Julián Gallardos totem Gesicht schickte. Als ich ihn anrief, sprang sofort die Mailbox an.

Mein Herz schlug mir bis zum Hals. Auf der gesamten Fahrt unter strahlend hellem Himmel über den Freeway versuchte ich immer wieder, ihn zu erreichen, aber Carlos drückte mich jedes Mal weg. Als ich an den Pyramiden von Teotihuacán vorbeikam, noch zirka eine Stunde von zu Hause entfernt, fand ich, ich sei hartnäckig genug gewesen, um seine Aufmerksamkeit verdient zu haben, aber er ging nicht dran. Also sprach ich eine Nachricht auf.

»Carlos, wenn du das abhörst: Du bist ein Idiot.«

Als ich mich in den Verkehr auf der Avenida de los Insurgentes fädelte, hinterließ ich ihm erneut eine Nachricht.

»Carlos, wenn du das abhörst: Du bist eine Drama Queen.«

Vor der roten Ampel an der Ecke Xola und Dr. Vértiz beschimpfte ich ihn als Poser, als Wichser und ruhmgeiles Arschgesicht.

Auf den Straßen meines Viertels war bereits einiges los: Hippe, tätowierte Grafikdesigner, Kellner und Bedienungen, Friseure, Straßenfeger in orangefarbenen Overalls und gestresste Büroangestellte in billigen Anzügen eilten fast im Laufschritt über die Bürgersteige, taten eigenartigerweise so, als wollten sie unbedingt pünktlich sein in einer Stadt, in der so etwas wie Pünktlichkeit gar nicht existierte.

Der *Tianguis*-Markt war bereits in vollem Gang, als ich vor meinem Haus hielt, Imbisswagenverkäufer fegten schmutzige Putzbrühe über den Gehweg. Pickups aus Estado de México, Morelos und Tulancingo parkten am Bordstein, waren schwer beladen mit Chorizo, riesigen weißen Käserädern, aufgestapelten Eierkartons und ganzen Wäldern aus Koriander. Ein ganz gewöhnlicher Tag, fand ich, und dass die ganze Normalität um mich herum Carlos' Chancen verbesserte, weil er an einem Tag wie diesem unmöglich verschwinden konnte.

Als ich die Tür zu meiner Wohnung öffnete, zerschnitt die Jalousie das Licht in grapefruit-orangefarbene Streifen. Die Stimmen von Nachrichtensprechern plapperten aus den Lautsprechern eines Laptops. Ich hatte meine Freundin Maya, die als Journalistin fest bei einer großen einheimischen Zeitung angestellt war, gebeten, auf meine Wohnung und meine Katze aufzupassen, solange ich in Poza Rica war, weil sie ihre eigene, neue Wohnung nicht mochte. Sie saß am Tisch auf einem mit rotem Leder bezogenen Gio-Ponti-Imitat, das ich im Mercado Lagunilla ergattert hatte, und wurde von meiner Katze Motita, die den Schwanz lässig hin- und herschwenkte, vom Sessel aus beäugt.

»Wie habt ihr beiden euch vertragen?« Ich hängte meine Jacke an den Garderobenständer neben einer guatemaltekischen Gottheit, die mein Freund Luis mit Hello-Kitty-Aufklebern zugepflastert hatte. Die Gottheit hatte einen recht verzweifelt wirkenden Gips-Jesus im Rachen stecken.

»Die Katze da und ich, oder wie?«, fragte Maya. »Die hat was gegen Frauen.« Sie schaute nicht von ihrem Laptop auf. »Drei Tage, drei Nächte. Sie jault, ich füttere sie. Sie jault, ich mache sauber. Und trotzdem …«, sie schlug mit dem Handrücken Richtung Motita ins Leere, machte kurz vor deren Kopf Halt, »… immer noch dieser verächtliche Blick.«

Motita wusste, dass ich wieder da war, aber sie schaute nicht auf. Sie schielte, war fettleibig, fast schon neun Jahre alt und konnte nicht mehr miauen: Stattdessen gab sie ein eigenartiges jaulendes Husten von sich.

»Mich ignoriert sie auch, falls dich das tröstet«, sagte ich, ließ meinen Rucksack fallen und durchquerte den Raum zum Aquarium. »Wie geht's meinen Fischen?«

Mayas Finger klapperten auf den Laptop-Tasten. »Die haben Schnecken.«

Geschraubte bernsteinfarbene Schneckenhäuser sprenkelten die Scheibe, die Kieselsteine und die schmalen grünen Wasserpflanzen.

»Verdammte Scheiße.« Ich nahm ein Schmetterlingsnetz und einen Blecheimer aus dem Regal. »Und Algenblüte auch noch.« Ich fischte im Wasser herum.

Motita dachte offenbar, ich hätte es auf die Fische abgesehen, und rollte sich an meinen Füßen zusammen. Ich bespritzte sie mit Wasser, bis sie hustete und davonwatschelte, wobei sie auf dem Weg zu ihrer Futterschüssel an einen Schrank stieß.

»Scheiß Schnecken«, sagte ich.

Im Aquarium waberten Gruppen von Salmlern um einen männlichen und einen weiblichen Kampffisch herum, die mit den lila Flossen zuckten und zwischen den Farnen und Wasserähren hindurchglitten.

»Die Kannibalenschnecken haben es nicht gebracht.« Ich tippte an die Scheibe, über die sich langsam ein getigertes Schneckenhaus schob. »Die futtern ein paar wenige von den kleinen, dann fallen sie schon ins Fresskoma.«

»Keine verzweifelten Kurzschlusshandlungen«, sagte Maya. »Besonders nicht in Zoogeschäften.«

Weitere Schnecken klapperten in den Eimer.

»Die werden dich bescheißen, Mann«, sagte Maya. »Na ja, haben sie ja schon.«

»Der Köder, die Kürbisbröckchen, die ich da reingeschmissen habe, das hat auch nicht funktioniert?«

»Die haben die Fische gefressen.« Maya blätterte in einem Buch, das sie in meinem Regal gefunden hatte – eine Retrospektive über SEMEFO, ein Künstlerkollektiv aus den neunziger Jahren, das Black-Metal-Raves veranstaltet, Pferde gehäutet und Körperteile aus Leichenschauhäusern gestohlen hatte. Sie schlug eine Seite auf, die eine Zunge mit Diamantstecker auf einem Sockel zeigte, und streckte ihre eigene Zunge raus. »Soll ich mir auch so was stechen lassen?«

Julián Gallardos Gesicht blitzte auf in meinem Kopf.

»Was, ein Piercing?«, fragte ich.

»Ja«, sagte Maya. »Bei dem hier sieht's doch ganz gut aus.«

»Da ist doch nur die Zunge zu sehen. Woher willst du wissen, ob's gut aussieht?« Ich schüttelte den Eimer, musterte die klappernden nassen Klümpchen. »Schau dir das an. Eine Schweinerei ist das.«

»Ich hab auf die Wohnung aufgepasst«, sagte Maya. »Nicht deine Altlasten abgetragen.« Sie blätterte die nächste Seite so schwungvoll um, dass sie beinahe gerissen wäre. »Kippst du die alle auf einmal ins Klo?«

»Äh, ja?«

»Meinst du, das ist schlau?«, fragte Maya. »In der Kanalisation gibt's so schon jede Menge mutierte Scheiße. Willst du nachts von Killerschnecken ermordet werden?«

»Dann wirf keine Abfälle in meine Spüle.«

Maya knallte das Buch zu. »Hab ich auch nicht.«

Die Toilette leerte sich, die Schnecken wurden weggespült.

»Algenblüte«, sagte ich erneut, schüttelte den Kopf, während ich den Eimer wieder unter dem Aquarium verstaute.

»Daran ist die Luftverschmutzung schuld«, sagte Maya gähnend. »Nicht ich.« Sie hatte nicht ganz unrecht damit. Jeden Tag veröffentlichte die Stadtverwaltung auf ihrer Website eine Karte zur Luftqualität: Grüne Punkte zeigten saubere Luft an, gelbe nicht ganz so saubere und so weiter bis hin zu grau, rot und zum Schluss schwarz. Auf der Fahrt nach Hause hatte ich auf die Karte geschaut und gesehen, dass die magenförmige Stadt grau, gelb und rot gesprenkelt war.

Die schlimmste Luftverschmutzung in Mexiko seit 1983, hieß es in den Zeitungen, wobei man Letztere aber nicht erst lesen musste, um das zu merken. Man bekam morgens schon Halsschmerzen von der schlechten Luft, die man die ganze Nacht geatmet hatte. Am Nachmittag wurden die Augen rot und brannten. Auf der kalten Keramik des Wasserbehälters über der Toilette sammelten sich nachts Moskitos und Fliegen wie das Negativ einer Galaxie.

Wenn man nur im eigenen Wohnhaus die Treppe hinaufstieg, schmeckte man das beißende Ozon in der Luft. Man erkannte es an der frischen Sepiatönung der Fensterscheiben, kaum eine Stunde nachdem man diese geputzt und von dem Dreck befreit hatte, der in der Luft herumflog.

In solchen Zeiten ließ die Hitze Rohrleitungen platzen. Die Jauche trocknete, Staub wirbelte auf. Manchmal war das so schlimm, dass man Artikel über Krankheiten des neunzehnten Jahrhunderts schreiben musste, weil sie sich in den ärmeren Stadtteilen erneut verbreiteten: Typhus, Ruhr, Cholera.

Während ich mir die Hände wusch, hörte ich Maya durch die geöffnete Badezimmertür fragen: »Und wie war deine Reise?«

Julián Gallardos feuchtes abgeschältes Gesicht in Nahaufnahme, die Ameise, die langsam über sein rohes Nasenbein krabbelte.

»Na ja«, sagte ich. »Gut.« Wieder im Raum, sah ich, dass mein Handy immer noch nicht gebrummt hatte. »Die Fahrt war lang.«

»Willst du Kaffee?«

»Cool, danke.«

»Du weißt ja, wo er steht.«

»Verfluchte Scheiße.« Ich ging in die Küche, um Frühstück zu machen. Drei Mangos lagen unten im Gemüsefach. »Danke für die Mangos.« Ich nahm eine Packung Café Garat aus dem Kühlschrank und löffelte eine dicke dunkle Schicht in die Stempelkanne, dann setzte ich Wasser auf.

»Hab auch eine für Carlos besorgt«, sagte Maya. »Hast du ihn gleich zu Hause abgesetzt, oder was?«

»Hm.« Ich schnitt den feuchten Kern der Mangos heraus. »Er ist, na ja, er ist noch unten geblieben.«

Maya hörte auf zu tippen. »Was?«

Wasser blubberte auf dem Herd. Als ich das Gas ausgeschaltet hatte und sich die Luftblasen legten, schenkte ich Wasser ein, sah wie das Pulver aufwirbelte.

»Ist der wahnsinnig?«, fragte Maya.

»Äh, ja«, sagte ich, brachte eine randvolle Kaffeekanne und die Mangos mit.

»Du weißt, was da unten los ist, oder?«

Ich schüttelte den Kopf, schob ihr den Teller mit den Mangos zu.

Maya drehte den Computer zu mir um. »Eine Demo, Mann. Eine große.«

Auf dem Bildschirm waren verwackelte Filmaufnahmen von Studenten und Arbeitern, Müttern und Kindern zu sehen, die Transparente mit dem Bild eines jungen Mannes hochhielten, darüber stand: »WO IST ER?«

Das Gesicht war das von Julián Gallardo.

Der gemahlene Kaffee in meinem Becher setzte sich langsam auf dem Boden ab, die Furchen an meinen Händen waren Salzwasserströme.

Carlos, wenn du das liest, dann sieh zu, dass du da wegkommst.

»Hast du das gewusst?«, fragte Maya, während die Aufnahmen von der Demo weiterliefen.

»Absolut nicht.« Ich kratzte mich am Hals. Eine Jesus-Malverde-Figur zwischen den Cocktailgläsern auf meinem Regal warf mir einen gequälten Blick zu.

Maya betrachtete mich durch ein wachsendes Netz aus Zigarettenrauch. »Da unten ist was passiert, oder?«

»*México no se vende!*«, schrie die Menschenmenge auf dem Bildschirm. *Mexiko verkauft sich nicht!*

»Sozusagen.« Ich biss mit den Zähnen auf ein loses Stückchen Haut an meiner Lippe, bis mir der Schmerz durch den Schädel schoss.

Maya war noch nie viel verborgen geblieben: Sie war die erste Schülerin gewesen, die ich damals in Englisch unterrichtet hatte. Weil sie als Teenager mit denselben Texten von Radiohead und Zitaten aus *Daria* aufgewachsen war wie ich und lediglich ein Zeugnis von der Schule brauchte, das ihr bestätigte, der englischen Sprache mächtig zu sein, um bei ihrer Zeitung befördert zu werden, hatten wir während des Unterrichts größtenteils Blödsinn geredet und Kaffee getrunken. Hin und wieder hatte ich ihre Artikel Korrektur gelesen.

»Und?«, fragte sie mich.

»Siehst du den jungen Mann da auf den Transparenten?« Ich zeigte auf den Laptop-Bildschirm. »Wir haben ihn gefunden.«

Sie riss die Augen auf. »Was? Und das habt ihr niemandem gesagt?«

»Nein.« Ich rieb mir die Augen. »Die Polizei hat ihn auch gefunden – die Guardia Civil. Und uns auch. Aber ehrlich gesagt, schienen die irgendwie Angst zu haben. Sie haben uns nur verwarnt. Und dann gehen lassen.«

Maya ließ sich unsanft auf den Stuhl sacken. »Und danach hast du Carlos da unten allein gelassen?«

Meine Backenzähne klangen, als würde jemand Möbel verrücken, so fest knirschte ich damit. Zwei Jahre, sechs Monate, zwanzig Tage waren vergangen, seitdem ich das letzte Mal etwas getrunken oder eine Line gezogen hatte, und ich konnte den guten Vorsatz nicht mehr in mir spüren – nur die Wärme des Kaffeebechers mit dem Porträt von William Howard Taft, den mir Maya geschenkt hatte, als ich mir einmal vergeblich einen Schnauzer hatte stehen lassen wollen.

Ich nahm einen Schluck Kaffee gegen das Halskratzen, das von der verschmutzten Luft herrührte, schüttelte den Kopf und sagte: »Mal ehrlich? Haben du und ich überhaupt schon mal verhindern können, dass Carlos tut, was er sich in den Kopf gesetzt hat?«

Maya sog Luft durch die Zähne. »Da ist was dran.«

Die Menge im Laptop schlängelte sich durch eine Lücke zwischen den Einsatzschilden der Polizei. Ihre Gesänge hallten durch die Luft.

»Große Menschenansammlung«, sagte ich.

»Die behaupten, der junge Mann war wichtig«, sagte Maya. »Eine Art Aktivistenanführer. Ziemlich bekannt.«

»Trotzdem, das sind ganz schön viele Menschen, die so schnell auf die Straße gegangen sind«, sagte ich.

Sie schüttelte den Kopf. »Na ja, ich meine, weißt du, wie viele Leute da unten eine Wahnsinnswut auf die Polizei und die Ölunternehmen haben? Da braucht es nur ein paar Facebook-Posts, und schon stürzen sie sich drauf.«

»Hm. Dann trag ich wohl besser mit meinem Artikel auch noch was dazu bei«, sagte ich, trank meinen Becher leer. »Apropos – Zeit, loszulegen.« Maya und der Gedanke an Arbeit waren das Einzige, das mich davon abhielt, Koks zu kaufen und die Zeit zu beschleunigen, bis Carlos wieder bei mir war. »Willst du noch ein bisschen bleiben? Sehen, ob Carlos anruft oder so?«

»Klar, ja«, sagte Maya, schenkte sich noch einen Becher Kaffee ein und streckte die Hand nach meinem Becher aus.

Motita rammte erneut den Schrank, woraufhin dessen Tür aufschlug.

Maya zeigte auf die Katze. »Aber dieses Mal fütterst du sie. Die und ich, wir sind fertig miteinander.«

5

Maya ging mit ihrem Laptop in die Diele, während ich Motita fütterte und duschte, die Müdigkeit sickerte mir aus den Knochen wie das schlickschwere Abwasser, das in Poza Rica aus den Bohrlöchern gepumpt wurde. Vor dem Badezimmerspiegel rümpfte ich die Nase. Einunddreißig war ich damals, aber die tiefen Höhlen um die Augen, die ich meiner Schlaflosigkeit zu verdanken hatte, ließen mich keinen Tag jünger als vierzig wirken.

Ich sah schon schlecht aus, aber ich fühlte mich noch viel schlechter. Weil ich seit Tagesanbruch wach war, spürte ich die geronnene, saure Erschöpfung im Blut, und mein Magen verknotete sich aus Sorge um Carlos. Unter meinen Lidern starrten mir bei jedem Blinzeln Julián Gallardos leere rote Augenhöhlen entgegen.

Draußen türmte sich messingfarbenes Sturmlicht auf, und am Himmel brodelten smogbraune Wolken. An Tagen wie diesem war die Diele der kühlste Ort in der Wohnung, weshalb ich dort meinen Schreibtisch stehen hatte – in einer mit Zetteln, Ausdrucken, Karten und Notizen tapezierten Höhle.

Als ich aus dem Badezimmer kam und mich an meinen großen Metallschreibtisch setzte, um zu arbeiten, lag Maya mit dem SEMEFO-Band auf der rotgoldenen Chaiselongue daneben.

»Hast du da ein Bild von Díaz Ordaz an deiner Pinnwand hängen?«, fragte sie.

»Das?« Ich nahm das Blatt herunter und gab es ihr. »Ach, das ist bloß ein Acid Blotter.«

Sie fuhr mit den Fingern über die vorgestanzten kleinen Quadrate. »Komische Idee, so ein Bild dafür zu nehmen.«

»Hat mir Carlos gekauft. Er meinte, das Bild passt, weil die

Geschichte der Menschheit so was wie ein schlechter Trip ist. Sollte ein Witz sein.«

Maya sah mich genauso an wie ich kurz zuvor die Schnecken im Aquarium. »Díaz Ordaz ist für das Massaker von Tlatelolco verantwortlich gewesen«, sagte Maya. »Wenn das ein Witz ist, dann ist es ein schlechter.« Sie gab mir den Blotter zurück. »Außerdem hast du nicht … äh, aufgehört? Also, mit allem?«

»Ja, ich meine, heißt ja nicht, dass ich vorhabe, das Zeug zu nehmen.« Ich pinnte das DIN-A4-große Blatt wieder an. »Ich fand's nur lustig, mehr nicht.«

Maya zuckte ein kleines bisschen zurück. »An Díaz Ordaz ist nichts lustig.«

Die Armlehnen meines Bürostuhls stießen an den Schreibtisch, als ich die Schneewehe an Ausdrucken wegschob und mich an die Arbeit setzte. Der riesige, rostige Schreibtisch hatte einem Mann von der Kommunistischen Partei Mexikos gehört. Ich hatte ihn wegen der Schubladen gekauft: Die Schlösser waren so unaufbrechbar, wie ein Schubladenschloss nur sein kann, deshalb bewahrte ich hier alles auf, was mein Ende bedeuten würde, sollte es gestohlen werden – die Bänder und Notizbücher, die sich über die gemeinsamen Jahre mit Carlos angesammelt hatten.

Ein Blumenaltar stand neben meinem iMac, eine Santa Muerte, ein Skelett mit einer blauen Boa und einer mit Sternen besetzten schwarzen Kutte, unter der sich ihr Knochengrinsen verbarg. Nachdem ich ein paar Kerzen für Carlos angezündet hatte und eine Zigarette für mich selbst, machte ich mich an den Artikel für Dominic. Maya hielt ein Schläfchen, während ich tippte, bis sie vom Tuckern des Druckers aufwachte.

»Irgendwas Neues von Carlos?«, fragte sie durch ein Gähnen hindurch.

Sein *Zuletzt-online*-Status bei WhatsApp lautete zehn Uhr fünfundvierzig am Morgen.

»Keinen Mucks«, ich nahm die Seiten aus dem Drucker, ging damit in der Diele auf und ab, sah sie noch einmal durch. Mein Brustbein juckte, so verschwitzt war ich. Den Artikel, den ich in Händen hielt, am liebsten hätte ich ihn an die Schnecken verfüttert. Der Aufhänger zog nicht, die Geschichte war unzusammenhängend, das Ende armselig, dürftig, langatmig. Noch bevor die Tinte auf der Seite trocken war, sah ich praktisch schon vor mir, wie Dominic mit seinem Rotstift die Zeilen durchstrich.

Maya wedelte in der Luft. »Du liebe Güte, wie viele Zigaretten rauchst du eigentlich?«

»Ich muss mich auf meine Rolle vorbereiten.«

»Als was?«

»Als PEMEX-Erdölraffinerie.«

Sie verzog das Gesicht. »So viel Qualm tut schon beim Zugucken weh.«

Ich blätterte die Seiten um. »Der Entwurf hier auch.«

Umweltverschmutzung und Gewalt sind die Altlasten, unter denen die frühere Erdölmetropole Mexikos, Poza Rica, leidet und die künftige Investoren höchstwahrscheinlich auch in Zukunft vor der maroden Industriestadt im Osten des Landes abschrecken dürften, las ich. *Obwohl sie auf einem Schatz von an die fünfzehn Milliarden Barrel Rohöl sitzen, bewahren sich die Menschen ihren gesunden Zynismus, während Investoren jene Landesteile meiden, die zur Privatisierung und den Wiederverkauf vorgesehen sind.*

»Das ist ein fauler Handel«, sagte der ehemalige Wrestler und Restaurantbetreiber Gilberto Herrera, 52, in dem Lokal, das er mit seiner Frau und seinem Sohn im heruntergekommenen Zentrum der Stadt führt. »Die Unternehmen bauen schöne neue Firmengebäude, Hotels erhalten neue Anbauten, aber dann bleiben die Investitionen aus, und wir sind alle arbeitslos.«

Wie in so vielen Landesteilen Mexikos – das in einem bereits über zehn Jahre andauernden Krieg gegen seine größten organisierten Verbrecherbanden verharrt – geht mit der Arbeitslosigkeit in Poza Rica eine steigende Kriminalitätsrate einher. Elite-Einheiten der Guardia Civil sind seit 2014 in der Stadt aktiv, haben aber Mühe im Kampf gegen das für seine Brutalität berüchtigte Kartell der Zetas.

»Die Guardia Civil hat uns nichts anderes gebracht als noch mehr Blutvergießen – keine Sicherheit«, sagte der einheimische Oppositionsführer Janiel Vizcaya, 57, zu Hause am grünen Rand der Stadt. »Seit dem Einsatz sind viele Jahre vergangen, und trotzdem werden weiter Menschen auf offener Straße erschossen.«

Das ist schrecklich«, sagte ich. Meine Augen fühlten sich an, als wären sie in ihren Höhlen festgebacken.

»Was? Das mit Carlos oder dein Artikel?«

»Beides.«

»Carlos passiert schon nichts«, sagte Maya. Die Unbeschwertheit in ihrer Stimme war vorgetäuscht. »Dem fällt schon was ein.« Sie setzte sich auf und streckte sich. »Egal, hör zu, ich muss los. Bin heute Abend verabredet. Und ich seh aus wie frittierte Scheiße.«

Ich schaute zu ihr rüber. »Höchstens wie leicht angebraten.«

Sie sah mich böse an und zog sich den Riemen ihrer Tasche über die Schulter.

»Ich hoffe, es läuft gut.« Ich beugte mich über den Artikel, strich die Zeilen durch, in denen behauptet wurde, selbst die Polizei wirke verängstigt. »Gut, dass du wieder ausgehst, nach … na ja, du weißt schon. Nach der ganzen Sache.«

Maya ballte eine Faust und machte ein heroisches Gesicht. »Danke, ja, ich bin ein todesmutiges Teufelsweib.« Sie zog den

Riemen ihrer Tasche noch mal höher. »Aber ja, also, schick mir eine Nachricht, wenn du was von Carlos hörst, okay?«

»Mach ich.« Ich strich meine Haare zurück, setzte mich vor die ausgebreiteten Seiten und attackierte den Text mit meinem Rotstift.

Der Grad der Luftverschmutzung in Mexico City wird in *imecas* gemessen – das ist die Abkürzung für *índice metropolitano de la calidad del aire.*

Imecas geben den Anteil an Kohlenmonoxid, Ozon und Sulfiden an einem bestimmten Tag in der Luft an.

Bei fünfzig Partikeln pro Million kann man sie noch nicht schmecken, aber ab einhundert Partikeln wird die Kehle trocken, es mischt sich Blut in den Rotz. Über einhundertfünfundzwanzig hinaus fängt es an, nach Swimmingpool zu stinken, der Rotz wird schwarz, die Augen tränen und brennen.

An dem Abend stiegen die Werte auf über einhundertfünfzig, der Himmel hatte die Farbe von schmutzig gelber Baumwolle, und mein Kopfschmerz war lauter als der Hip-Hop-Bass, der aus der Wohnung nebenan dröhnte.

Der Geschmack in meinem Mund, der Lärm, dazu die Hitze und die Kopfschmerzen bewirkten, dass ich mich nach einem gewaltigen Regen sehnte, der die Menschen von den Terrassen vertreiben, den Smog auflösen, meine Fenster kalt abbrausen und meine Gedanken, Sorgen und Ängste, dass Carlos etwas zugestoßen sein könnte, einfach hinwegfegen würde.

Meine roten Vorhänge waren zugezogen und die Fenster geschlossen, aber das machte bei dem Lärm und der schlechten Luft kaum einen Unterschied. Auf dem Altar verendeten die Kerzen, die ich für Carlos' Sicherheit angezündet hatte, in blauen Lachen aus flüssigem Wachs.

Ich gab mir viel Mühe, meine Heiligen zu bestechen. Auf dem Bücherregal wurde der Altar der Santa Barbara, den ich in Kuba gekauft hatte, von flackernden schwarzen Kerzen erleuchtet, die das flehende Keramikgesicht der Heiligen fiebrig blass wirken ließen. Auf einem himmelblauen Regal stand zwischen den alten Cocktailgläsern, die ich sammelte, der Heilige Judas mit der Flamme über dem Kopf und dem Jesus-Medaillon um den Hals, zu seinen Füßen einige Paradiesvogelblumen. Die Figur von Jesús Malverde schaute mich unbeeindruckt an, während ich etwas kochte, das niemand ernsthaft durch die Bezeichnung *Abendessen* hätte aufwerten wollen.

Nachdem ich es hinuntergewürgt hatte, ging ich zu meinem Indoor Garten, kniete mich auf eine Palette mit Giraffen-Orchideen, *pata de elefante,* Begonien und Farnen, befeuchtete ihre Blätter mit einem Tuch. Dann steckte ich die Ecken des Kuhfells auf dem Sessel zurecht – meinem Lieblingssessel, aus den späten Sechzigern, Edelstahl, in Frankfurt hergestellt – und setzte mich, vier Glühbirnen hinter einer grünen Blätterwand spendeten kopfschmerzfreundliches Licht.

Doch nichts davon konnte mich beruhigen, und ich wusste das.

Carlos und ich hatten gemeinsam Reportagen über Vermisste gemacht. Das sind Themen, über die man in Mexiko immer wieder berichten muss, teilweise hat man das Gefühl, an jedem Laternenmast und in jeder Straße würde ein zerfleddertes »Vermisst«-Plakat hängen. Man sieht fotokopierte Haare weiß geädert, liest den Namen, das Geschlecht, Alter, Angaben zu Statur, Hautfarbe, Haarfarbe und was für eine Nase, was für einen Mund der Betreffende hat. All diese Daten, in Einzelteile zertrümmert durch den Schock eines Verschwindens, durcheinandergewirbelt, verloren.

Ich hatte Gesichter in Händen gehalten, die ich selbst gekannt hatte. Mein Atem wurde zu ihren Stimmen.

Ich sah Mario vor mir, den Besitzer der Billardhalle in Cocula, mit seinem Menjoubärtchen und dem breitkrempigen Hut. Er hatte stets einen Metallstab mit sich herumgetragen und in die rote Erde gebohrt auf der Suche nach den schwarzen, sirupartigen Rückständen einer Leiche, die vielleicht sein Bruder hätte gewesen sein können, der acht Jahre zuvor gekidnappt worden war.

»Wenn jemand aus deinem Leben vermisst wird«, hatte er gesagt, sich dabei auf den Stab gestützt und in den heißen blauen Himmel gesehen, »ist deine ganze Welt plötzlich leer.«

Da war Guadalupe, Kassiererin in einer Bank in Ecatepec, in ihrem adretten lila Kostüm, mit der Prinzessin-Diana-Frisur und den Fotos des eingedrückten Schädels und der beiden Oberschenkelknochen, die ihrer Tochter gehört hatten und die von der Polizei aus dem Río de los Remedios gefischt worden waren.

»Mehr haben sie nicht gefunden, haben sie gesagt«, erzählte sie spöttisch, schenkte sich Kamillentee nach und krempelte ihre Ärmel hoch. »Nach drei Wochen im Fluss? Na klar, der ist total verseucht. Aber dass sich eine Leiche so schnell darin auflöst? Das ist Blödsinn.«

Priscilla war die Nächste, eine Bienenzüchterin aus El Salvador, deren Sohn von Beamten der Einwanderungsbehörde, zwei Tage bevor ich mit ihr in der Flüchtlingsunterkunft in Ixtepec gesprochen hatte, entführt worden war.

»Normalerweise haben wir uns, wenn wir geschlafen haben, immer an die oberen Äste im Baum gebunden«, hatte sie mir erzählt und mir Bilder von ihrem Sohn auf ihrem Smartphone mit dem gesprungenen Display gezeigt. »Marvin ist auf die Toilette gegangen und nicht mehr wiedergekommen. Wenig später hab ich die Migra mit Taschenlampen durch den Wald kommen sehen. Sie müssen ihn haben. Wer soll es denn sonst gewesen sein?«

Eine Psychoanalytikerin, die ich einmal interviewt hatte, erklärte mir, dass plötzliches Verschwinden noch stärker schmerzt als der Tod.

»Freud sagt, Trauer ist der Verlust von Hoffnung«, hatte sie erklärt. »In der Trauer akzeptiert man, dass die Hoffnung auf Beständigkeit eine falsche ist. Aber wenn man nicht akzeptieren kann, dass jemand tot ist – wenn man keine Leiche hat, keine Bestätigung –, kann auch die Hoffnung nicht sterben. Man kann nicht loslassen. Nicht trauern.«

Die Hoffnung loderte weiter in Marios Augen, schwang mit in Guadalupes Stimme und verbarg sich hinter der maskenhaften Ruhe von Priscilla, die in der Flüchtlingsunterkunft in Ixtepec versuchte, nicht die Nerven zu verlieren.

»Kann doch sein, dass sie noch irgendwo da draußen ist.«

»Eines Tages werden wir die Leiche meines Bruders finden.«

»Die Polizisten haben gesagt, das sind die Knochen meiner Tochter, aber dafür sind sie viel zu lang.«

»Jeden Tag rechne ich damit, dass mein Vater anruft und sagt, Marvin ist wieder zu Hause.«

Die geballte Furcht in meinem Magen, das Brennen in meinen Adern – so hatten all ihre Geschichten begonnen. Wie Marios Bruder, wie Guadalupes Tochter, wie Priscillas Sohn hatte sich auch Carlos' eben noch lebendiger Körper in eine Nachricht verwandelt, die nicht eintraf, in eine Tür, die nicht aufging, in ein ›laut‹ gestelltes Telefon, das niemals klingelte.

Ich kann nicht sagen, wie lange ich dort sitzen blieb, die Armlehnen meines Sessels umklammert hielt, Rauchwolken um mich blies, während es draußen jetzt in Strömen regnete. Von meinem Fenster aus wirkten die Apartments um mich herum wie die dunklen Holzkajüten eines riesigen Schiffs, während ich selbst auf einem Floß ins schwarze Nirgendwo trieb. Genau wie in den Nächten, wenn er wegblieb, Gott weiß was machte, nur eben doch ganz anders.

Irgendwann schloss ich die Augen, verlor mich in einer Gewitterflaute und schlief fest ein, träumte von Carlos und mir an einem Aschestrand in Uruguay, Carlos tauchte Seetang ins Wasser, der wie Quecksilber schimmerte, mir einen dunkelroten Kopfschmerz vom Schädel wischte, während der tote Julián Gallardo auf den ankommenden Wellen am Ufer wogte.

Bis der Traum abflaute und zur bebilderten Unruhe wurde, jagten Polizisten in Ski-Masken Carlos und mich durch den Wald meiner geschwärzten Lungenkanäle, wir trugen Gallardos Leiche auf den Schultern.

Als mein Handy brummte, zeigte das Display sechs Uhr früh, ich schreckte auf, war sofort hellwach, und sah vier neue Nachrichten, alle von Carlos.

»Ich schreibe bald«, stand da.

Der Spruch von wegen *Mein Herz machte einen Sprung,* da ist was dran: Es fühlte sich wirklich so an, als hätte sich ein Teil von mir nach oben gekämpft und aus meiner Brust befreit.

Dann sah ich die erste Nachricht und mein Herz krachte mit Wucht gegen meinen Brustkorb.

Lösch diese Nummer.

Meine Brust war ein leerer Fahrstuhlschacht.

Fahr nicht zum Haus.

Mein Herz rutschte immer tiefer.

Du bist nicht sicher.

Mein Magen war ein schmutziger Keller.

Andrew.

Das war der Moment, in dem mein Herz seinen freien Fall beendete, in den Dreck knallte. Ich schnappte mir meine Jacke und die Schlüssel und rannte zum Jeep.

6

Keine Sirenen, als ich Carlos' Apartmentgebäude erreichte: Nur Blaulicht und Stille.

Was bedeutete, ich, der Krankenwagen und die Kriminaltechnikerin – die noch ihren viel zu weiten weißen Schutzanzug trug –, wir waren alle zu spät gekommen.

Mineria 45 war aus schweren korallenfarbenen Backsteinen erbaut, die Fenster waren vergittert. Wenn man durch die Haustür ging, schlug sie hinter einem zu wie ein Banksafe.

Die Sanitäter zogen die Tür sperrangelweit auf, damit sich die Riemen des Rollwagens nicht am Griff verfingen. Der Tote auf der Trage war mit einer roten, dunkel verfärbten Decke zugedeckt, braunes Haar hing über den Rand, jede einzelne Locke verklebt mit Blut.

Ein Schwindelanfall ließ mich gegen den Kotflügel meines Jeeps taumeln, als die Trage klappernd durch die Tür geschoben wurde.

Als Teenager hatte ich mir mal beim Fußballspielen den Zeh gebrochen, er war so verformt, dass er wie ein Krebsbein von meinem Fuß abstand. Eine rote Glocke aus Schmerz hatte auf der gesamten Fahrt ins Krankenhaus in meinem Schädel geschrillt, bis mir eine Schwester eine Betäubungsspritze gab, meinen Zeh geradebog, die Knochen wieder einrenkte. Irgendwie hatte ich es eher gehört als gefühlt.

Als ich Carlos die Treppe runterkommen sah, war es dasselbe. Ich wusste, was los war, fühlte es aber nicht.

Eine Zigarette, die angezündet zu haben ich mich gar nicht erinnern konnte, brannte an meinen Lippen, und ein Polizist beobachtete mich vom Bordstein aus, lächelte mich an, seine

Haare waren kastanienbraun und schütter, seine silberüberkronten Schneidezähne blitzten zu mir herüber, als ich zu Carlos lief, während dieser in den Krankenwagen geschoben wurde. Er schaute weg, als die Kriminaltechnikerin ihn von hinten anstupste, damit er sich umdrehte. Er grinste verächtlich.

»Keine Fotos«, sagte der Sanitäter, als er mein Schlüsselband mit dem Presseausweis entdeckte.

Ich biss mir in die Backe.

»Was ist passiert?«, fragte ich, unterdrückte eine salzige Aufwallung und stand wieder auf.

»Wir sind nicht befugt, Ihnen das zu sagen.« Der Sanitäter knallte die Krankenwagentüren zu, der Motor brüllte auf und schon war Carlos weg.

Lautes Vogelgezwitscher erfüllte die Morgendämmerung. Auf der anderen Seite senkten zwei Straßenfeger den Blick auf den Bordstein, und eine Tamaleverkäuferin betrachtete das Feuer, das langsam über den Boden ihres zerdellten Blechtopfs züngelte. Die Pendler eilten auf die Metro Patriotismo zu, wendeten ebenfalls den Blick von den blau rotierenden Lichtern draußen vor Carlos' Apartment ab.

»Wer war hier Ersthelfer?«, fragte die Kriminaltechnikerin den Cop, gestikulierte mit der Hand.

Der Cop mit den Silberzähnen zuckte lediglich mit den Schultern.

»Zeigen Sie mir die Nummer auf Ihrem Dienstabzeichen.« Sie packte ihn an der Schulter.

»Das ist eine Nummer aus Veracruz – Sie dürften eigentlich gar nicht hier sein.«

Er zuckte wieder mit den Schultern und sah mich an.

»Geh nach Hause, *gringuito*«, sagte der Cop mit den Zähnen, warf die Hände in die Höhe und klatschte seitlich neben seinen Kopf, dann ging er rückwärts zu seinem Streifenwagen, lachte, ließ mich dabei nicht aus den Augen, sein Blick schraubte sich in meinen Nabel wie die Spitze eines Bohrers.

»Was machen Sie hier?« Die Hand der Kriminaltechnikerin flog auf, als wollte sie die Luft erdrosseln, aber der Cop ignorierte sie.

»Wir sagen dir das nicht noch mal«, sagte er zu mir, dann knallte er die Tür zu und raste mit heulendem Motor über die Avenida José Martí außer Sichtweite davon.

Ich bog um die Ecke und kaufte eine Coke durch das Gitter vor einem Kiosk. Der Fünfzig-Peso-Schein, den ich durchreichte, kam wedelnd zurück und der Betreiber sagte: »Ich kann nicht wechseln.«

»Behalten Sie den Rest.« Meine Stimme war ein atemloses Krächzen, was möglicherweise an den weißen Smogwolken in der Luft lag, wahrscheinlich aber nicht.

Die Kriminaltechnikerin ging auf einen weißen Toyota Camry mit dem Logo der Staatsanwaltschaft von Mexico City an der Seite zu.

»Oder geben Sie mir zwei«, sagte ich, nahm die Dosen und rannte zu der Technikerin, bevor sie in ihren Wagen steigen konnte.

Don Jesús, Carlos' *portero*, stand an der Tür, sein blau kariertes Hemd spannte über seiner Wampe und er knetete seine verblichene Chivas Basecap in den Händen – ein armer *campesino* aus Edomex, der in der großen Betonwüste von Mexico City völlig hilflos war, sich mühsam seinen Lebensunterhalt zusammenkratzte, Wiederholungen von Futból Azteca schaute, niemals etwas mitbekam und sich aus Schwierigkeiten heraushielt.

Kennt man ja.

Schwierigkeiten können einen verfolgen.

Als er mich sah, setzte er seine Cap auf, dann verkroch er sich wieder in die verqualmte Kabine, in der das Sicherheitspersonal saß, und schaute fern. Die Stimme des Fußballkommentators schwoll an, wurde zum Schrei und einem freudig langgezogenen Vokal: »*Toooor!*«

Die Kriminaltechnikerin saß auf dem Vordersitz ihres Autos, hatte die Füße aber noch draußen auf der Straße. Sie telefonierte, sagte: »Ein Cop der Veracruz State Police an einem Tatort in Mexico City. Glaubst du das?« Ihre schwarzen Haare hatte sie zu einem Knoten zusammengebunden und die Mundschutzmaske an ihrem Hals hing unter einem müden, gezeichneten Gesicht. Ich schätzte sie auf zirka vierzig, erschöpft wie sie war, wirkte sie aber älter. Mit der Spitze ihres Schuhs trat sie eine Zigarette aus und gab mir gestikulierend zu verstehen: »*Warten Sie mal.*«

»Alejandro, du weißt, dass es darum nicht geht«, fauchte sie. »Das ist unser Zuständigkeitsbereich.« Sie steckte sich eine weitere Zigarette in den Mund, aber ihr Feuerzeug funktionierte nicht: Sie drehte zu fest an dem kleinen Rädchen, weshalb ich einen Schritt auf sie zu trat und ihr Feuer gab.

»Na gut. Wir sehen uns auf der Wache.« Sie legte auf, blies eine lange Rauchwolke aus. »Kann ich Ihnen helfen?«, fragte sie mich.

»Ja«, sagte ich und hielt erneut meinen Presseausweis hoch.

Ihr Gesicht versteinerte. »Ich darf Ihnen nichts sagen«, erklärte sie.

»Inoffiziell.« Ich hielt ihr die Coladose hin.

Misstrauisch betrachtete sie das Angebot. »Das sagt ihr immer.«

»Aber dieses Mal stimmt es.« Ich nickte rückwärts Richtung Apartment. »Der Mann. Das Opfer? Ich hab ihn gekannt.« Die Straße verschwamm so sehr, dass ich mich an der Wand abstützen musste, um nicht auf den Bordstein zu knallen.

Die Kriminaltechnikerin nahm die Dose an. »Okay, aber viel werde ich nicht sagen.« Sie lehnte sich an die mit Asche gesprenkelte Haube ihres Wagens. »Der Tatort – das war der schlimmste in diesem Jahr.« Sie blies Rauch aus. »Bestien waren das«, sie schüttelte den Kopf. »Ich weiß nicht, was los ist mit diesem Land. Ich sage das jedes Mal. Aber ganz ehrlich, ich weiß es nicht.«

»Wie hat er ausgesehen?«, fragte ich, trank von meiner Cola und schmeckte nichts.

Sie machte ihre Dose ebenfalls auf und nahm einen großen Schluck, dann sagte sie: »Gefoltert haben sie ihn. Sämtliche Finger gebrochen. Durch die Hände geschossen.«

Seine tätowierten Fäuste: die betenden Hände, der Anker und das Motto.

»Die Handgelenke durchschossen.«

Vor meinem geistigen Auge sah ich ein Brandloch in den Fangarmen des Oktopus, der auf seine Haut gezeichnet war.

Sie hielt inne. »Die haben ihm ein abgebrochenes Stuhlbein ins Rektum geschoben.« Sie schloss die Augen, stieß Luft aus. »Hören Sie, tut mir wirklich leid.«

Die Straße schwankte. »Ist er verblutet?«

Sie schüttelte den Kopf. »Petechiale Hämorrhagie im Bereich der Augen. Zungenbeinbruch.« Ihre Stimme war jetzt ausdruckslos, klang wie ein Drucker, der Seiten ausspuckt. »Keine starke Blutung infolge der Brustverletzung, noch weniger durch die an der Stirn.« Sie schluckte. »Ich tippe auf Strangulation. Würgegriff von hinten.«

Meine Augen schlossen sich vor Bildern von Carlos, der sich Aftershave an den Hals sprühte, seine Haare hingen ihm auf die Schultern, und ich fuhr mit meinen Fingern durch seine Locken.

»Ein Schuss in die Brust?«, sagte ich.

Die Kriminaltechnikerin nickte. »Zwei Schüsse. Die Art der Verletzung deutet auf Hohlspitzgeschosse hin.«

»Wie sie von Gangs verwendet werden?«, fragte ich, obwohl ich die Antwort längst kannte.

Sie schüttelte den Kopf. »Sechs tiefe Einschnitte um eine zentrale Wunde.« Dann nickte sie in die Richtung, in die der Streifenwagen gefahren war, schüttelte sich die letzten Tropfen Cola in den Mund. »So was wird nur von der Polizei verwendet.«

Ein kaltes Gewicht rutschte meine Speiseröhre hinunter.

»Die Veracruz State Police«, sagte ich. »An einem Tatort in Mexico City.«

Sie nickte. »Und er hat die Spuren verwischt – da fliegt so viel Puder zum Abnehmen von Fingerabdrücken rum, dass ich die Blutspuren nicht mehr analysieren konnte. Stichproben wurden unmöglich.«

»Absichtlich?«

Sie schenkte mir einen vernichtenden Blick. »Darüber lässt sich nur spekulieren.«

Mein Bauch ballte sich zusammen. Es war so unerträglich, dass noch Blut durch meine Adern floss, dass ich Luft atmete, meinen Magen knurren hörte, obwohl ich keinen Hunger hatte, nie wieder Hunger haben würde.

Sie sah auf ihre Armbanduhr. »Hören Sie, ich muss los. Hier ist meine Nummer.« Sie nahm einen Stift aus ihrer Tasche, zog die Kappe mit den Zähnen ab, dann kritzelte sie etwas auf eine Supermarktquittung und reichte sie mir. »Wenn Sie mehr brauchen, rufen Sie mich an. Ich heiße Teresa.«

»Sicher?« Ich drehte den Zettel in meinen Fingern herum. »Der Cop war mir nicht geheuer.«

Sie machte eine abfällige Handbewegung. »Für diese State Cops bin ich ein Niemand. Wenn die mir ans Bein pissen, pisst mein Chef ihren Chefs ans Bein.« Sie stieg in den Wagen. »Danke für die Cola.«

Die Tür schlug zu und ihr Wagen schleuderte mir Staub auf die Jeans, als sie in Richtung Eje Cuatro davonfuhr und ich zum ersten Mal seit vier Jahren mutterseelenallein zurückblieb.

7

Wieder zu Hause, legte ich mich auf die Chaiselongue, presste meine Handballen so lange auf die Augen, bis ich vor lauter weißen Sternen Carlos' toten Körper auf der Trage nicht mehr sah. Eine Zeit lang bestand mein Kopf nur aus dem Geräusch meines Aquariumfilters. Dann rief Maya an, und plötzlich war alles wieder da.

»Oh, Gott sei Dank. Dir ist nichts passiert.« Sie klang außer Atem. »Hast du's gehört?«

»Ich hab's gesehen.«

Über meinem Kopf hingen gerahmte Ausschnitte aus einem Lexikon über das ländliche Mexiko, die Bilder waren in den sechziger und siebziger Jahren entstanden. Die geplünderte Pyramide von El Tajín starrte mich wie aus unzähligen ausdruckslosen Augen an.

»Du bist *hingefahren*?« Maya lehnte sich so abrupt zurück, dass ich hörte, wie ihr Stuhl rückwärts rollte und gegen den Tisch stieß. »Wieso hast du keine scheiß Angst?«

Julián Gallardos Gesicht beobachtete mich von der Pinnwand aus.

»Doch, hab ich ja«, sagte ich.

Luftverschmutzung kann mit der Zeit großen Schaden anrichten. Post mortem vorgenommene Untersuchungen an Teenagern in Mexico City haben gezeigt, dass der Dreck in der Luft das genetische Material verändert, das Herz zwar kurzfristig widerstandsfähiger macht, aber auf lange Sicht auch schneller kaputt.

Das bedeutet wohl, man braucht das Herz eines Mutanten, um dort zu leben. Carlos und ich, unsere Herzen waren schon vor langer Zeit mutiert. Und deshalb war es mir auch nicht falsch vorgekommen, Julián Gallardos abgeschältes Gesicht auszudrucken und über den Schreibtisch zu hängen. Denn sollte er vorher noch nicht unsere Story gewesen sein, jetzt war er es ganz bestimmt.

Maya atmete schwer ins Telefon. »Hast du Carlos' Mutter angerufen?«

»Ah.« Meine Stimme war ein zerrissenes, nasses Taschentuch. »Ja.«

»Was hat sie gesagt?«

Hinter mir schaute ein halbnackter amerikanischer Footballspieler in Captain-America-Body-Paint von einem wandgroßen Foto herunter, sein Lächeln wirkte schwermütig.

Der Gedanke an das Schweigen von Carlos' Mutter in der Leitung, als ich sie angerufen hatte, der Vorwurf in ihrer Stimme, all das setzte mir noch mehr zu als das metallische Grinsen des Cops.

»Denkbar wenig«, sagte ich.

Man konnte praktisch hören, wie Maya am anderen Ende der Leitung das Gesicht verzog.

»Wird schon wieder«, sagte sie, obwohl wir beide wussten, dass das nicht stimmte. »Aber na ja – klingt vielleicht verrückt«, sagte Maya mir ins Ohr. »Aber jetzt musst du dich auch schützen, oder?«

»Wie denn?« Ich rieb mir über die Schläfe und stand auf, nahm das Löschblatt mit Díaz Ordaz von der Wand, fuhr mit den Fingern über die kleinen Quadrate, die Carlos und ich niemals zusammen nehmen würden.

Maya hielt inne. »Na ja«, sagte sie. »So wie die von der dunklen Seite das auch machen.« Aber das war kein Scherz. Einer der ersten Zeitungsartikel von Maya, den sie mir gezeigt hatte – damals, als ich sie noch in Englisch unterrichtet hatte –, handelte davon, wie sie in Tepito für dreitausend Pesos eine Pistole gekauft hatte.

»Du hast recht, das ist verrückt«, hatte ich damals in dem Kellerraum in der Calle Alfonso Reyes gesagt, und jetzt sagte ich es erneut.

»Stimmt«, sagte Maya. »Aber danach, ja? Du wärst verrückt, wenn du's nicht tun würdest.«

Ich blieb an der Giraffenorchidee stehen, fuhr mit den Fingern über die Blätter, die dunklen Flecken auf gelber Blüte.

Hohlspitzgeschosse, hatte Teresa gesagt. *Sechs tiefe Einschnitte um eine zentrale Wunde.*

Meine Hand lag feucht an meiner Stirn. »Ich kann nicht glauben, dass das wahr ist.«

Ich füllte meine zerdellte Blechflasche am tönernen *Garrafón* in der Küche bis knapp unter den Hals, riss einen Streifen Tabs ab, faltete ihn zusammen und stopfte ihn hinein, schraubte den Deckel drauf und schüttelte, bis sich die Tabs auflösten.

»Was machst du da?«, fragte Maya.

»Ich mach mir einen Smoothie«, sagte ich.

»Gut«, sagte Maya. »Du brauchst was im Magen, ja? Auch wenn du nicht willst.«

»Ach, ich will schon.« Ein kalter Schluck durchschüttelte meine Kehle, spülte den rostigen Geschmack meiner zerkauten Wange herunter.

Microdosing nennt man das, wenn man Acid Tabs in Wasser auflöst und über einen Zeitraum von mehreren Stunden immer wieder ein bisschen Rausch nachlegt, die Gedanken breiten sich aus wie ein hauchdünnes Netz, die eigene Konzentration verwandelt sich in ein Steigeisen aus Ideen, so deutlich und klar wie Metallstreben.

Wobei man das, was ich da gerade machte, auch als Megadosing hätte bezeichnen können.

»Also, morgen?« Ich wischte mir mit dem Handrücken über den Mund, halb aufgelöste Löschblattbröckchen hingen mir zwischen den Zähnen.

»Ja, er sagt acht Uhr«, sagte Maya. »Wir treffen uns an der Salto del Agua, der Kirche.«

Acid braucht normalerweise eine Stunde, um in den Stoffwechsel überzugehen, aber ich war so niedergeknüppelt vor Trauer, dass das Serotonin bereits in meinem Gehirn ankam, dicht und weiß wie Dampf, was bedeutete, dass mir ungefähr noch eine Minute blieb, bis meine Medulla überschwemmt werden und ich mehr Acid als Mensch sein würde.

»Soll ich dich nicht abholen?«, fragte ich, schloss die unterste Schublade meines Schreibtischs auf und zog eine Kassette mit der Aufschrift »CARLOS // EL PASO // 30/12/2012« heraus.

»Nein, iss was, und leg dich schlafen, ja?«

Die Kassette fuhr klappernd in meinen Recorder, den ich aus der Schule hatte mitgehen lassen, in der ich damals unterrichtet hatte, und ich drückte auf *Zurückspulen*.

»Du bist so ruhig«, sagte ich.

Ich hörte, wie sie schluckte, tief Luft holte und sagte: »Na ja, einer muss es ja sein, oder?« Sie hustete, schniefte und sagte: »Hey, ich geh mir jetzt mal das Gesicht waschen, ja? Ich ruf dich später noch mal an.«

Als sie auflegte, schaltete ich mein Handy aus und legte mich auf die Chaiselongue, meine Sennheiser schmiegten sich an meine Ohren. Das Mikro auf dem Band hörte auf zu knistern, und Carlos' und meine Stimme wurden im Kopfhörer laut, verwandelten meinen Zigarettenrauch in Schnee über El Paso an dem Vormittag, an dem wir uns kennengelernt hatten, und das Gluckern meines Aquariums versetzte mich vier Jahre zurück.

8

Auf dem Flug nach Ciudad Juárez an jenem Dezembermorgen nahm ich eine ähnlich grünliche Farbe an wie die Schneewolken am Himmel. Nichts von dem, was ich tat, ergab Sinn für mich. Es kam alles zu plötzlich, war zu neu. Aber ich redete mir ein, dass ich genau dieses Gefühl haben wollte, und ging weiter zum Taxistand.

Eine Woche zuvor hatte Maya am Ende des Unterrichts den Reißverschluss ihrer Tasche zugezogen und mich gefragt, ob ich mir über Weihnachten ein bisschen was dazuverdienen wolle.

»Na klar«, hatte ich gesagt, meine Krawatte hochgehalten, um ihr zu zeigen, wie ausgefranst sie war.

»Also, wenn du willst …« Sie hatte ihr Handy rausgezogen. »Ich wurde gebeten, nach El Paso zu fahren. Wegen einer Story. Da ist so ein Journalist, der nicht nach Juárez zurückkann. Wegen irgendwas mit Mord und Totschlag oder so.«

»Mord und Totschlag oder so?«

Sie zog eine Grimasse. »Na ja, okay, also wegen einer Morddrohung, meine ich. Aber in Juárez ist alles wieder gut.« Sie wackelte mit der flachen Hand. »So mehr oder weniger.«

»Ich weiß nicht, Maya«, hatte ich gesagt, ein paar Blätter zusammengesucht. »Mich macht Juárez nervös – dabei wird dort gentrifiziert, was das Zeug hält.«

»Ach, komm, bitte? Ich will's nicht machen.« Sie hatte eine Schnute gezogen wie ein kleines Mädchen.

»Weil's gefährlich ist.«

»Nein, weil ich nicht nach Durango will, den ganzen Tag bei meiner Mutter zu Hause abhängen und mein eigenes Körpergewicht an *Bacalao* verdrücken.« Sie gab mir eine schmale Visitenkarte mit dem Namen »CARLOS ARANA // FOTÓGRAFO« auf einer Seite und dem Bild eines Cage Fighters, der sich HARDCORE innen auf die Unterlippe hatte tätowieren lassen.

»Betrachte es«, sagte Maya mit einer angedeuteten Verneigung, »als mein Weihnachtsgeschenk für dich.«

Die Lippe des Cage Fighters glänzte dunkelviolett auf der Karte.

»Danke«, sagte ich. »Ich überlege es mir.«

Auf dem Rücksitz im Taxi drehte ich die Karte in den Händen, fuhr durch den dunstigen Wintervormittag bis zur International Bridge. Auf den Bürgersteigen auf beiden Seiten befanden sich Nachtschwärmer auf dem Nachhauseweg, oder Arbeiter waren unterwegs zu ihren Jobs, Atemwolken hingen in der Luft, ihr Gelächter drang durch die Scheibe. Armeelaster donnerten unter ausgeschalteter Weihnachtsbeleuchtung hindurch, die so traurig wirkte wie ein totes Korallenriff. An den Kiosken verkündeten die Zeitungen »72 Stunden ohne Mord«, als wäre das eine gute Nachricht. »Vermisst«-Plakate hingen an Briefkästen – »Vermisst wird Marisela, Carmen, Estefanía« – hinter einem Geflimmer an Schneeflocken bleich wie Motten.

Ich stieg am Grenzübergang aus und trat in das explodierende Gelächter einer Gruppe von Mädchen Mitte zwanzig, die sich auf dem Weg zu ihrer sonntäglichen Vormittagsschicht in den Einkaufsstraßen von El Paso befanden, ich stellte den Kragen auf gegen die Windböen, passierte den Zoll und betrat die Vereinigten Staaten.

Carlos' Hotel auf der Seite von El Paso hatte die Farbe von regenverwaschenem Orange, links und rechts daneben ein verrammelter Walgreens und das Büro eines Kautionsvermittlers, auf dessen Schild stand 1-888-GET U OFF.

Als ich Maya eine Nachricht schickte, um ihr mitzuteilen, dass ich gut angekommen war, erwiderte sie mit dem Foto von einem unanständig dick belegten Sandwich neben einer DVD-Box von *The Wire*, woraufhin ich mich an die Wand lehnte, rauchte, meine Notizen über Carlos durchsah und vor Neid glühte, weil Carlos damals, als ich mit dem Toyota Corolla Baujahr 1991 meines Vaters über die Felder raste und auf Kaninchen ballerte, bereits über Verbrechen berichtet und sich hatte vorsehen müssen, nicht in Bandenschießereien zu geraten. Die Liste der Zeitschriften und Zeitungen, in denen er veröffentlicht hatte, waren schmerzhaft für mich zu lesen: *The Times, New York Times, Financial Times* – und das waren nur die mit *Times* im Namen.

Und dann stand er da vor einem Gebäude aus Glas und Stahl, vornübergebeugt in einem schwarzen Mantel. In der einen Hand hielt er einen ramponierten Gitarrenkoffer, in der anderen ein Zwölferpack Dos Equis.

Er ließ seinen Blick durch einen Vorhang aus Zigarettenqualm und lockigen braunen Haaren über mich schweifen und sagte: »Bist du der Interviewer?«

Ich zeigte auf den Gitarrenkoffer. »Du bist jedenfalls garantiert der Fotograf.«

Er hustete ein einsilbiges Lachen.

»Manchmal wird die Nebenbeschäftigung eben zum Hauptberuf.« Er sprach jenes geschmeidige tänzelnde NAFTA-Englisch – mit breiten Vokalen und abgehackten Konsonanten. Als er mir die Hand schüttelte, sah ich tätowierte schwarz-graue Oktopus-Tentakel, die sich über seine Handrücken bis zu den abgekauten Nägeln zogen.

»Willst du Frühstück?«

»Nein.« Ich streckte die Hand aus und nahm ihm die Biere ab. »Du?«

»Du hältst es in der Hand.«

In seinem Zimmer roch es nach Haschisch, Schweiß und

abgestandenem Bier. Bücher von Mallarmé, Nicanor Parra und Michael Herr stapelten sich auf der Kommode.

»Setz dich.« Beide Betten des Doppelzimmers waren augenscheinlich benutzt worden, jemand hatte darin geschlafen oder zumindest darin gelegen, überall flogen zerknitterte Levi's und Zigarettenschachteln herum. »*Mi rúm es tu rúm, güey.* Schieb einfach weg, was dir im Weg ist, das Zimmer ist sowieso ein einziges Chaos.« Er schüttelte eine Flasche in meine Richtung. »Nimm dir, was du willst. Eiskalt sind sie nicht, aber egal.«

»Ist noch ein bisschen früh für mich«, sagte ich. »Aber danke.«

»Lass mich nicht alleine trinken, *cabrón.* Das ist ein Kennzeichen von Alkoholismus.«

»Vormittags trinken auch.«

Er kippte mir den Flaschenboden entgegen. »Und den Tag in gute und schlechte Trinkzeiten einteilen erst recht.«

»Na schön.« Ich öffnete eine Flasche mit meinem Feuerzeug.

Carlos schüttelte seine Jacke von den Schultern und hängte sie über die Lehne seines Stuhls. Über sein weißes Hemd zog sich der dünne Lederriemen eines Schulterholsters.

»Du liebe Zeit«, sagte ich.

»Keine Angst, *vato.*« Er löste den Gurt. »Ich kann ja kaum Bilder schießen.«

»Keine kugelsichere Weste?«

»Nein«, sagte er. »Die ist zu schwer, man kann damit nicht rennen.« Er zog einen gedrungenen grauen Colt .45 aus dem Holster. »Und die *mamónes* wissen sowieso, wie sie dich erwischen.« Er schob die Waffe unter sein Kissen.

»Eine Weste tragen ist so, als wolltest du sagen, dein Leben ist mehr wert als das der Menschen, über die du berichtest.« Er warf sich aufs Bett.

»Und was willst du mit der Waffe sagen?«

»Dass mein Leben mehr wert ist als das eines Cops.« Er schenkte mir einen durchdringenden Blick. »Willst du dem widersprechen?«

»Nicht solange die da liegt.«

Die schmutzigen Fenster führten auf einen Balkon über Juárez. Grauer Dunst sammelte sich unter den Bögen der in dekorativem Kolonialstil errichteten International Bridge, während *Yaqui*-Verkäufer ihre Waren im stockenden Verkehr mitten auf der Avenida de las Américas feilboten, der ganze Ausblick wurde massiv von einem grauen Berg überschattet.

Carlos nahm einen Zug von seiner Zigarette und einen großen Schluck Bier, sein Brustkorb hob und senkte sich, als er ein Rülpsen unterdrückte. »Und was ist jetzt mit den Fragen?«

»Klar.« Ich zog das Gummiband ab, das mein Notizbuch verschloss. »Wie fühlt man sich so als Mexikos bester junger Fotojournalist, der aber nicht in Mexiko arbeiten kann?«

Carlos Augen verengten sich. »Wer hat denn behauptet, dass ich das bin?«

»Maya.«

»Was hat sie dir noch erzählt?«

»Dass du nicht halb so ehrgeizig bist wie der Typ auf deiner Visitenkarte.«

Er kicherte und rieb sich das Kinn. »Autsch, voll ins Schwarze. Nee, aber gar nicht arbeiten? Das ist ganz schön hart, *vato.*« Er zeigte aus dem Fenster. »Was da zu Hause abgeht, wir sprechen von Bildern, mit denen man Karriere machen kann, *cabrón.*« Seine Stimme war warm, voller Furcht, Neid, Blutgier. »Und das fehlt mir.«

»Fühlst du dich hier sicher?«, fragte ich, schnalzte mit der Zunge: Ich ratterte meine Fragen viel zu schnell herunter, vermutlich würde ich ihn verschrecken, wenn ich so weitermachte.

Aber Carlos schüttelte nur den Kopf und sagte: »Nicht nach

dem Vormittag, Mann.« Er nahm einen Schluck Bier. »Du weißt, warum ich weg bin, oder?«

Als ich den Kopf schüttelte, zog er eine Zigarette aus meinem Päckchen, zündete sie an und fing nach drei Zügen an zu reden.

»Also, das war vor neun Monaten. Ich bin nach der Arbeit beim *Diario de Juárez* nach Hause gefahren. Damals hab ich bei meiner Mutter gewohnt, und ihr Haus, unser Haus, war ziemlich weit draußen. Da konnte man nichts hören.« Zigarettenqualm begleitete seine wogende Handbewegung in der Luft. »Als Kind bin ich oft nachts aufgeblieben, bis ganz spät, hab nach den Lastern Ausschau gehalten, die aus Hermosillo, Chihuahua, Ciudad Cuauhtémoc und diesen ganzen Orten durch die Dunkelheit heranrasten.« Er zerteilte die Luft mit der Handkante. »So langweilig war's dort, nur damit du eine Vorstellung hast. Die hell leuchtenden Laster waren so was wie ein Ereignis.« Er schnippte Asche ab. »Also ich bin nach Hause gefahren, über Wüstenstraßen, ringsum war alles schwarz, Lichter auf grünen Schildern, Schatten von Kakteen, sonst nichts. Und dann taucht so ein verfluchter Streifenwagen blau-weiß aus dem Nichts auf.« Er nahm einen weiteren Zug. »Drei Cops, Federales. Große Einheiten, ja? Einer winkt mich rüber, einer mit so einem Wrestler-Bärtchen.«

»Ein Wrestler-Bärtchen?«

Er malte einen unsichtbaren Kringel um seinen Mund. »So ein scheiß Goatee oder so.« Er zuckte mit der Schulter. »Metal-Fans, Wrestler, Perverse, die tragen alle solche Bärte, keine Ahnung, wie man die nennt.« Wieder lachte er und nahm einen großen Schluck Bier, kratzte sich am Hals. »Auf jeden Fall, diese Typen kommen mir mit dem Üblichen: ›Können wir Ihren Führerschein sehen, steigen Sie aus dem Fahrzeug‹«, das volle Programm. Und als ich das mache, tritt mir einer von denen in die Kniekehlen, so dass ich zu Boden gehe, gleichzeitig hält mir der mit dem Wrestler-Bärtchen eine Pistole hier hin.« Carlos bohrte sich einen Finger zwischen die Augen.

Der Kassettenrekorder surrte in der Stille. »Aber warum?«

Er setzte sich auf. »Wegen meinem Job, *cabrón.* Kriminalreportagen. Und wenn die Cops diejenigen sind, die die Verbrechen begehen, dann sind die Cops auch angepisst davon.« Er nahm das Päckchen Zigaretten von dem Bett, auf dem ich saß, dann zog er die Pistole unter seinem Kissen hervor. »Die Zigaretten hier, das sind die Banden. Es gibt die Barrio Azteca, Artistas Asesinos, kleinere Gruppierungen auch von zum Beispiel höchstens achtzehn Mitgliedern. In der Masse sind die gefährlich …«, er schüttelte die Schachtel, »… aber jeweils für sich genommen sind sie Leichtgewichte. Aber das hier?« Er hielt die Waffe hoch. »Das sind die eigentlichen Akteure, El Chapo und seine Jungs, Cops, Lokalpolitiker, ein paar Geschäftsleute, die ganzen hohen Tiere halten zusammen. Und wenn die Armee in Juárez einfällt, was machst du dann?« Carlos hob die Zigaretten. »Verfolgt man dann lieber eine bescheuerte Bande von Schwachköpfen?« Er hielt die Waffe hoch. »Oder Typen, die seit Anbeginn der Menschheit unter dem Schutz der Regierung stehen?«

»Man verfolgt die kleinen Lichter«, sagte ich. »Und schaut, ob man über sie an die großen Nummern herankommt. Oder ob für einen selbst auch was abfällt.« Ich zitierte aus Berichten, von denen Maya mir erzählt hatte. »Ist überall dasselbe.«

»Vielleicht kannst du dir einen gratis Burger abholen«, sagte Carlos und klaute sich eine Zigarette aus meinem Päckchen, dann warf er es mir wieder zu. »Deshalb drücken die Cops und die Soldaten alle Augen zu, wenn es um die Gangs geht, die sie gerne auf dem Vormarsch sehen wollen. Massaker, Schießereien aus vorbeifahrenden Autos, plötzlich sind alle gegen die Polizei gefeit, vorausgesetzt sie gehören den richtigen Gangs an.«

Er zog verächtlich die Lippe hoch. »Und ich finde das scheiße, Mann. Deshalb mache ich Fotos von alldem, von allen, und von der Scheiße, den die Armee abzieht, der Scheiße, die die Einheimischen abziehen, ganz egal, wem ich damit auf den Schlips trete.« Er blies Rauch aus. »Und so kam es, dass ich auf Knien dalag, um mein Leben gebettelt und den Federales den Arsch meiner Schwester angeboten habe.« Er schüttelte den Kopf. »Dabei hab ich nicht mal eine.« Er zuckte mit den Schultern, wirkte verlegen. »Und ich meine, okay, ich hab mir nicht in die Hose gemacht. Na ja. Nicht sehr. Aber ich glaube, ich habe …«, wieder lachte er, »sie so *beschämt*, dass sie mich haben gehen lassen, weißt du?« Er trank wieder Bier. »Jedenfalls haben sie mein Angebot angenommen.«

Mir fiel die Klappe runter. »Das mit deiner frei erfundenen *Schwester*?«

Carlos lachte. »Nein, Mann, meine Kameras. Meine Brieftasche, mein Jeep, mein Computer. Dann haben sie noch so was Abgefucktes gemacht, sind mit mir zum nächsten Geldautomaten gefahren, haben direkt vor den Überwachungskameras gehalten, völlig unbekümmert. Dann musste ich bis zu meinem Tageslimit abheben, was ging, anschließend sind wir bis Mitternacht rumgefahren, damit ich das nächste Tageslimit auch noch mal voll ausschöpfen konnte.« Er schüttelte den Kopf. »Danach haben sie mich in irgendeinem verschissenen *Barrio* ausgesetzt, und ich bin zu Fuß zu einem Freund nach Hause. Dass ich unterwegs nicht überfallen wurde, war noch ein größeres Wunder, als dass die mich haben gehen lassen. Der Freund hat mich in das Hotel hier gebracht …«, er spreizte die Finger beider erhobenen Hände, *»et voilà.«*

Er nahm einen tiefen, langsamen Schluck von seinem Bier und schaute aus dem Fenster auf die Fußgängerbrücke und die Berge. Die Grenzzäune spiegelten sich in Form von Linien in seinen Brillengläsern. »Neun Monate«, sagte er, »sehe ich zu, wie das Minus auf meiner Kreditkarte wächst, während zweihundert Meter weit von mir entfernt meine Stadt in Flammen steht.«

Ich tippte mit meinem Stift in mein Notizbuch. »Und heute Morgen?«

Er lachte. »Scheiße, du bist schlimmer als ich. Dir entgeht nichts.« Er nahm noch eine von meinen Zigaretten. »Nee, also das war schon ungefähr vor zwei Tagen, nachts. Ein Informant ruft mich an. Von einer Gang. Netter Typ.«

Schluck aus der Flasche. »Also dieser Typ fragt mich, wie's mir geht. *Wo* ich gesteckt habe. Und ich plaudere alles aus.«

»Ach, du Scheiße.« Meine Stimme klang hohl.

Carlos zuckte einseitig mit der Schulter, aber es sah eher aus wie ein Elektroschock. Er sagte: »Mein Mann sagt, ich soll meine Gitarre holen. Wieder zurück über die Grenze kommen. Lass es so aussehen, als wärst du auf dem Weg zur Bandprobe. Geh vorbei am ersten Starbucks, den du siehst.«

»Und das hast du gemacht.«

Carlos nickte langsam, seine Augen stierten jetzt ins Leere.

»Und zack. Da sind sie«, sagte er. »Die Federales, die mich drangekriegt hatten.« Er zog sein Handy aus der Tasche und hielt mir das Bild von einem Streifenwagen vor die Nase, dessen Windschutzscheibe von Einschusslöchern zersiebt war. Auf der Motorhaube lagen zwei Federales, zu Hackfleisch zerschossen.

Carlos umkreiste eines der Gesichter mit dem Finger. »Siehst du? Das Wrestler-Bärtchen.« Er schaltete sein Handy aus. »Mein Mann hat sie erschossen. Ich vermute mal als Gefälligkeit, im Gegenzug für die ganzen Reportagen, die ich gemacht hab.«

»Netter Typ«, sagte ich, mein Atem war heiß in meiner Brust. Was ich fühlte, konnte man nicht Angst nennen – Neid vielleicht oder irgendein anderes Wort, das dieses Gefühl bezeichnet, wenn man nicht weiß, ob man jemanden begehrt oder einfach nur so sein will wie er.

»Und jetzt kannst du zurück?«

Carlos stieß ein schnaubendes Lachen aus. »Nein, meine Mutter würde ihren Sohn zehn Minuten später in noch warmen Bröckchen von der verdammten Avenida de las Americas kratzen müssen.« Carlos starrte in den schmutzig orange verfärbten Himmel und schüttelte den Kopf. »Wenn ich irgendwo hinkönnte? Dann würde ich nach Süden fahren, nach Uruguay. In so ein Hotel dort, wo ich mal mit meiner Mutter übernachtet habe, als ich noch klein war. Sie hatte so eine Art Stipendium in Buenos Aires bekommen – was mit Kunst. Das ist ihr Beruf, sie malt, bildhauert, macht Videokunst, diesen ganzen Kram. Aber die Porteños waren allesamt Arschlöcher, also sind wir mit der Fähre auf die andere Seite der Bucht. Landleben, weißt du? Radfahren. Spaziergänge im Wald. Der Strand. Ja, dahin würde ich fahren, meine ganzen Bilder mitnehmen, alle ausdrucken, schreddern und ins Meer werfen.«

»Was hält dich davon ab?« Ich beugte mich vor und machte mein zweites Bier auf.

Er kratzte sich am Kinn. »Wahrscheinlich hab ich das mit dem Fotografieren schon zu lange gemacht. Ich würde es vermissen.«

Meine Arme spannten sich an. »Du könntest doch in Mexico City arbeiten. Weit weg von hier. Wen würde das interessieren? Ich meine, ich fang ja erst an mit den Artikeln«, sagte ich. »Aber wir könnten auch zusammenarbeiten oder so.«

Er runzelte die Stirn. »Das Interview hier ist doch für eine große Zeitung, oder?«

»Äh, ja. Maya hat mir den Auftrag weitergegeben. Ist aber … na ja … ist mein erster Artikel.«

Carlos beugte sich vor, nahm noch eine Zigarette. »Hast du weitere in Planung?«

»Oh ja«, sagte ich und schauderte vor dem Klang meiner Stimme, ich hörte mich an wie ein blutiger Anfänger. »Jede Menge.«

Carlos stupste ein loses Fädchen mit dem Zeh an. »Und Mexico City. Meinst du, du könntest dort was für mich finden?«

»Denke schon. Eine Freundin und ihr Freund suchen gerade was Neues.« Zitteraale schwammen zwischen meinen Rippen hin und her. »Soll ich sie anrufen?«

Er ging ans Fenster. Die Zigarette zwischen den Fingern war schon über das Logo abgebrannt, aber er merkte es nicht.

»Willst du das machen?«, fragte er und sah mich an.

»Na ja, ja.« Ich dachte nicht einmal drüber nach, fing sofort an, in mein Handy zu tippen. »Ich sage einfach, du bist ein Freund von mir.«

»Genau.« Ich spürte seinen Blick auf mir. »Sag denen das.«

9

Am Morgen nach meiner acid-geschwängerten Erinnerungssession stand ich in aller Herrgottsfrühe im kühlen Halbdunkel der Capilla de la Inmaculada Concepción, atmete den Duft der Lilien und der geplatzten Abwasserrohre.

Das einzige Geräusch kam von einem Mann in einem billigen Anzug, der auf Knien von einem Altar zum nächsten rutschte, die Riemen eines alten Wilson-Rucksacks hingen ausgefranst und schlaff von seinen Schultern. Als er in einer Kapelle hinter dem Kirchenschiff angekommen war, machte er vor einer lila eingehüllten Jesusstatue Halt, weißer Staub klebte an seinem blutverschmierten Gesicht, den entrückten Gesichtsausdruck konnte man deuten als: »*Das ist hier wohl außer Kontrolle geraten.*« Dann verschränkte der Mann im Anzug die Hände vor dem Gesicht, als könne er den Anblick nicht länger ertragen, und murmelte ein Dankesgebet für seine Familie, seine Sicherheit, sein Zuhause.

Ich war in keiner guten Verfassung, zitterte noch wegen der Nachwirkungen des Acid, blinzelte beißende Tränen weg und schaute zu einer älteren Nonne, die Gebete flüsternd ein Messingtablett vor einer Pietà mit Kerzen auffüllte. Marias himmelwärts gerichteter tränenloser Blick und die ausgestreckten Arme verwandelten sich in Carlos' Mutter Veronica, die seinen Leichnam in den Armen hielt.

»Hört auf zu zittern«, herrschte ich meine Hände an, »die Leute gucken schon.«

Vier Bankreihen vor mir kniete ein stämmiger *cholo* mit rasiertem Schädel, ein Tupac-Tattoo ragte aus dem Ausschnitt seines T-Shirts, die geschlossenen Augen hatte er dem wiederauferstandenen Christus über dem Altar zugewandt, sein Gesicht war ein wohlig warmer Traum von Frieden. Als er die schlurfenden Schritte des Sicherheitsmannes hörte, richtete er sich auf, die beiden lächelten sich zu, dann widmete er sich wieder seiner Andacht.

Die Ellbogen auf der Bank, das Gesicht in den Händen, zählte ich meine Atemzüge zwischen meinen Fingern, bis Maya sich neben mich schob und einen Arm um mich legte.

»Da bist du ja«, sagte ich, erwiderte die Umarmung.

Ein mit Staubpartikeln durchsetzter Lichtstrahl fiel durch einen Spalt an der Kirchentür.

»Ich denke die ganze Zeit«, sagte sie und löste die Umarmung, »dass er gleich durch die Tür kommt und uns beiden den Stinkefinger zeigt.« Sie tupfte sich die Augenwinkel mit einem Kleenex ab und bot auch mir eins an.

»Nein, danke.« Ich stellte mich auf Beine, deren Sehnen sich wie zerfetzt anfühlten. »Wollen wir?«

Maya zog den Riemen ihres JanSport-Rucksacks zurecht und schaute mich kurz an. Als sie merkte, dass ich nicht stehen blieb, schob sie sich von der Bank und folgte mir zur Tür.

Draußen traf mich der heiße Luftzug eines vorbeifahrenden Busses mit voller Wucht ins Gesicht. Selbst zu dieser Stunde an einem Samstag war die Straße voller Mütter, die Tüten aus dem Mercado San Juan schleppten, Schuhputzerjungs gingen sie um Kleingeld an, junge Bettler mit von Farbverdünner trüben Augen.

»Hast du überhaupt geschlafen?«, fragte Maya, als wir die Straße überquerten und zu dem großen, aus blutfarbenem Tezontle-Stein erbauten Hotel gingen, vor dem ich geparkt hatte.

»Als ich das letzte Mal geschlafen habe, war Carlos noch …« Ich schluckte. »Na ja, du weißt schon.« Mein Spiegelbild auf der Motorhaube zeigte ausgebrannte Nullen statt Augen.

»Ich hätte Kaffee mitbringen sollen.« Maya setzte sich auf den Beifahrersitz.

»Ach, hier gibt's jede Menge.« Ich schlug ein paar Styroporbecher weg.

Sie zog die Ellbogen dichter an den Körper. »Du lieber Gott. Was ist das denn?« Sie kickte einen Becher unter ihren Füßen weg, woraufhin sich ein braunes Rinnsal über die Fußmatte schlängelte. »Ich meine, ich *atme*. Und ich höre, dass was ausläuft.«

»Trink einfach was davon, herrlich«, sagte ich. »Größtenteils sind die noch frisch.«

Die Reifen des Jeeps zischten durch den Regen der vergangenen Nacht. Man spürte, wie der kollektive Kater der Innenstadt aus der vollgesogenen grauen Luft triefte.

»Wo wir hinfahren, kann ich da überhaupt den Wagen parken?«, fragte ich.

»Du alleine? Nein«, sagte Maya. »Mit mir? Schon.«

Paare aus den Schwulenbars, Punkkneipen und Mariachi Cantinas abseits der Plaza Garibaldi drängten sich um die dampfenden Eimer der Tamale-Verkäufer, die Ringe unter ihren Augen waren so dunkel, dass man das Altglas des gesamten Viertels darin hätte sammeln können.

»Und dieser Waffentyp«, sagte ich, »wie kommt es, dass ihr so dicke miteinander seid?«

»Ihm hat mein Artikel gefallen«, sagte sie. »Er meinte, ich hätte ihn wie eine Mischung aus Scarface und Juan Gabriel beschrieben.«

Knirschend fuhr ich mit den Reifen über eine Bacardi-Flasche. Mopeds rasten an uns vorbei, schnell wie Hornissen. Vor einem Sankt Judas geweihten Altar ließen Orchideen die Köpfe hängen. Verkäufer an ihren Ständen riefen laut ihre Preise aus, Kinderfahrräder, lebensgroße Teddybären, meterlange Bongs. Durch mein geöffnetes Fenster fragte mich eine Stimme in Turbo-Englisch, ob ich Gras, Koks, Crystal Meth oder sonst was wolle. Reggaeton wummerte hektisch aus der pinken *vivienda* auf der gegenüberliegenden Straßenseite, die Rufe und das Gelächter der Arbeiter auf dem *Tianguis*-Markt, die dabei waren Planen festzuzurren, mischten sich darunter. Seifenwasser schwappte aus Eimern. Schrubber schabten über die Straße und wir schubsten ein paar langsame Fußgänger mit der Stoßstange an.

Maya lehnte sich an ihr Fenster. »Der dritte Obstladen links.«

Neben einem Laternenmast stand ein zwei Meter hoher Altar, Santa Muerte gewidmet; zu ihren Füßen vertrockneten Rosen neben Tequila- und Cognac-Flaschen zu Staub, ein Gläubiger in einer schmutzigen Weste stand mit geschlossenen Augen vor ihr, die Hände nach einem augenscheinlich fehlgeschlagenen Versuch, Crack zu kochen, voller rosa Flecken, seine Lippen bewegten sich schnell, während er etwas anzündete, das nach White Widow gemischt mit gutem Tabak roch. Er sog eine Lunge voll Rauch ein und atmete ein Gebet aus.

Maya legte mir eine Hand auf die Schulter. »Kopf hoch, mein Lieber. Es ist Wochenende.«

Hip-Hop pulsierte von einem Taco-Stand herüber, wo ein großer fröhlicher Junge *carnitas* für ein paar mitgenommen wirkende Bankangestellte hackte, sein großes Fleischmesser klopfte ein polyrhythmisches Staccato gegen den energischen Bass aus der Anlage, er verteilte Zitronenhälften auf den Plastiktellern der beiden Männer, riss einen Witz über *panochas,* woraufhin alle drei laut losbrüllten. Hinter der Glasscheibe des Taco-Stands lagen glänzende Schweineohren, gedünstete Hirne und dicke Schnüre gebratener Innereien. Mir drehte sich der Magen um.

»Park hier«, sagte Maya. »An dem Obstladen da, mit dem hübschen Schild.«

Weil das Acid immer noch meine Synapsen befeuerte, verschwommen die halbierten Ananas, Mangos und die grinsenden Wassermelonen-Achtel zu Julián Gallardos lippenlosem Gesicht.

Maya schaute auf ihr Handy. »Er sagt, dauert noch eine Minute. Komm, wir essen was, ja?«

»Cool.« Als ich die Handbremse anzog, machte sie ein Geräusch wie ein brechendes Genick. *Gebrochenes Zungenbein*, hörte ich Teresas Stimme in meinem Kopf.

Maya fand einen Quesadilla-Stand um die Ecke vom Obstladen. Diese Seite der Straße war für meinen Kopf einfacher zu verkraften, hier waren wir umgeben von Geplapper, dem Qualm der Kochstellen, dem satten goldenen Geruch von Pflanzenöl.

»Die wollen die Metro kostenlos machen, um den Verkehr und die Luftverschmutzung einzudämmen«, sagte die alte Frau, der der Stand gehörte, und löffelte *tinga de pollo* auf ovale Teigfladen, die sie anschließend spritzend in eine heiße Pfanne mit Öl gab. Nach wenigen Minuten waren sie fertig, die Frau reichte sie uns auf Papptellern. »Dann wird die Metro so voll sein, dass man gar nicht mehr reinkommt. Und wie soll ich meine Jungs satt bekommen, wenn ich nicht mehr reinkomme?«

»Sie sollten streiken, *señora*«, sagte einer der jungen Männer am Stand in der kurzen Schlange nach uns, nahm seine Cap ab und fuhr sich durchs Haar.

In den Nachrichten im Fernseher über ihrer Kochstelle wurde eine Leiche gezeigt, die in einem Kanal gefunden worden war. Ein totes Mädchen wurde auf einer Bahre quer über den Bildschirm gefahren, ihre Stirn war aufgequollen und fahl vom Wasser.

Jetzt waren auch die Quesadillas der Jungs nach uns fertig. Sie schauten fern, aßen, sagten nichts.

Maya beugte sich vor, löffelte *salsa verde* auf ihren Teller, dann tunkte sie eine Ecke ihrer Quesadilla hinein. »Willst du auch *salsa*?«

Der Nachrichtenticker meldete: »*Zwanzig bis dreißig Leichen wurden aus dem Kanal gezogen.*«

»Nein, danke.« Ich sah, dass uns die jungen Männer beobachteten.

»Hab gestern den ganzen Tag nichts essen können«, sagte sie und sah die Quesadilla stirnrunzelnd an, bevor sie hineinbiss. »Als hätte ich einen Klumpen im Magen.«

»Schon gut«, sagte ich, rieb ihr die Schulter. »Was hast du gestern zu mir gesagt? Iss, auch wenn du nicht willst.«

»Wahrscheinlich hatte ich recht«, sagte sie.

»Ich esse meine, wenn du deine isst.«

An der Ecke an einem rotgestreiften DVD-Stand saß ein Verkäufer in einer blauen Qualmwolke, sein Mund kräuselte sich um einen Joint. Eins der Flugblätter fiel ins Licht: Drei athletisch gebaute Glatzköpfe besorgten es einer zierlichen Blondine. Abgesehen von den Waren hätte der Stand mit der rot-weiß gestreiften Markise auch derjenige sein können, an dem Carlos und ich immer Bootlegs von europäischen Arthousefilmen kauften, um sie auf der alten braunen Couch in seinem Apartment anzusehen. Fast war ich in Gedanken wieder vollständig in jene Zeit abgetaucht – Zigarettenrauch schlängelte sich im Licht durch die Jalousie, wir hielten Drinks in den Händen –, als Maya mir eine Dose Cola anbot, die sie gerade gekauft hatte.

»Alles klar mit dir?«, fragte sie.

»Ich denke nur nach«, sagte ich, ließ die Dose geräuschvoll aufknacken. »Über diesen Mann, den Carlos aufgetrieben hat. Irgendwo da an diesen zwielichtigen Ständen. Was er dort wollte, werde ich nie erfahren. Aber er hat Snuff-Pornos gefunden, wusstest du das?«

Maya schüttelte den Kopf. »Er hatte so reizende Freunde.«

»Der Typ von dem Stand, weißt du? Der hatte Carlos erzählt, dass einmal so ein Kunde zu ihm kam und sich stapelweise eingedeckt hat. Er konnte sein Glück kaum glauben. Die kränkste, abstoßendste Scheiße, von der man träumen konnte, alles auf einem Haufen. Er schleppt die DVDs nach Hause, legt die erste ein. Entzippt oder wie auch immer, keine Ahnung.« Ich schwenkte die Dose und nahm einen Schluck. »Und was sieht er?«

Maya verzog das Gesicht. »Will ich das wissen?«

Ich schüttelte den Kopf. »Irgendeinen Mist mit Adam Sandler. Der Typ vom Stand hat ihm einen Haufen Blindgänger angedreht.«

»Und hat er sein Geld nicht zurückverlangt?«

»Hättest du das gemacht?«, fragte ich. »›Verzeihung, Sir, ich hab für DVDs bezahlt, auf denen zu sehen ist, wie Frauen beim Sex getötet werden, aber keine Echtzeitmorde erhalten.‹«

»Genau das würde ich sagen«, sagte Maya. »Na klar.« Die Tür des Obstladens ging auf, ein Mann in einer schwarzen Weste beugte sich heraus und winkte Maya freundlich zu, Muskeln zogen sich über seinen Arm. Mit seinem runzeligen Gesicht und den blonden Schnellboot-Haaren hätte er auch eine aus Leder gefertigte John-Lydon-Marionette sein können.

»Das ist er«, sagte Maya und übergab der Verkäuferin unsere Teller zusammen mit einem Fünfzig-Peso-Schein.

»Maya, was für ein Wunder«, sagte der Mann mit der Weste, als wir am Rolltor ankamen. Seine Stimme war watteweich. Er tätschelte ihre Wange. »Du liebe Güte, siehst du dünn aus. Ist alles in Ordnung?«

»Mehr oder weniger.« Sie wackelte mit der Hand hin und her. »Hey, Osito, das ist der Mann, von dem ich dir erzählt habe.«

»Andrew.« Ich schüttelte ihm die Hand. »Danke.«

Osito musterte mich. »Wo hast du den denn aufgegabelt?«

Er gab mir einen Klapps auf die Schulter. Es war nur ein kleiner scherzhafter Schubs, trotzdem hätte ich beinahe das Gleichgewicht verloren.

»Kommt rein.«

»Schau dir die an.« Ich wog eine Avocado in der Hand, die ich von einem der mit Teeröl gebeizten dunklen Holzregale genommen hatte. »Tolle Dinger.«

»Kannst vorbeikommen, wann immer du willst.« Osito hob eine Kiste Äpfel auf den Tresen. »Hilfst du mir?« Er hielt mir einen Eierkarton entgegen. »Stell die ins Regal hinter dir, bitte.«

Als ich mich wieder umdrehte, wickelte Osito eine schwarze .38er Pistole mit extrem kurzem Lauf aus.

»Das ist nicht die, die du mir verkauft hast«, sagte Maya.

»Nein, das war ein Five-Seven«, sagte er. »Das hier ist ein Smith & Wesson Bodyguard. Sechs Schuss, leicht wie eine Feder. Kleines Laservisier. Der Schalter befindet sich oben am Schaft.« Ein roter Strahl fing Staubpartikel in der Dunkelheit ein.

»Sieht aus wie eine Wasserpistole«, sagte ich, sah den Zielpunkt auf einer Papaya ruhen. »Ist das Plastik?

Ositos Fingernagel tappte auf das Gehäuse. »Aluminium. Ich zeige euch die Grundlagen, okay?« Er drückte auf den Schalter hinter dem Zylinder, dann reichte er mir die Pistole am Griff, der Lauf ragte kaum über meinen Daumen hinaus. »Double-Action, kein Hammer, kann dir also nicht in der Tasche hängen bleiben.« Ein öliger Geruch heftete sich an meine Finger, so wie von den Maschinen in der Schreinerwerkstatt meines Großvaters.

»Sauber ist sie auch«, sagte Osito. »Wenn ihr erwischt werdet, führt die Seriennummer bis zu einem Walmart in Texas vor sechs Jahren, ihr bekommt also garantiert nicht mehr angehängt als unerlaubten Waffenbesitz.«

»Und was gibt es dafür?«

Ositos Lachen war hell und klar. »Überlasst dem Cop einfach die Waffe.«

Die gerillte Plastikabdeckung lag gut in meiner Hand. »Leichter als mein Smartphone.«

»Vermutlich auch widerstandsfähiger«, sagte Osito. »Die könnten Vierzehnjährige benutzen.«

»Ich bin sicher, das machen die auch.« Ich richtete das Laservisier auf ein Foto der Club-América-Aufstellung von 2010, die an der Wand hing. »Das ist total neu für mich. Ich kenne mich nur mit Gewehren aus. Flinten. Für die Jagd auf Kaninchen und Fasane, oder so.«

»Ist dasselbe Prinzip«, sagte Maya. »Zielen und schießen.«

»Na ja. So irgendwie«, sagte ich. Ich hatte nur einmal gesehen, wie jemand vor meinen Augen erschossen wurde, außerhalb von Enseñada, wo Fischer häufig als Schmuggler zwangsverpflichtet wurden. Während ich einen von ihnen interviewte, fing ein Mann an der Bar Streit mit einem anderen an, zog seine Waffe und ließ sie dem, den er anschrie, direkt in den Schoß fallen, als er einen Schuss in den Schädel abbekam, seine Augen ploppten aus ihren Höhlen wie zwei pochierte Eier.

Osito ging hinter den Tresen, holte zwei wiederverschließbare Kilotüten Café Garat und öffnete sie. »Vierzig Grain, Vollmantelgeschoss, da bricht dir schon ein Streifschuss den Arm.«

»Außerdem sind sie bleifrei«, sagte Maya. »Ist gesünder.«

»Ich will nicht wissen, woher du das weißt«, sagte ich. Mit einem Schnicken aus dem Handgelenk ließ ich das Magazin der Waffe einrasten und steckte sie mit der Kaffeetüte voller Munition in meine Tasche. »Zeit, dich zu bezahlen, denke ich.« Ich griff nach meiner Brieftasche.

Osito blätterte die Scheine durch. »Nimm noch ein paar Avocados mit, wenn du magst.«

»Äh, im Ernst?« Ich suchte mir sechs aus. »Ich komme auf jeden Fall wieder.«

»Gerne, jederzeit.« Osito packte mir die Avocados ein, dann zog er mich in eine Umarmung, drückte mir einen Kuss auf die Wange. »So, jetzt pass auf dich auf, ja? Maya sagt, du hattest schlimme Nachrichten. Wenn du willst, dass wir was für dich regeln, dann weißt du, wo wir sind. Hier bist du richtig.«

Eigentlich wollte ich sagen: »Sobald ich die Namen habe, bin ich sofort hier.«

Aber Maya fiel mir ins Wort. »Das wird nicht nötig sein. Bis bald.«

»Na schön, okay.« Er umarmte sie und gab ihr einen Kuss, dann traten wir wieder hinaus auf die Straße, wo Teenager an unserem Jeep warteten.

Einer nickte uns argwöhnisch zu und sagte: »Wir haben für dich auf deinen Wagen aufgepasst, Mann.« Er zog den Schirm seiner Cap tiefer ins Gesicht.

»Äh, danke, mein Freund.« Ich hielt ihm zehn Pesos hin. »Vielen Dank.«

»Ihr seid doch Freunde von Osito, Mann?«, sagte er und machte eine ablehnende Handbewegung in Richtung Geld. »Ihr seid hier immer willkommen.«

Als ich in den Wagen stieg, legte ich Maya die Avocados in den Schoss.

»Verspätetes Weihnachtsgeschenk«, sagte ich, als könnte ich mit einem so lahmen Spruch die Art von Geplänkel starten, das wir uns längst geliefert hätten, wäre nichts weiter los gewesen, wäre Carlos noch am Leben und hätte ich nicht gerade eine verfluchte Pistole gekauft.

Aber Maya öffnete die Tüte, schaute rein, runzelte die Stirn und sagte: »Das sind ganz schön viele.«

Auf der Fahrt durch die *Colonia Obrera* kamen wir an violett und türkis gestrichenen Hip-Hop-Clubs vorbei, deren Fensterläden tagsüber geschlossen waren, ein Wandgemälde gegenüber zeigte einen altmodischen Mariachi, der ein Skelettmädchen ansang, darüber stand in spitz zulaufender goldener Schreibschrift *AL SON QUE ME TOCAN BAILO*. Maya fragte: »Um wie viel Uhr gehst du zur Beerdigung?«

Die Frage durchbohrte mich wie eine Nadel. »Warte, was?«

Maya verzog das Gesicht, als hätte sie einen fiesen Zweikampf im Football gesehen.

»Oh, dann hat dir seine Mutter nichts gesagt?«

»Mein Gott«, sagte ich. »Okay, na ja, also sie und ich, wir verstehen uns nicht besonders ...« Ich betätigte den Blinker mit so viel Wucht, dass er wackelte, »... aber *das*?«

Maya wand sich auf dem Sitz und sagte: »Ja, na ja, sag ihr nicht, dass ich's dir gesagt hab, aber morgen Mittag auf dem großen Friedhof in der Avenida Constituyentes.«

»Hm.« Ich schnitt einen Pesero-Minibus, aus dem ein Cumbia-Basslauf dröhnte.

»Sie trauert. Menschen benehmen sich seltsam, wenn sie trauern.«

Das lila Licht eines europäischen Getränkeladens fiel über die Windschutzscheibe. Zum ersten Mal seit langem wirkte er warm auf mich, einladend.

»So ist es«, sagte ich.

Als ich langsam vor ihrem Wohnhaus vorfuhr, klopfte Maya auf die Tüte mit den Avocados und sagte: »Willst du sie mitnehmen?«

»Willst du sie nicht?«, fragte ich. »Ich dachte, wir könnten zusammen was damit machen.«

Das Acid gestern Nacht war natürlich ein kleiner Bruch mit meiner Abstinenz, aber eigentlich nicht schlimmer als der kleine Kratzer auf meiner Pilotenbrille – nur dann ein großes Problem, wenn man drüber nachdachte. Wenn ich jetzt in den Getränkeladen einfiel, wäre das, als würde ich die Brille mit den Füßen zertrampeln. Wenn ich bei Maya blieb, würde ich nicht in Versuchung geraten, das wusste ich, aber sie war hundemüde.

»Ah, egal«, sagte ich. »Wir können beide Schlaf gebrauchen.«

»Ich glaube nicht, dass ich auch nur eine davon essen könnte«, sagte sie, schaute in die Tüte. »Kommt einem komisch vor, oder? Einfach so weiterzumachen. Während Carlos im Kühlfach liegt.«

Meine Hand suchte erneut ihre Schulter. Ihre war weniger knochig als seine, aber ich drückte sie genauso, wie ich es bei ihm gemacht hätte.

»Tut mir leid wegen heute. Dass ich dich durch die Gegend gezerrt habe. Das war das Letzte, was du gebrauchen konntest.«

Maya zögerte, die Beine halb drin, halb raus dem Wagen, sie rollte einen Starbucks-Becher mit dem Fuß hin und her und zuckte mit den Schultern. »Na ja, ich will euch ja nicht beide verlieren, oder?« Sie beugte sich rein, umarmte mich zum Abschied und sagte: »Du hast auf jeden Fall Schlaf nötig. In deinen Pupillen könnte man Billardkugeln versenken. Was hast du gestern Nacht gemacht?«

»In Erinnerungen geschwelgt«, sagte ich. »Heftig.«

»Verstehe«, sagte sie mit skeptischem Blick. »Dann schwelge heute Abend nicht ganz so heftig, ja? Wird ein langer Tag morgen.«

»Okay«, versprach ich, legte den Arm hinter Carlos' Sitz so wie immer, wenn er dort gesessen hatte, und fuhr unter bewölktem, grauem Himmel nach Hause.

10

Im Lauf der Jahre hatten Carlos und ich einige wenige Male seine Mutter zum Frühstück getroffen, und nie waren diese Begegnungen frei von Spannungen gewesen. Die Erinnerung daran ließ mich ebenso heftig schaudern wie alles andere, was ich in dieser Woche gesehen hatte. Weil ich Menschen als Puffer zwischen ihr und mir brauchte, brach ich möglichst spät zur Beerdigung auf und traf erst ein, als die Kapelle bereits brechend voll war. Im marmorkühlen Zwielicht des Krematoriums sah ich weit hinten die Kameras der anderen Reporter über Carlos' Sarg flackern und sonnte mich in der menschlichen Wärme der Menge. Neben dem Rednerpult stand ein DIN-A2-großes Foto von Carlos, von orange und lila Krepppapierblumen umrahmt. Das Bild war dasselbe, das er auch für seine Artikel verwendete: dunkle Sonnenbrille, schwarze Lederjacke, die Haare gelockt und schulterlang, dazu sein typisches Angelhakengrinsen.

Carlos' Mutter stand am Mikro. »Ich musste die Agentur um dieses Bild von ihm bitten, obwohl wir beide Fotografen waren, haben wir kaum Bilder voneinander gemacht – wahrscheinlich waren wir zu beschäftigt damit, einfach zusammen zu *sein*, Mutter und Sohn.«

In den Pausen zwischen Veronicas Worten konnte man Leute schluchzen hören.

Veronica schüttelte den Kopf. »Mein Sohn war Fotograf, das ist das einzige Bild, das ich von ihm habe, und sogar das musste ich mir von seiner Redaktion schicken lassen.« Sie lachte leise. »Das ist meine Lektion aus alldem. Macht Fotos von euren Lieben, solange ihr könnt. Man weiß nie, wann es keine Bilder mehr geben wird.« Sie verlagerte ihr Gewicht und seufzte.

»Carlos' Mutter zu sein war der beste Job, den ich je hatte – und auch der schwerste. Er hatte seine eigenen Überzeugungen. Und ich meine. Dreißig Jahre lang haben wir uns beim Abendessen darüber gestritten. Manchmal auch noch beim Frühstück, falls ihm am nächsten Morgen etwas einfiel, was er unerwähnt gelassen hatte. Außerdem kam er manchmal auch kurz über Mittag nach Hause, nur um eine Auseinandersetzung fortzusetzen, die wir vorher begonnen hatten.«

Leises Lachen wogte über die Versammelten und verebbte, als das Gesicht der Rednerin wieder ernster wurde.

»Mein Sohn hat mich so stolz gemacht. Seine Kühnheit, sein Mut, seine Bereitschaft, eine klare Haltung zu beziehen, auch wenn andere längst eingeknickt waren«, sagte sie, ihr Vermont-Akzent bohrte Löcher in die spanischen Worte.

Mein Blick wanderte über die Trauergemeinde hinweg zu der Mater Dolorosa in der Ecke, deren Gesicht flehentlich durch den schwarzen Spitzenschleier schimmerte.

»Ich kann meinen Stolz nicht von dem Schmerz trennen, den ich heute empfinde. Nicht nur, weil sein Schmerz auch meiner war. Nicht nur, weil mir der Anschlag auf seine Würde ebenso sehr weh tut wie sein Verlust. Nein, denn genau das, was mich so stolz auf ihn macht – seine Unerschrockenheit, seine Beharrlichkeit und sein Mut –, hat ihn nicht weiter gebracht als hierher.«

Maya drehte sich um und unsere Blicke trafen sich, sie schenkte mir ein schiefes Lächeln.

»Der Mord an meinen Sohn«, sagte Carlos' Mutter, »ist eine harte Lektion in Hinblick auf die Fehler der Geschichte, und zwar mit dem Ziel, sie zu wiederholen.«

Dafür gab es Applaus von einigen mir bekannten Journalisten weiter vorne. Er stieg auf zu den Dachsparren, hallte vom Marmor zurück und erreichte mich hinten an der holzvertäfelten Wand.

Als der Applaus verebbte, biss Veronica die Zähne aufeinander und stierte mich böse durch die Gläser ihres roten Brillengestells an.

»Wir wissen noch nicht, wer meinen Sohn getötet hat«, sagte sie. »Vielleicht werden wir es nie erfahren.«

Die Luft war stickig, erfüllt von süßlichem Geruch: Lilien, nicht besonders teures Aftershave, Schuhcreme, chemisch gereinigte Klamotten.

Veronica zeigte auf das Foto. Jetzt lächelte sie wieder. »Aber wir wissen, was geschehen muss, wenn der Staat, ein Kartell oder sonst wer seine Kritiker zum Schweigen bringen will. Die Überlebenden müssen dort weitermachen, wo die Toten aufgehört haben.«

Wieder erhob sich Applaus, ein Geräusch wie rauschende Wellen. Aus den Lautsprechern fluteten besänftigende Orgelakkorde – irgendein typisches trauriges Klassikstück. Als ich einen letzten kurzen Blick über die Schulter warf, rollte der Sarg über ein kurzes Förderband auf einen Aufzug zu, der ihn in den Ofen fahren sollte, und ich schlüpfte hinaus, vorbei an einem Mann in Hemd, Krawatte und Radlershorts, der auf den Stufen stand, ins grelle Mittagslicht schaute und in das rote Lämpchen einer Videokamera der BBC blinzelte.

Die Grabsteine waren schwarz verschmiert, erinnerten an verheulte Wimperntusche. Ich stellte mich in den Schatten der Eiben und Zypressen, weil ich von dort den Schornstein sehen konnte, aus dem jetzt jeden Augenblick Carlos' Rauch aufsteigen würde. Zu meinen Füßen befand sich eine Sankt-Judas-Tadeo-Statue mit der kleinen Flamme über dem Kopf, er wirkte fast heiter in seinem grünen Gewand, hatte den Blick in den bewölkten Himmel gerichtet.

»Dir fällt es leicht, cool zu bleiben«, sagte ich zu der Statue.

Der Heilige beäugte meine Zigarette, als wolle er mal dran ziehen.

Dann stieg Carlos' Rauchsäule aus dem Krematorium auf, und ich rutschte den Grabstein hinunter, stieß die Kerzen und die vertrockneten Rosen um und saß in einem Haufen Paradiesvogelblumen, den Hinterkopf an den kalten Stein gepresst, und wartete auf den Heulkrampf, der nicht kam, auch dann nicht, als Carlos' Rauch sich in nichts auflöste. Vielleicht lag es an dieser Sache mit dem Mutantenherz, das ihm und mir gemeinsam war, dem Charakterzug, der ihn dazu gebracht hatte, mit den Toten zu sprechen, die er fotografiert hatte, und der mich veranlasste, Julián Gallardos Gesicht an die Pinnwand zu heften und Acid einzuwerfen, anstatt mich richtig an ihn zu erinnern. Der Grund, warum ich loszog und eine Pistole kaufte, anstatt nach Hause zu fahren.

Vielleicht war das die Erklärung dafür, warum meine Augen trocken blieben, während sein Rauch sich zu einer hellgrauen Linie verjüngte, die der Wind wegblies. Einerseits wollte ich ihm sagen, dass ich denjenigen, der ihn dorthin gebracht hatte, kriegen würde, aber ich vermutete, dass er das sowieso wusste.

Als nichts mehr von ihm übrig war, löste ich meine Krawatte und verließ den Friedhof, bevor mich jemand sehen konnte. Genau in diesem Moment blies der Wind den Rauch über den Dachvorsprung der Kapelle, ein grauer Schleier legte sich auf meine Schuhe.

11

Freitagsabends traf sich immer eine Gruppe von Auslandskorrespondenten in einer schummrig beleuchteten *cantina* in La Condesa. Die älteren, die Veteranen, die Superstars, saßen am Kopf des Tisches, schoben sich gegenseitig hinter einer immer dichter werdenden Wand aus Schnapsgläsern und Bierflaschen Kriegsgeschichten zu, während direkt neben ihnen der Nachwuchs saß, das Jungvolk, und begierig lauschte. Zum ersten Mal war ich mit Maya hier gewesen, weil sie das Interview mit Carlos feiern und mich Redakteuren empfehlen wollte, weshalb ich in der Mitte des Tisches Platz genommen hatte, wo die Freiberufler saßen, Kontakte und Tipps tauschten und über eine spärliche Ansammlung billiger Getränke hinweg voreinander prahlten.

Als ich jetzt aber am Abend hereinkam, war es, als hätte jemand die Pausetaste gedrückt, Gespräche und angetrunkene Gesten zum Erliegen gebracht. Nach einem kurzen Moment der Stille hoben alle ihre Gläser, nickten zur Begrüßung und unterhielten sich bei leicht gedämpfter Lautstärke weiter. Ich ging um den Tisch herum und schüttelte Hände, gab die üblichen gezwungenen Antworten auf die üblichen gezwungenen Fragen – »Wie geht's dir? Alles in Ordnung? Was gibt's Neues?« – »Ich weiß nicht. Ich weiß nicht. Ich weiß nicht« – und setzte mich neben Maya.

»'n Abend, Reservoir Dogs«, sagte sie, zupfte am Ärmel meines Anzugs, den ich seit der Beerdigung vergessen hatte gegen eine andere Aufmachung zu tauschen. »Hab gedacht, du bleibst zu Hause.«

»Na ja, ich brauche ein paar Hintergrundgeräusche.«

Im Fernseher, der über dem Tisch hing, wurden immer wieder dieselben Bilder von der Szene draußen vor Carlos' Apartment gezeigt: Studenten von der UNAM stellten Kerzen auf, ein paar einheimische Journalisten, die ich kannte, hielten Transparente hoch, auf denen stand: »FUE EL ESTADO«, der Vorsitzende von Articulo 19, einer NGO für Pressefreiheit, sprach ins Mikro.

»Da hast du dir ja tolle Hintergrundgeräusche ausgesucht«, sagte Maya.

»Ja, na ja«, sagte ich, schwenkte mein Glas.

Ein paar von den Jüngeren – ein Mann und eine Frau Anfang zwanzig, Amerikaner – flüsterten und versuchten, nicht auf mich zu zeigen, weshalb ich sie möglichst düster anstarrte.

»Jeden Monat werden es mehr«, sagte ich so laut, dass sie es hören konnten. »Ich wette, hier gibt's mehr Reporter als Englischlehrer.«

»Andrew«, sagte Maya.

Ich ignorierte sie. »Der Krieg gegen die Drogen macht sich toll im Lebenslauf.«

Die junge Frau zog ein wütendes Gesicht, der junge Mann guckte peinlich betreten, genau wie ich es beabsichtigt hatte.

»Ach, die werden mir schon verzeihen«, sagte ich. »Die wollen ja meine Kontakte.«

Maya schüttelte den Kopf.

»Wusste gar nicht, dass du immer noch auf Wasser bist«, sagte Pau von CNN neben mir. »Unter den Umständen …« Sie hob ihre Cola-Cognac. »Auf Carlos.«

»Auf Carlos.« Wir stießen an.

Dann machten es uns die anderen nach – *Bloomberg* und die *Financial Times*, die *Daily Mail* und *VICE*, das *Wall Street Journal* und die *Dallas Morning News*, sie alle hoben die Arme hoch wie Dachsparren. Alle stießen mit den Gläsern an, als würden sie sich am Ende der Messe die Hände reichen. Die jungen Kollegen, die ich blöd angemacht hatte, brauchten einen Augenblick länger, fielen dann aber mit ein, und ich stieß auch mit ihnen an, einfach nur, um nett zu sein.

Danach senkte sich kurz Stille über den Raum, einige schauten verstohlen zu mir, als sollte ich vielleicht eine Rede halten oder so, aber ich sah nur die Bläschen in meinem Wasser platzen und fragte Maya, ob sie eine Zigarette wolle.

»Wenn du dann aufhörst, dich mit den anderen anzulegen?«

Als wir rausgingen, lehnten ein paar Freunde von mir an der Wand: Jon, ein Veteran aus dem Irakkrieg, der Fotograf geworden war, und Sadiq, einer der Journalisten von der *New York Times*. Sie sprachen mir ihr Beileid aus und boten mir Zigaretten an – die ich gerne nahm.

Sadiq klopfte mir auf die Schulter. »Alles klar, Bruder?«

»Total abgefuckte Oberkacke«, sagte Jon. »Carlos war einer von uns.«

»Die sind alle einer von uns«, sagte ich und drehte die Zigarette zwischen meinen Fingern.

»Keine Ahnung, wie du das aushältst«, sagte Sadiq. »Mann, in Afghanistan, als die damals die Journalistenkneipe hochgejagt haben? Ich wusste nicht mehr, was ich machen soll.«

»Na ja, klar, was soll man denn auch machen?« Das Rädchen meines Feuerzeugs drehte sich, sprühte Funken unter meinem Daumen.

Ringsum hallte das verfluchte Neonwummern einer Freitagnacht aus den Clubs in der Calle Tamaulipas. Streifenwagen schlichen durch die Straßen, während Sechsjährige in ausgewaschenen Klamotten an den Tischen vor den Bars Süßigkeiten und einzelne Zigaretten feilboten. Rauchwolken stiegen in die feuchtschwüle Nacht.

»Willst du noch ein Wasser?«, fragte Jon. »Ich geh mir was zu trinken holen.«

»Danke, für mich nicht.«

»Pass bloß auf, dass du nicht genusssüchtig wirst.« Auf dem Weg nach drinnen knuffte er mich am Arm. »Halte durch.«

»Echt komisch«, sagte Maya, »hab ihn noch nie so ernst gesehen.«

»Dass wir das alle noch erleben durften …«, sagte Sadiq.

Hinter uns, in der *cantina*, erreichte das Geplauder und Gelächter wieder seine gewohnte Lautstärke. Die dichtgedrängt stehenden leeren Gläser funkelten.

Mein Blick wanderte zurück zum Jeep. Sadiq klopfte mir erneut herzlich auf die Schulter, ohne den Blickkontakt zu Maya zu unterbrechen, das gab mir den Rest.

»Ich zieh Leine«, sagte ich, als ich der Verlockung des Alkohols nicht länger widerstehen zu können glaubte. »Bin mit den Gedanken woanders.«

»Halt die Ohren steif, Bruder.« Sadiq umarmte mich herzlich. »Wir sehen uns nächste Woche, ja?« Schallendes Gelächter drang aus der Tür, als er wieder hineinging.

»Sind dir die Hintergrundgeräusche zu laut?«, fragte Maya, als ich sie umarmen wollte.

»Ohrenbetäubend«, sagte ich.

»Wie wär's mit einem Kaffee?«, fragte sie, stupste mit dem Fußzeh an die Stufe vor der *cantina*. »Keine Ahnung. War ein schwerer Tag heute.«

»Das war's.« Ich ließ meinen Schlüsselring an meinem Finger im Kreis herumwirbeln. »Aber ja, komm, lass uns das machen. Ich weiß auch, wo. Lass uns ein bisschen Brainstorming machen.«

Im Wagen unterwegs auf der Avenida Insurgentes ließ Maya ihr Fenster herunter und ließ die Hand auf dem regenkühlen Luftstrom reiten. Scheinwerfer glitten vorüber, leuchteten grell auf, während eine geistlose House-Playlist meine Pistole im Handschuhfach klappern ließ.

»Hier ist es«, sagte ich und parkte gegenüber des Ángel de la Independencia, die hoch aufragende Säule des Denkmals war lila angestrahlt. Schimmerndes Chromlicht glitt über die Windschutzscheibe. Der Asphalt glänzte wie Öl.

»Was? Wo?«

»Gleich da.« Ich zeigte auf einen Supermarkt.

»Du weißt, wie man eine Freundin schön ausführt«, sagte sie.

Als ich den Kaffee und die Doughnuts geholt hatte, stand Maya an der Motorhaube meines Wagens, hatte ihren Laptop darauf platziert, der Fahrtwind der vorüberziehenden Autos wehte durch ihre Haare. Sie schaute auf, als sie hörte, wie ich die Doughnuts auspackte.

»So wie du dich ernährst, Mann«, sagte sie. »Ist der Darmkrebs praktisch vorprogrammiert. Mindestens ein Magengeschwür.«

»Ehrlich gesagt wollte ich Zwillinge bekommen.« Ich bot ihr einen halben Doughnut an, aber sie rümpfte die Nase. »Auf keinen Fall. Der Zucker da drin, weißt du, was das ist?«

»Aspartam«, las ich von der Verpackung ab. »Na und?«

»Aspartam«, sagte Maya und klappte ihren Laptop auf, »ist ein anderes Wort für Balsamierflüssigkeit.«

»Dann bleiben meine Eingeweide bestimmt wunderbar jung.« Ich tunkte den Doughnut in den Kaffee. »Wieso soll das schlecht sein?« Ich öffnete mein iPad, Julián Gallardos von seiner Haut befreites Gesicht tauchte auf dem Bildschirm auf. Das Zirpen der Grillen in den Bäumen wurde schriller.

»Ist das der junge Mann, den ihr gefunden habt?«, fragte Maya.

»Das ist er.«

Ein schon etwas älterer Jogger nickte uns auf seiner Runde um den Kreisverkehr zu. Abgesehen davon waren wir alleine: Auf der Calle Genova ein paar Ecken weiter war das meiste los, vergnügte Schreie, blecherne Banda-Blasmusik.

»Hast du noch was über ihn rausbekommen?«, wollte Maya wissen.

»Das ein oder andere«, sagte ich, rief ein paar gespeicherte Tabs auf. »Zum Beispiel, dass er auf einer ganzen Reihe Fotos von Protestmärschen getaggt wurde, aber abgesehen davon ist er ein ganz normaler junger Mann, der im zweiten Semester Maschinenbau studiert hat.« Ich drehte den Bildschirm um, weil ich Maya ein Bild von Julián zeigen wollte, auf dem er den Arm um einen Mann mit Cowboyhut und eine Frau mit rot gefärbten Haaren gelegt hatte, hinter ihnen waren sattgrüne Farne und Mandarinenbäume zu sehen, die vom orangefarbenen Licht einer Flamme in Schatten getaucht wurden.

»Trauriges Bild«, sagte Maya. Sie tippte auf die Unterschrift. »›Zwei Jahre sind seit dem Foto vergangen‹«, las sie. »›Dad, ich vermisse dich jeden Tag.‹«

»Scheiße. Den Text hab ich gar nicht gesehen.«

Sie neigte fragend den Kopf. »Sonst noch was?«

»Nur Kleinigkeiten«, sagte ich und öffnete ein lokales Nachrichtenportal mit Fotos von Studenten und Hausfrauen Schulter an Schulter, die Transparente mit der Aufschrift »MÉXICO NO SE VENDE« schwenkten, außerdem waren Ölarbeiter darauf zu sehen, die ebenfalls Transparente trugen und laut schrien.

»Nichts Außergewöhnliches«, sagte Maya, zog Daumen und Zeigefinger auf dem Display auseinander, um die Transparente zu vergrößern. »So was sieht man bei jeder Öl-Demo.«

»Aber diese Typen.« Ich veränderte den Bildausschnitt, vergrößerte das Transparent mit der Aufschrift »AJENJO ASESINO«. »Wenn ich das richtig sehe, hat sich das Unternehmen nicht gerade beliebt gemacht.«

»Auf den Wirtschaftsseiten stehen sie nicht schlecht da«, sagte Maya und ging die Suchergebnisse nach Bildern der Titelseiten aus den vergangenen Monaten durch, alle zeigten einen grauhaarigen Mann in einem Anzug mit großem, sorgfältig gestutztem Schnurrbart, darunter stand der Name Roberto Zúñiga. Sie klaute sich einen Doughnut.

»›Der Architekt von Mexikos zweitem Ölwunder?‹«, las ich. »Aha.«

Auf meinem iPad blätterte ich bis zu einem Bild, das einen der Demonstranten mit einem Plakat zeigte, auf dem das Foto von Julián Gallardos Studentenausweis zu sehen war, darüber die Worte »WO IST ER?«

»Hey, das ist doch was«, sagte Maya und las laut ein Zitat aus dem Artikel vor, den ich Dominic geschickt hatte: »›*Vor dreißig Jahren war Poza Rica nicht mehr als ein Acker, jetzt ist es eine Ölmetropole. Die Region aber konnte der Entwicklung größtenteils nicht standhalten. Hier draußen herrscht Krieg, die einheimischen Mandarinenbauern sind dessen Verlierer.*‹ Überleg dir das mal.« Sie zählte an ihren Fingern ab. »Ein Liebling der mexikanischen Ölindustrie verleiht Fracking-Ausrüstung an multinationale Konzerne. Einheimische werden von ihrem Land vertrieben. Ein junger Mann wird ermordet.« Sie nahm ihren kleinen Finger, wackelte dran. »Und jetzt Carlos.«

»Das musst du ausführen«, sagte ich, trat einen von Ratten zernagten Maiskolben von einem Fuß zum anderen.

Maya zuckte mit den Schultern. »Du weißt, wie's hier ist. Überall, wo es Bodenschätze gibt, gibt es auch Verbrechen. Guerrero, da ist das Gold. San Luís, Silber.«

»Und Veracruz hat Öl«, sagte ich.

Maya nickte. »Und überall dieselbe Scheiße, oder? Die Regierung, die Unternehmen und die Banden terrorisieren die Menschen bis sie die Minenarbeiter, Fracker oder sonst wen reinlassen.«

Vor meinem geistigen Auge sah ich Carlos die Waffe und die Zigaretten hochhalten und mir erklären, wie Politiker, Cops und Gangster seine gesamte Stadt in Geiselhaft genommen hatten.

»Scheiße«, sagte ich.

»Allerdings«, sagte Maya und betrachtete den Rauchring, den sie geblasen hatte.

Ich hielt verzweifelt die Hände an den Kopf. »Da kommt der Staat ins Spiel. Und auch ausländische Unternehmen. Große Sache. Was für Beweise brauchen wir, was meinst du?«, fragte ich.

Maya runzelte die Stirn, tappte mit dem Fuß. »Na ja, zum Beispiel Todeskommandos. Infiltrationen. Zetas in Uniform. Proteste. Razzien.« Sie machte eine Handbewegung. »Diese ganzen schönen Sachen.«

Der Jogger beendete seine Runde im Kreisverkehr und bog ab Richtung Parque Chapultepec.

Mit dem nächsten Tritt flog der Maiskolben auf die Straße. »Und die ganzen Beweise sind mit Carlos gestorben.«

Maya schüttelte verständnislos den Kopf. »Meinst du wirklich?«

Sie haben ihm die Finger gebrochen, hatte mir Teresa gesagt.

Ich zuckte mit den Schultern. »Wahrscheinlich haben sie's aus ihm rausbekommen.«

Maya verengte die Augen. »*Alles* haben sie ja wohl nicht aus ihm rausbekommen, oder?«

Ein abgebrochenes Stuhlbein …

»Sonst wärst du gar nicht mehr hier«, sagte Maya.

»Scheiße.« Ich strich mir die Haare aus dem Gesicht. »Bei allem, was die ihm angetan haben, hat er trotzdem dichtgehalten.«

Maya nickte. »Er muss dich wohl so was wie geliebt haben.«

Das Rauschen ferner Autos erreichte uns. Ein anderer Jogger lief durch die gelben Lichtkegel der Straßenlaternen.

»Wenn er etwas für dich hätte verstecken wollen«, sagte Maya, »wo hätte er es hingetan?«

Carlos stand am nebligen Highway, spielte mit seinem Fidel-Castro-Schlüsselring, sein USB-Stick wirbelte im Kreis.

»Keine Ahnung«, sagte ich und griff in meine Jackentasche nach der Quittung mit Teresas Nummer.

Maya legte mir einen Arm um die Schulter. »Dir wird schon noch was einfallen.«

»Vielleicht.« Ich stieß einen künstlichen Seufzer aus und schaute zu dem polierten Goldengel auf der Säule auf. Irgendwo weiter draußen läuteten Glocken.

»Soll ich dich zu Hause absetzen?«

»Nee.« Maya gab etwas in ihr Handy ein. »Gleich um die Ecke steht ein Uber.« Ein Prius scherte langsam aus dem Kreisverkehr, und sie zog mich für eine kurze Umarmung an sich heran. »Schlaf gut, ja?«

Bevor Maya die Tür zugeschlagen hatte, hielt ich mir schon das Handy ans Ohr. Der Wählton ertönte nur einmal.

»Wer ist da?«, fragte Teresa, ihre Stimme lag irgendwo zwischen Müdigkeit und Misstrauen.

»Hey, hier ist Andrew«, sagte ich. »Der Journalist – wir sind uns in der Mineria 45 begegnet.«

»Ah ja, ich weiß.« Ich hörte einen Bürostuhl zurückfahren. »Und, wie kann ich helfen?«

»Na ja, wie soll ich das sagen?«, schluckte ich. »Ich möchte in das Apartment.«

»Dürfte kein Problem sein. Der Tatort wurde freigegeben. Morgen kommen die Reinigungskräfte. Der Vermieter möchte Nachmieter einziehen lassen, bevor sich die Geschichte in dem Haus festsetzt.« Die Rollen ihres Bürostuhls scharrten über den Boden. »Aber der Typ von der Reinigungsfirma ist ein guter Mann. Ich sage ihm, was Sie wollen – was denn genau? Ein Erinnerungsstück?«

»Ja«, sagte ich. »Eine Jacke.«

»Das ist kein Problem«, sagte sie. »Ich meine, Lucio von der Reinigungsfirma steckt einfach alles in Säcke. Er durchstöbert nicht die Kleiderschränke: Alles kommt in Säcke.«

Ich sog Luft durch die Zähne. »Oh Gott, ich hab echt Angst, dass die Jacke einfach weggeworfen wird.«

»Verständlich«, sagte sie. »Aber Lucio wird nichts dagegen haben. Kommen Sie einfach um …« Ich hörte den Stuhl knirschen, als sie sich umdrehte und vorbeugte. »Sagen wir morgen um acht, okay? Ich werde vorher mit Lucio sprechen, etwas verabreden. Passen Sie auf sich auf.«

»Danke, Teresa«, sagte ich, aber sie hatte bereits aufgelegt, mich mit dem Geruch nach regennassem Asphalt in den Lungen zurückgelassen. Der Wind fegte mir abgestorbene Jacaranda-Blätter vor die Füße.

12

Was von meinen Fingernägeln übrig war, hatte ich am folgenden Abend längst vollständig abgekaut, als ich draußen vor dem Haus in der Mineria 45 saß, dessen Eingangstür längst zum Altar geworden war: Kerzenwachsspritzer, vertrocknete braune Kränze, Fotos von Carlos, die sich bereits wellten. Jemand hatte die Worte »DAS WAR DER STAAT« mit Kreide auf den Gehweg geschrieben. Die Rufe spielender Kinder und der blecherne Klang von rhythmischer Musik drang von einer Sportgruppe herüber, die eine Ecke weiter im Park an der frischen Luft trainierte. Die Luft war mild, es roch nach warmen Tortillas, der Dampf stieg auf bis an ein Fenster, das einst das von Carlos gewesen war. Schon bald würde, was von ihm übrig war, vom Fußboden geschrubbt, in Säcke gestopft und in einen Müllcontainer geworfen werden. Danach gehörte das Lichtquadrat hinter dem Fenster einer anderen Person.

Halogenkegel, die Scheinwerfer von Autos schnitten ins Halbdunkel, und ich zählte sie, während ich in einen viertelvollen Oxxo-Kaffeebecher aschte, der in der Beifahrertür klemmte, bis endlich ein schwarzer Jetta abbremste und vor dem Haus hielt. Ein großer Mann stieg aus, er trug einen beigefarbenen Regenmantel zum schwarzen Anzug, eine rote Krawatte, seine schwarzen Lederschuhe glänzten im Gegensatz zur Motorhaube seines Wagens.

»Señor Andrew?« Die Postleitzahl seines Akzents verwies entweder auf die nördliche Innenstadt von Mexico City oder Estado de México.

»Lucio, wie geht es Ihnen?«, sagte ich. »Danke, für Ihre Hilfe.«

Sein Bürstenschnitt war ordentlich, die Haare grau, er war sauber rasiert und bewegte seine Bodyguard-Statur, als wolle er eigentlich kleiner sein, auch sein Händeschütteln erinnerte an einen Bodyguard. Mit einem Nicken seitwärts in Richtung des Gebäudes nahm er ein Päckchen Montana High-Tar aus der Tasche und sagte: »Ist das Ihr erstes Mal an einem Tatort, an dem jemand ermordet wurde?«

Ich kratzte mit der Schuhspitze über die Kreidereste von FUE EL ESTADO. »Nicht mal mein erster Besuch an *diesem*.«

Seine Augen glänzten scheu, aber er wich meinem Blick nicht aus, als ich mich zu ihm umdrehte. Er hatte etwas sehr Sanftes, fand ich, oder vielleicht auch einfach nur Kaputtes.

»Na dann, mein herzliches Beileid«, sagte er, strich ein Streichholz an, schirmte die Flamme ab und wischte sich die Finger an einem Taschentuch ab. »Da oben, die Killer waren Profis. Zwei Räume sind betroffen, kein Teppich, keine Feuchtigkeit. Sehr viel Gewebe, aber örtlich begrenzt. Scheint also eine schnelle Operation gewesen zu sein.« Seine Stimme war weich vom Zigarettenrauch. »Zwei Stunden werde ich zum Saubermachen brauchen, würde ich sagen.« Er suchte mit Blicken die Straße ab, vor und zurück, immer und immer wieder, dann nahm er einen Zahnstocher aus einer Papierhülse, fuhr sich mit der Spitze unter die makellosen Halbmonde seiner Nägel, entfernte Schmutzpartikel, die nur er sehen konnte. Er betrachtete eines der gewellten Fotos auf dem für Carlos improvisierten Altar. »Trauer ist schwer, aber Saubermachen kann auch was Schönes sein. Sie werden sehen«, sagte er. Rauch waberte aus seinem Mund, dann schnippte er seine Zigarette weg und öffnete den Kofferraum seines Wagens. »Ich zeige Ihnen, was ich in solchen Fällen verwende.«

Im Kofferraum lag eine Atemschutzmaske oben auf einem einmal verwendbaren Schutzanzug, daneben ein Aluminiumkoffer mit Zahlenschloss, den er öffnete und vier in schwarzen Schaumstoff gebettete Flaschen mit Sprühaufsätzen zum Vorschein brachte. »Ich mache das Zeug selbst.« Er stellte eine Flasche auf, eine petrolfarbene Flüssigkeit schwappte darin herum. »Das ist für Blut.« Er tippte auf die Flasche. »Blut ist gefährlich. Auch wenn es keine Blutflecke gibt, können sich trotzdem HIV-, Tuberkulose- und Hepatitis-Erreger an einem Tatort befinden.« Lucio stellte eine zweite Flasche auf. »Unterschiedliche Anlässe, unterschiedliche Rezepte. Wenn das Herz verletzt wurde, findet man Perikardflüssigkeit.«

Teresas Worte hallten mir durch den Kopf. *Zwei Einschüsse. Sechs tiefe Einschnitte um eine zentrale Wunde.*

Lucio stellte eine dritte Flasche auf. »Weil Kugeln verschiedene Arten von Gewebe durchschlagen – Blut, Knochen, innere Organe –, muss man eine Vielzahl von Rückständen beseitigen.« Jetzt nahm er die vierte Flasche. »Tatorte, an denen gefoltert oder vergewaltigt wurde, machen Zusammensetzungen erforderlich, mit denen man Sperma, Fäkalien …«

Ein abgebrochenes Stuhlbein.

Als er mein Gesicht sah, verstummte er, kratzte sich im Nacken, ließ den Kofferraumdeckel zuklappen und sagte: »Wollen Sie trotzdem noch mit rein?« Die Atemschutzmaske hing um seinen Hals und den Schutzanzug hielt er zusammengeknüllt unter dem Arm.

Ich konnte nur nicken.

»Okay. Also dann machen wir uns bereit«, sagte Lucio, steckte einen Plastikspachtel unten an einen Schrubberstiel.

Nacheinander reichte er mir zwei blaue Überzieher für meine Schuhe, durchsichtige Latexhandschuhe und eine OP-Maske mit Gummizug.

»Erst aufziehen, wenn Sie drinnen sind«, sagte Lucio, ließ sein Jackett und seinen Regenmantel von den Schultern gleiten, lockerte seine Krawatte und stieg in seinen Schutzanzug. In der Tasche kramte er nach dem Schlüssel. Ich nahm ihn ihm ab und öffnete die Tür.

Mein Magen war ein Rattennest, als wir die Treppe bis zu Carlos' Wohnungstür hinaufstiegen. In den vier Jahren, die er hier gelebt hatte, war ich diese Stufen hoch- und runtergelaufen, hatte Dealer in Empfang genommen, Pizza geholt, meine Arme um seinen schmalen Körper geschlungen, wenn er mir an der Tür entgegengekommen war.

Ein Kinderwagen klapperte über uns die Stufen herunter, eine Mutter und ein Vater lachten und redeten über das Restaurant, zu dem sie unterwegs waren. Lucio und ich traten einen Schritt zurück, die Eltern verstummten und stierten durch uns hindurch, als wären wir Luft. Das Baby im Kinderwagen setzte sein wortloses Gezwitscher fort und drehte sich im Wagen um, zeigte auf Lucio, der es anlächelte. Dann stand ich zum letzten Mal in meinem Leben vor Carlos' Tür.

»Jetzt können Sie die Schutzausrüstung anlegen«, sagte Lucio, stellte seinen Aktenkoffer ab und schüttelte seinen Schutzanzug aus.

Bis ich die Schuhüberzieher und Handschuhe angelegt und mir die Gesichtsmaske um den Hals gehängt hatte, war Lucio schon vollständig in seinem Schutzanzug verschwunden, sein Atem unter der Maske erinnerte an Darth Vader. Er drehte den Schlüssel im Schloss, stieß die Tür auf und griff hinein, um das Licht einzuschalten.

Wie schon gesagt, der Tod hat Dutzende von Gerüchen, und ich kenne nur einige davon. Dieser hier war fahl und lauwarm: der Mief des Kohlendioxids, den Bakterien in geschlossenen Räumen ausstoßen.

Man konnte sehen, wo sie ihn erschossen hatten: Schwarze Spritzer ausgehusteter Lungenmasse verteilten sich an der Wand und auf dem Boden, während der Kometenschweif aus Hirnmasse sich infolge des Kopfschusses über die Beine seiner nicht zueinander passenden Stühle bis zur Couch zog.

Die braune Ledercouch mit den völlig ausgeleierten Federn, die Carlos von der Straße geholt hatte und auf der wir Filme gesehen, Pizza gegessen und geraucht hatten, war vollkommen von Blut überzogen.

Carlos, wenn du das hier liest, die haben eine echte Schweinerei auf deiner Couch veranstaltet.

Ein abgebrochenes Stuhlbein lag mitten in dem riesigen Blutfleck, das gesplitterte Ende verkrustet, dunkel und obszön.

Mein Magen verkrampfte bei dem Anblick, und ich musste ins Bad rennen.

Erst als mir die Kotze schon in die Kehle stieg, fiel mir ein, dass ich die Maske abziehen musste. Gerade noch rechtzeitig. Ich kniete lange dort, die Stirn auf den Rand der Toilette gestützt. Eigentlich hätte ich mir den Mund ausspülen sollen, dann wäre es besser geworden, aber Carlos' Haare hatten sich in dem gesprungenen Keramikbecken gesammelt, und ich konnte nicht anders, als die Finger darum kreisen zu lassen, sie wie eine kleine Spinne aufzunehmen und in die Tasche zu stecken. Er hatte den Deckel von seinem VO5-Haarwachs nicht zugeschraubt, und ich legte eine Sekunde lang meine Finger auf die Vertiefungen, die er mit den seinen dort hinterlassen hatte, erst dann schraubte ich den Deckel zu.

Carlos, wenn du das hier liest, du bist immer noch ein entsetzlicher Chaot.

Fast eine Minute lang verbrachte ich damit, dem Geist seines Armani-Code-Duschgels und dem abgestandenen Zigarettenrauch in seinem Handtuch nachzuschnuppern. Die Erinnerung an das warme Wirrwarr, das er war, fühlte sich beinahe real an, fast wie wirklich da.

Aus dem Wohnzimmer drang ein tiefes Geräusch herüber, als würde ein Reißverschluss zugezogen. Als ich wieder hinausging, hatte Lucio das Sofa mit einem Teppichmesser aufgeschnitten, der Schaumstoff quoll aus dem Schlitz wie Unterhautfett.

»Der schlimmste Auftrag, den ich je hatte«, sagte er, schälte die Außenhaut des Sofapolsters ab, »das war in La Del Valle. Acht Leichen. Ein schiefgegangener Raubüberfall.«

Der Lederbezug klatschte auf den Boden.

»Großes Haus.«

Auf dem Tisch lag ein Stapel der Action-Movie-DVDs, die Carlos immer für sieben Pesos das Stück in der Calle Jesus Carranza gekauft hatte, immer gleich eine ganze Hand voll, daneben eine Packung Red Dot und seine schnörkelig verzierte Haschpfeife aus Messing. Ringförmige Abdrücke von unzähligen Dos-Equis-Bierflaschen zogen sich kreuz und quer über das schmutzige Glas. Weiße Striche waren dort entstanden, wo er mit einer Kreditkarte Koks gehackt hatte.

»Ich hab genau vor mir gesehen, was dort passiert war«, sagte Lucio. »Leute sind gerannt, hingefallen, sie haben die Hände in die Luft geworfen. Man musste nur die Flecken anschauen und konnte schon fast die Schreie hören.«

In der Küche stand die Tür der Mikrowelle offen, die Schale darin war eingedellt und voller Asche, nachdem Carlos' Speicherkarte aus seiner Kamera darin vernichtet worden war.

Carlos, wenn du das liest, du bist tot, Mann.

»Aber hier?« Lucio schüttelte den Kopf. »Nichts. Keine Verletzungen durch Selbstverteidigung. Nur eine Blutquelle. Kein Versuch, zu entkommen.«

Mit dem Schaber zeigte er auf einen lang gezogenen Handabdruck neben einer gräulichen Schramme. »Sieht aus, als hätte er sein Handy zerschlagen.«

Lösche diese Nummer.

»Da haben sie ihn in den Würgegriff genommen.«

Das Blut rauschte in meinen Ohren.

Nicht antworten!

»Und dann ...« Lucio zuckte mit der Schulter, zeigte auf die große getrocknete Lache neben den Stühlen. Sein Gesicht war wie versteinert.

Bitte.

»Die Blutflecken sind räumlich so konzentriert«, erklärte Lucio. »Ich hab noch nie ein so ruhiges Opfer gesehen.«

»Hm«, sagte ich. »Sie haben ja nichts dagegen, wenn ich jetzt mal was suche, oder?«

Lucio schüttelte einen großen gelben Plastiksack für Sondermüll auf, kehrte mir dabei den Rücken zu. »Nur zu«, sagte er. »Ich hab nichts gesehen.«

»Das verstehe ich mal als ›ja‹«, sagte ich und ging in Carlos' Zimmer, wo noch immer der Wifi-Router grün in der Ecke blinkte und die Jalousien total verknittert waren, weil sie offenbar seinen Kopf gegen das Fenster geschlagen hatten. Selbst den Papierkorb hatten sie umgekippt: Einwickelpapiere von Schokoriegeln und Chips-Tüten glänzten silbrig auf dem Boden. Eine der Kleiderschranktüren war in zwei Hälften zerbrochen, lag neben seinen Hawaiihemden, seinen Jeans, sein einziger grauer Dreiteiler zusammengeknautscht oben drauf.

Carlos, wenn du das liest, du hast mir einen Arsch voll Bügelwäsche hinterlassen, Mann.

Kein Schreibtisch, kein Bett, nur eine Schaumstoffmatratze und vier mit gezackten Messern aufgeschnittene Kissen, kein Laptop, kein iPad, kein Handy, auch keine Kameras – nicht mal sein Kindle oder seine E-Cigarette, nur ein Haufen Kabel, die wie Aale aus den Steckdosen ragten.

Aus dem Wohnzimmer kam das kurze Zischen von Lucios Sprühflasche.

Mein Handy brummte, schaltete in den Stromsparmodus, weshalb ich mich an eine Dose kniete, mein Ladegerät anschloss, aber nichts passierte.

»Klar, du hast einen Blindgänger erwischt.«

Den Sicherheitsschalter aus- und wieder einzuschalten half auch nichts, also zog ich das Ladegerät wieder ab. Kurz sah ich mich nach einer anderen Steckdose um, aber dann blieb ich mit dem Fuß an Carlos' Schweizer Armeemesser hängen, das neben dem Kabelsalat lag.

Das Schweizer Messer war aufgeklappt.

Am anderen Ende des Flurs rauschte Wasser in einen Plastikeimer.

Der Kreuzschraubenzieher war herausgezogen.

Lucio kippte etwas aus einer Flasche über den Boden.

Die Schrauben in der Wandhalterung, das waren doch Kreuzschrauben ...

Carlos, wenn du das liest, du bist ein Genie.

Meine Finger zitterten, als ich die Wandhalterung abschraubte, so sehr, dass ich mehr als einmal die Hand wechseln musste, aber dann löste sich die dritte Schraube, der Deckel der Halterung klappte herunter, und in dem Hohlraum darunter kam ein Stück schwarzes Gaffer-Tape zum Vorschein. Als die vierte Schraube zu Boden fiel, tastete ich in dem Hohlraum herum und fand Carlos' Fidel-Castro-Schlüsselanhänger darin befestigt, der USB-Stick klapperte mir an die Fingerknöchel.

Genau wie Lucio gesagt hatte: Saubermachen kann etwas Wunderbares sein.

Carlos' Lederjacke über einer Schulter und seinen Schlüsselanhänger fest in der Faust, ging ich zurück zu Lucio, der mit seinem Schaber an einer Stelle aus verkrustetem Blut, Haaren, Scheiße und Fingerabdruckpuder kratzte, feuchte Schlieren verbanden die dunkelroten Klumpen, lösten sie in einer bräunlich klebrigen Masse auf. Trotz meiner Maske roch ich den an Katzenpisse erinnernden Ammoniakgestank.

»Hören Sie, Lucio«, sagte ich. »Ich glaube, ich habe, was ich brauche.« Fidel Castros kantiger Metallbart schnitt mir in die Hand, als ich meine Faust drumherum schloss.

Lucio schaute auf, seine Atemschutzmaske war beschlagen, sein Schutzanzug dunkelgrau verschwitzt. Das kaputte Stuhlbein ragte aus dem gelben Sondermüllsack.

»Vielen Dank, ich weiß das sehr zu schätzen.« Ich zog die Maske, die Überzieher und die Plastikhandschuhe ab und stopfte sie zu dem Stuhlbein in den Sack. »Ehrlich.«

Er lehnte den Schaber an die Wand und hielt stumm die Daumen hoch. Dann ließ ich ihn in dem verschmierten Durcheinander stehen, zog die Jacke über, die ich gefunden hatte, und ging nach unten zum Jeep, atmete Carlos' Geruch ein, er roch nach Leder, Zigaretten und viel zu viel Aftershave.

13

Draußen im Park war es still geworden. Maya war zum letzten Mal um 20.54 Uhr auf WhatsApp online gewesen. Jetzt war es nach elf.

»Maya«, sprach ich eine Mitteilung. »Bist du wach?«

Zwei blaue Häkchen. Keine Antwort.

Die schweren Mauern, vergitterten Fenster und die Banksafe-Tür des Hauses in der Mineria 45 rückten an den Rand meines Rückspiegels und brachen fort ins Nichts.

»Ah, Maya«, sagte ich ins Handy. »Sei vernünftig. Ruf mich zurück.«

Zwei weitere blaue Häkchen, als ich an einer tristen Reihe blau beleuchteter China-Restaurants auf der Revolución vorbeifuhr.

»Komm schon«, sagte ich ins Handy. »Nur weil's keiner von deinen Sexanrufern ist.«

Dieses Mal reagierte sie. »Ich bin schon im Schlafanzug, Mann.« Ihre Stimme war schläfrig schwer. »Und gucke diese bescheuerten *Gilmore Girls*.«

»Schon okay«, sagte ich. »Ich bin auch overdressed.«

Ihr Atem rauschte mir ins Ohr. »*No mames*. Worum geht's?«

»Ich komme gerade aus Carlos' Wohnung.«

Rotbeleuchtete Tröpfchen rannen über die Windschutzscheibe.

»*No chingues*«, sagte Maya. »Wirklich?«

»Ja, ich war drin«, sagte ich. »Hab was gefunden. Den Speicherstick.«

Maya sagte nichts. Das Summen der Reifen wurde zum Heulen auf dem schwarzen Asphalt.

»*Chin*«, sagte sie endlich. »Dann kommst du wohl besser vorbei?«

Die von hier aus schnellste Route zu Maya führte über den zwölf Meter hohen Segundo Piso Highway. Die Lichter der Stadt unter mir erinnerten an einen Schwarm Urtierchen, ringsum nichts als kaltes Wolkenkratzerlicht, als würde man durch den Himmel fahren.

»Willst du was von Oxxo?«

»Ich würde gerne sagen ›Zigaretten‹, aber wahrscheinlich ist es gesünder, wenn ich einfach von dir schnorre.«

»Absolut.« Ich schaltete in den fünften Gang und fuhr »Universidad« raus.

Maya musste dem Sicherheitsdienst Bescheid gegeben haben, dass ich kommen würde, denn als ich vor ihrem Haus vorfuhr, stand dort ein Pförtner mit der Statur eines Quarterback, er trug einen billigen Anzug und wartete, um mich an den angestrahlten Palmen vorbei in eine Parklücke zu lotsen. Als ich ihm zum Dank einen hochgestreckten Daumen zeigte, winkte er mir fröhlich zu, entblößte dabei eine Zahnspange und eine Pistole im Schulterholster unter der leicht ausgebeulten Stelle seines Jacketts. Nachdem ich geparkt hatte, hielt er mir die Tür mit einem herzlichen »Guten Abend« und einem kieferorthopädisch korrigierten Dauergrinsen auf. Auf dem Tablet in seiner Hand sah ich, dass er sich Katzenfotos auf Pinterest angesehen hatte, und als er merkte, dass ich es gesehen hatte, wischte er die Seite schnell vom Display und begleitete mich zum Fahrstuhl.

Als sich die Türen im vierten Stock mit einem Klingelton öffneten, ging ich durch eine Rauchwolke zu Mayas Tür, wo sie mich bereits erwartete, ihr Umriss zeichnete sich schwarz vor dem Licht dahinter ab.

»*Que chingados, güey.*« Sie fächelte den Rauch weg. »Im Aufzug?« Sie trug eine braune Adidas-Jacke, dazu eine Herrenschlafanzughose und hatte die Stirn in Falten gelegt. Ein Kugelschreiber wackelte in ihrem Mundwinkel. »Hättest du nicht bis oben warten können?«

Die Energiesparlampen in ihrem Wohnzimmer waren voll aufgedreht, ein grellweißes Surren, von dem mein linkes Augenlid zu zucken anfing.

»Boah, hast du Carlos' Jacke an?«, fragte sie, trat einen Schritt zurück.

»Hast du vielleicht einen Dimmer an der Lampe da?« Die Haare, die ich mir aus der Stirn wischte, klebten vor Schweiß und Fett.

Maya dimmte das Licht auf einen Sepiaton. »Besser?«

»Noch ein bisschen mehr.«

Sie schüttelte den Kopf, drehte die Wandleuchten auf das schummrige Rot eines Darkrooms herunter. »Setz dich doch.«

Maya reichte mir ein Glas Wasser und ging zu der weißen L-förmigen Couch, wo sie sich eine blau-lila Chiapaneco-Decke mit Blümchenmuster überzog. Bodentiefe Fenster boten einen Blick auf die leere Straße.

»Ich weiß nicht«, sagte ich, fuhr mit der Hand über die hölzerne Arbeitsfläche in der Küche. »Die Wohnung ist doch ganz schön.«

»Ich komme mir vor, als würde ich in einem Labor wohnen.« Ihr Laptop auf dem niedrigen Wohnzimmertischchen aus Ahorn warf Licht auf ihr Gesicht. »Hab noch gar nicht richtig ausgepackt.« Sie schnalzte mit der Zunge und hob ihren Laptop auf die Knie. »Die alte Wohnung war ein Zuhause. Das hier ist nur ein Apartment.«

Einen Monat zuvor hatte Maya in einem Artikel über ein Versteck der Narcos in einem hippen Viertel voller Clubs und Amerikaner berichtet. Am Tag nach dessen Erscheinen war jemand bei ihr eingebrochen, hatte stundenlang die Dusche laufen lassen, ihre veganen Seifen unbrauchbar gemacht, ihr marokkanisches Haaröl ins Klo gekippt, aber nichts gestohlen. In der darauffolgenden Woche hatte jemand eine Waffe gezogen und auf sie gerichtet, als sie ihr Fitnessstudio verließ. Die Scheinwerfer eines vorbeifahrenden Wagens hatten den Angreifer verscheucht. Am nächsten Tag war sie umgezogen.

»Ist dir kalt?«, fragte sie.

»Hm?« Ich hatte mir die Arme um die eigenen Schultern geschlungen, mich tiefer in Carlos' Jacke verkrochen. »Oh, ja. Ein bisschen.«

»Selbst schuld, wenn du auch weniger wiegst als dein eigener Laptop.« Maya warf die Decke von sich und reduzierte die Helligkeit ihres Bildschirms. »Komm hier drunter.« Sie schloss einen Tab von einer illegalen Streamingseite.

»Bin froh, dass ich was Positives zu deiner Abendgestaltung beitragen kann.«

»Ganz entschieden. Steck den USB rein, ja?«

Als ich das tat, tauchte ein Ordner auf dem Bildschirm auf: *ICH WÜRDE ES ANDYS MUTTER BESORGEN.*

»Verdammte Scheiße, Carlos«, sagte ich.

»Mal sehen, was er Schmutziges über deine Mutter in der Hand hat«, sagte Maya, dann schob sie ihre Brille die Nase hinauf und klickte ein Foto von Studenten und Ölarbeitern, heruntergekommenen Landarbeitern, Frauen und Schulkindern an, die sich alle bei einem Protestmarsch versammelt hatten und mexikanische Nationalflaggen schwenkten, deren rote und grüne Abschnitte schwarz eingefärbt waren, außerdem Transparente auf denen stand: »WO IST MEIN GELD?«, »ICH KRIEGE KEINE LUFT«, »POZA RICA SE ESCRIBE CON ›ZET‹, ›AJENJO = ASSASSINS‹«, und Julián Gallardos Studentenausweisfoto. Fast konnte man das Knistern der Megafone hören, den Smog auf der Zunge schmecken.

»Das ist gut«, sagte Maya.

Carlos, wenn du das liest, du bist immer noch der Beste.

Auf dem nächsten Bild waren die Polizisten den Demonstranten zahlenmäßig ungefähr im Verhältnis sechs zu eins überlegen, ihre heruntergezogenen Visiere und die Schulterplatten ihrer Rüstung reflektierten das grelle Licht. Eine ganze Flotte schwarzer Dodge RAMs parkte zwischen den Polizeiwagen. Ein großer Mann mit einem langen Bart wie ein Heavy-Metal-Bassist lehnte an der Haube eines dieser Wagen, trug ein schwarzes T-Shirt und eine Wüstentarnhose, hielt die Arme verschränkt. Als Nächstes kamen Aufnahmen von untersetzten Männern direkt vor den Einsatzschilden, ohne Uniform, ohne Skimasken: nur kurzgeschorene Haare, Macheten und tote Blicke.

»Ach du Scheiße«, sagte Maya. »Was haben wir gestern Abend noch mal gesagt? Über das, was du brauchst? Todesschwadronen? Infiltrationen?« Sie klickte sich durch die Aufnahmen der Männer in Zivil, die Reihen der Demonstranten lösten sich auf, Studenten liefen davon, Menschen gingen unter Fußtritten, Schlagstöcken und Macheten zu Boden. »Weil Carlos hier nämlich so ziemlich alles zusammengetragen hat, oder? Da hast du dein brutales Durchgreifen«, sagte sie und klickte weiter von einer Blutlache zu einem Foto, auf dem ein Arm in Polizeiuniform zu sehen war, der eine blutverschmierte Machete direkt auf die Kamera richtete. »Und das hier, die Machete – das ist keine Polizeischeiße. Das ist Narco-Scheiße. Die Polizei lässt die einfach durch und machen, was sie wollen, und zwar in deren Uniformen.«

Das nächste Bild war mit Zoom aufgenommen, zeigte den Mann mit der Machete: hellhäutig, mit beginnender Glatze, riesig. Auf Carlos' Foto war zu sehen, wie schwarze Blutstropfen von der Klinge spritzten. Eine junge Frau lag am Boden, fasste sich ans Bein, das tief aufgeschlitzt war, ihre Jeans war blutdurchtränkt. Der Mund des Mannes war geöffnet, offenbar stieß er einen Wutschrei aus, seine Schneidezähne waren silbern überkront.

Maya nahm die Hand vor den Mund. »Weißt du, wer das ist?« Sie gab ein paar Suchbegriffe auf Google ein und öffnete einen Tab: Ein Porträtfoto der Veracruz State Police erschien, auf dem der Mann die silberüberkronten Zähne grinsend bleckte, laut der Angabe darunter war sein Name Abel Carranza, *»Dientes de Tiburón« – »Sharktooth.«*

»Hm?« Ich stieß die Zigarette auf dem Päckchen auf, sagte nicht, woher ich das Gesicht auf dem Bildschirm kannte.

Maya betrachtete die Zigarette.

»Ich weiß nicht, ob ich dir eine anbieten soll oder nicht.«

»Va, pues, chingue su madre.« Sie nahm sich eine und öffnete das nächste Foto. Hier zerrte Sharktooth das Mädchen mit dem aufgeschlitzten Bein hinter die Reihen der Polizei und brüllte den Einsatzkräften einen Befehl zu.

Maya schüttelte den Kopf und beugte sich vor, um nach dem Feuerzeug zu greifen. »Carlos hat einen der brutalsten Männer Mexikos in der Uniform der Veracruz State Police fotografiert.«

»Und zwar, wie er Cops herumkommandiert«, sagte ich.

»Kein Wunder, dass die Carlos ermordet haben«, sagte Maya. »So was lässt ein Unternehmen schlecht aussehen, wenn Cops und Narcos zusammen dafür arbeiten.«

Ich betrachtete die junge Frau. Durch die langen Haare, die ihr ins Gesicht gefallen waren, konnte man sehen, dass sie weinte.

»Du zitterst wieder«, sagte Maya, rieb mir die Schulter.

Mein linkes Augenlid zuckte. »Wolltest du auch schon mal unbedingt schlafen und gleichzeitig auf gar keinen Fall jemals wieder?«, fragte ich, weil ich ihr nicht sagen konnte, dass Sharktooth der Mann war, den ich vor Carlos' Wohnung gesehen hatte.

Maya verzog den Mund. »Jede Nacht, seitdem ich hergezogen bin.« Sie spreizte die Finger. »Soll ich dir einen Kamillentee machen?«

»Okay.« Sie drückte meine Schulter und ging in die Küche. »Schau nach, was er sonst noch auf dem Stick hat.«

»Gutes Material«, sagte ich, klickte vier Seiten mit Artikeln über gestohlenes Rohöl, Morde und Entführungen an. »Jede Menge von einem gewissen Francisco Escárcega.«

»Der ist gut.« Maya schaltete den Wasserkocher ein. »Schreib ihm eine Mail.«

Man hat immer das Gefühl, sich aufzudrängen, wenn man andere so aus heiterem Himmel kontaktiert, trotzdem tippte ich einen Entwurf, stellte mich ihm vor als jemand, der schon mal in Poza Rica war und gerne mehr erfahren würde. Als ich auf »abschicken« klickte, reichte mir Maya einen Becher und glitt wieder unter die Decke.

»Das war echt scheiße da in dem Apartment«, sagte ich, legte die Hände um den Becher. »Ich meine, wir haben beide schon einiges gesehen. Aber, na ja, du weißt schon.«

»Nie war jemand beteiligt, der uns persönlich viel bedeutet hat.« Sie tupfte sich die Augenwinkel mit dem Ärmel ab. »Scheiße, Mann. Scheiß auf diese Leute.«

»Ich weiß.« Ich umarmte sie erneut, aber nur kurz, weil mir der Geruch in Carlos' Apartment einfach nicht aus der Nase ging und ich Angst hatte, er würde mir am ganzen Körper anhaften und sie müsste all das einatmen, was ich dort gesehen hatte.

Sie schüttelte den Kopf, zog den Laptop zu sich heran. »Es gibt so viele von diesen Dreckschweinen.« Ihre Stimme klang wie verklumpt. »Das ist das Schlimmste.« Sie öffnete einen Link zur Fahndungsliste der Staatsanwaltschaft von Veracruz, ein vierseitiges Diagramm, ganz oben ein Foto von einem schmalen ovalen Gesicht, darunter der Name Evelio Martínez, »El Puccini«.

»Das ist der Typ, der Poza Rica regiert«, sagte sie, »und die hier …«, sie fuhr mit dem Finger über die nächste Reihe, »… helfen ihm dabei. Bei der Polizei haben einige die Seiten gewechselt, auch einige Anwälte, Buchhalter, Gewerkschaftsfunktionäre, solche Leute.«

Die Namen und Fotos verschwammen, als Maya weiter runterscrollte: ein bulliger, unrasierter, schwarzhaariger Mann, gefolgt von einem anderen namens »El Mangueras« – dicklich, lockig, dunkelhäutig – und der große, weiße Mann mit dem Bart, den ich auf einem von Carlos' Bildern an einen Polizeiwagen hatte lehnen sehen. Zum Schluss dann Sharktooth mit seinem silbrigen Grinsen und dem schütteren Haar – der Mann, den ich vor Carlos' Apartment gesehen hatte.

Maya blätterte zurück bis El Puccini und tippte auf den Bildschirm. »Aber das ist der Chef, oder? Der ist der Schlimmste. Schau mal.« Sie öffnete einen alten Artikel aus der *Los Angeles Times* mit einem Bild von einem Fußballstadion, einem bleiernen tropischen Himmel, der tief über den unzähligen Reihen der Soldaten in Dschungeltarnanzügen und roten Baretten hing, ihre Gewehre im Gras abgelegt, umfangen von roten Flammen und Qualm. Eine zart gebaute Gestalt stand am Rand, fixierte einen schmächtigen Mann mit Schnurrbart auf einem Podium links im Bild.

Der schnurrbärtige Mann war Alfredo Cristiani, der ehemalige Präsident von El Salvador. Der Mann, der ihn beobachtete, war El Puccini.

»Maya.« Ich hob meine Hand für ein High five.

»Das ist nur das Internet, Mann. Der Artikel steht da seit Ewigkeiten drin.« Sie schüttelte ihr Kissen auf und tippte auf ein Foto, das ein riesiges Porträt an einem Fahnenmast hinter dem Podium zeigte.

»Erkennst du den Mann?«

»Überhaupt nicht.«

»Was ist mit dem Logo?«

Um den Fahnenmast herum waren kleinere Stangen mit roten Bannern aufgestellt, auf jedem war ein Totenschädel, der von einem Blitz getroffen wird.

»Nein.«

»O Gott. Was bringen die euch in Europa denn bei?« Sie schüttelte den Kopf. »Der Officer, das ist der Anführer des Atlacatl Battalion, einer von der CIA in Fort Bragg ausgebildeten Einheit. Früher sind die in El Salvador durch den Dschungel gezogen, haben Rebellen, arme Leute, Ureinwohner und vermeintliche Kommunisten ermordet.«

Körnige Bilder aus Dokumentarfilmen flackerten mir durch den Kopf: Umrisse von Männern vor einem brennenden Dschungel, zwischen Trümmern umherstolpernde Kinder, auf Armeelastern aufgestapelte Leichen.

»Die Todesschwadronen.« Mein Blick wanderte zurück zu El Puccini im roten Rauch der Flammen. »Da hat unser Mann angefangen. Und jetzt arbeitet er für die Cops und die Ölunternehmen in Veracruz.«

Maya nickte. »Die Zeremonie fand nach dem Friedensabkommen von 1992 statt, danach wurde die Einheit nämlich aufgelöst.«

»›*Ihr habt einer transzendentalen Mission gedient*‹, *sagte Präsident Cristiani*«, las ich laut vor. »›*Ihr habt mit Mystik und Disziplin gekämpft, mit Mut und Tapferkeit.*‹ Ach du Scheiße.«

»Die beste Stelle ist die hier.« Sie markierte ein Stück Text.

»›*Nach acht Jahren stimmt es mich auch ein bisschen traurig*‹, *sagte Evelio Martínez, 26, kurz bevor er seine Waffe abgab.* ›*Aber ich bin froh, meinem Land gedient zu haben.*‹« Der Tee in meinen Händen war inzwischen kalt geworden. »Scheiße. Acht Jahre. Der hat schon als Teenager angefangen.« Ich las weiter.

»›Ich hoffe, fortan meinem Land auf andere Weise dienen zu dürfen.‹«

»Aber das ist nicht passiert.« Sie scrollte im Text runter.

»Ist er zur Polizei gegangen?«

Maya wackelte mit einem erhobenen Finger. »Nein«, sagte sie. »Er war einer von ›den Guten‹.« Sie setzte Anführungsstriche in die Luft.

Ich schnaubte.

»Nein, echt, ich mein's ernst.« Sie öffnete einen Link zu einem kleinen Artikel aus einer salvadorianischen Tageszeitung. »Männer aus solchen Einheiten landen meist in Ministerien, in der Polizeiführung oder der Armee. Aber der hier?« Sie zuckte mit der Schulter. »Jahrelang nichts. Das nächste Mal taucht er erst 2001 auf. Er arbeitet als Busfahrer. Lässt sich von einer Straßenbande anschießen. Danach wieder nichts bis 2008, da ist er in Guatemala und nennt sich El Puccini.«

Der Artikel stammte aus *Siglo 21*, es ging um eine Bürgerwehr namens Sangre Azul, *»die in gerade mal drei Monaten für den Tod von dreißig mutmaßlichen Mitgliedern der Mara Salvatrucha verantwortlich war.«*

»Also zurück zu den Todesschwadronen.«

»Aber dieses Mal im Kampf gegen die Bösen«, sagte Maya. »Zumindest wenn man den ganzen rechten Posts im salvadorianischen Facebook Glauben schenkt. Da gilt er als so eine Art Robin Hood.« Sie öffnete einen weiteren Tab. »Die haben sogar einen Twitter-Account für ihn. Natürlich ist das fake, aber es gibt einen Link zu so einer komischen Fan-Seite.«

Die Website war ziemlich hässlich, weiße Schrift auf tarnfarbenem Hintergrund, dazu die Umrisse von Soldaten in Kampfanzügen und das Armeefoto von Puccini, darunter Tabs, die lauteten BIOGRAFIE, AUSZEICHNUNGEN (MILITÄRISCH UND ZIVIL) und FOTOS. Sobald die Seite komplett hochgeladen war, lief im Hintergrund automatisch eine blecherne Tonspur mit martialischen Trompeten und Trommeln ab.

»O Gott«, sagte ich. »Manche Leute sind echt so scheiße, weißt du das?«

»Zentralamerikanische Faschisten mit Kenntnissen in Web 1.0 jedenfalls ganz bestimmt«, sagte Maya. »Er hat eine Menge Süchtige und Obdachlose in der Gegend da umgebracht – ›soziale Säuberungen‹ oder so ähnlich nennen die das.« Sie scrollte runter zu einem Artikel aus *El Faro*. »Schau mal, ein paar Jahre lang taucht er immer mal wieder in Guatemala und Honduras auf, wo er überall dasselbe macht. Manchmal wird der Name falsch geschrieben, aber er ist es: Salvadorianer, Veteran, von der Bürgerwehr.«

»Das ist total genial, Maya.«

»Nur *copy and paste*, ehrlich. Die meisten kennen das Material sowieso.« Sie öffnete ein Foto, das einen matschigen Platz zeigte, erleuchtet von den Lichtern einer kleinen weißen Kirche. Neben dem Foto fand sich ein Text von *Control Risks*, einem Beratungsunternehmen für Sicherheitsanalyse. »Auf jeden Fall hört er hier auf so zu tun, als wäre er einer von den Guten, und schließt sich den Narcos an.«

Auf den Stufen vor der Kirche lag ein abgetrennter Kopf in einer Lache aus getrocknetem Blut, der tote Mund stand offen wie bei einem nach zu viel Ecstasy zittrigen Märtyrer.

»Und dann kommt es zum großen Crossover zwischen den zentralamerikanischen Typen und der Golf-Seite von Südmexiko, ja?«, sagte sie und markierte Stellen aus dem Bericht von *Control Risks*. »2010 taucht Puccini in Huimanguillo auf, in Tabasco. Er arbeitet für die Sorte von Leuten, für die er seit ungefähr dreißig Jahren getötet hat. Übernimmt einen Abschnitt vom Highway 180, transportiert Jugendliche, Drogen, Organe, was einem so einfällt.« Sie tippte auf den Bildschirm. »Und dieser abgetrennte Kopf? Der gehörte einem hohen Tier des Golf-Kartells.« Maya schaltete auf einen Artikel aus *La Jornada de Veracruz* aus dem März 2011 um. »Das war also so was wie sein Bewerbungsgespräch. Den Zetas gefiel, was sie sahen, also holten sie ihn ins Boot.«

Ich las laut aus dem nächsten Artikel vor, den sie aufrief: *»Am späten gestrigen Abend rauschte ein Konvoi schwarzer Dodge RAMs durch die Straßen von Poza Rica. Vier Personen wurden verletzt, als auf einen Nachtclub in der Zona Rosa geschossen wurde. Sieben Leichen wurden vor einer Autowerkstatt am Stadtrand geborgen, alle wiesen Spuren von Folter auf, außerdem wurde ein Narcomanta sichergestellt, in dem der Zusammenschluss eines Bündnisses zwischen Los Cocodrilos und Los Zetas bekannt gegeben wurde.«*

Maya scrollte die Seite wieder hoch zu El Puccini, der ebenso wie das restliche Bataillon sein Gewehr abgab, roter Qualm vernebelte sein Gesicht. »Was für ein Widerling«, sagte sie.

»Ich muss da runter.« Schwungvoll lehnte ich mich zurück. Mein Tee schwappte auf die Couch. »Upps.«

»Egal.« Sie wischte die Pfütze mit ihrer Serviette auf. »Ist wasserdicht. Das hasse ich auch daran.«

Das Adrenalin, das mich den ganzen Tag über angetrieben hatte, war jetzt verbraucht, mein Blinzeln wurde immer langsamer. Mir fielen die Augen zu, und ich sah Bilder von Carlos' verwüstetem Apartment vor mir. Wenn ich versuchte, mich an diesen Bildern vorbei zu erinnern, daran wie es zuvor war, dann gelang es mir nicht: Ich konnte nichts anderes sehen als Lucio, der das Leder der Couch abzog, als würde er einen Fisch häuten.

Mayas Hand lag kühl auf meiner Stirn. »Willst du Pause machen?«

Ich öffnete ein Auge. »Und weiter *Gilmore Girls* gucken?«

»Wusste gar nicht, dass du was anderes als Nachrichten schaust«, sagte Maya.

»Ich bin eben vielseitig interessiert.« Ich schnappte mir ein Kissen und stopfte es mir in den schmerzenden Rücken.

Maya schnaubte angewidert, drückte aber trotzdem auf Play.

»Danke«, gähnte ich.

Hätte man die gesitteten Dialoge gegen Action-Movie-Explosionen ausgetauscht, den warmen Körper neben mir vollständig unter der Decke verborgen, dann hätte es auch Carlos' Couch sein können, auf der ich jetzt einschlief, seine Filme, bei denen mir die Augen zufielen, mich dankbar machten für die Dunkelheit, dankbar für die Stimmen aus dem Laptop, die meine Erinnerungen an Carlos störten.

14

Schwer zu sagen, was der Auslöser für den Alptraum dieser Nacht war, aber er endete damit, dass ich von Mayas Couch fiel, ihre lila Chiapaneco-Decke noch über dem Kopf, mein Herzschlag wummerte in meinem Schädel, mein Atem beschleunigte in meiner Lunge. In meinem Traum war die Decke eine Plastiktüte gewesen, die mir ein Mann mit schütterem, kastanienbraunem Haar und aufgemalten ›Z‹ auf den Zähnen über den Kopf gezogen hatte.

Wummer, wummer machte die Luft, obwohl mein Herz jetzt langsamer schlug.

Mit dem Atem zog ich die feinen Wollhärchen der Decke an meine Lippen. Ich schüttelte eine Zigarette aus der Schachtel auf dem Tisch, um den Kotgeschmack aus meinem Mund zu vertreiben.

Wummer, wummer machte die Luft, wurde eingesogen und wieder ausgestoßen, im Hintergrund hörte ich Maya duschen.

Das Wummern kam nicht aus meiner Brust, also warf ich die Decke von mir, sah, wie sich die Palmen vor- und zurückneigten, stellte mich an das bodentiefe Fenster, barfuß, ohne Hose, eine Zigarette im Mundwinkel, während ein Polizeihubschrauber tief über dem Vorplatz vor Mayas Wohngebäude flog, die Rotorblätter ließen die Luft beben, die getönten Scheiben des Cockpits reflektierten die hoch am Himmel stehende Sonne, das Licht vorne war auf mich gerichtet, verschlafen, insektenartig und rot.

Wummer, wummer. Jede Sekunde würde mich jetzt eine Megafonstimme verrauscht und laut anspucken, mir befehlen, die Hände hinter den Kopf zu nehmen und auf die Knie zu gehen.

Dann schwenkte der Helikopter Richtung Süden ab, über die

Avenida Universidad, ließ mich auf dem Ahornboden unter einem blauen Himmel mit geriffelten Zirruswolken stehen.

Mayas Badezimmertür ging auf, und sie kam in einem weißen Bademantel heraus.

»Hast du das gehört?« Ich zeigte mit dem Daumen rückwärts über meine Schulter.

»Was gehört?«, fragte Maya und rubbelte sich die Haare mit dem Handtuch ab. Die Luft roch warm nach Elvive. Sie reichte mir ein frisches Handtuch. »Du lieber Gott. Sind das deine Füße?«

»Glaub schon.« Ich wackelte mit den Zehen. »Wieso?«

»Die haben ja Bärte, sogar deine Zehen haben Bärte. Iren sind echt abartig.«

»Hobbitblut.« Ich fing Asche in meiner Handinnenfläche auf. »Wir stammen alle von Hobbits ab. Tatsächlich wurde Irland von Hobbits erfunden.« Ich zog die Decke zurecht und legte mich auf die Couch.

»Du laberst vielleicht eine Scheiße.« Maya nahm eine backsteinförmige Packung Lavazza aus dem Tiefkühlfach.

»Scheiße mag sein, aber entscheidend ist die Konsistenz, die sollte dir Sorgen machen«, sagte ich.

Ihr Wasserkocher brodelte. Maya öffnete den Reißverschluss ihres kleinen doughnutförmigen Portemonnaies, in dem sie seit ihrem Umzug ihr Citalopram aufbewahrte.

»Und du hast definitiv keinen Hubschrauber gehört? Definitiv nicht?«

»Nein.« Maya goss Wasser in die gefüllte Cafetière, dann gab sie einen klebrigen Brocken Piloncillo-Zucker hinein. »Aber das ist normal. Die jagen gerne mal Männern in Unterwäsche einen Schrecken ein.«

»Oh.« Ich zog meine Jacke über. »Tschuldigung.«

»Keine Angst, ich hab schon Schlimmeres gesehen. Glaube ich jedenfalls.« Sie reichte mir einen Becher Kaffee. »Hier – den brauchst du.«

Sie hatte nicht unrecht. Mein Spiegelbild im Fenster ähnelte dem sackartigen, aschfahlen *Vorher*-Gesicht aus der Schlaftablettenwerbung: Die Haare hingen mir strähnig in die Stirn, kratzige Bartstoppeln, blutunterlaufene Augen.

Die Nachrichten aus Poza Rica auf meinem Laptop waren grausig. Auf einem Fußballfeld am Stadtrand lag der abgetrennte Kopf eines Angehörigen der Guardia Civil. Zur Vergeltung hatte ein Beamter der State Police einen Kopfschuss erhalten und war auf den Highway geworfen worden, in einem Clownskostüm. Unter meinem Brustbein juckte es.

»Scheiße. Ich muss da runter.« Das Handtuch rutschte mir von der Schulter. Das Foto zeigte mit blutiger Hirnmasse verklebte Locken, ein eingeschlagenes Gesicht, ein wie zum Gähnen aufgerissener Mund, der aber nicht gähnte. »Da geht's ab – irgendeine Art von Spaltung, glaube ich. Polizisten bringen sich gegenseitig um – schau dir das an.« Ich drehte den Laptop zu ihr.

»Na und?« Maya fing eine Faust voll Rauch ein. »Es geht überall ab. Trink deinen Kaffee.« Sie warf mir ein Handtuch entgegen. »Klapp das zu. Dafür ist es zu früh.«

Als ich nach der Dusche wieder ins Zimmer kam, hatte Maya ihre Kopfhörer auf, tippte ein Interview ab, ihr Laptop zeigte neue Fotos von der Zufahrtsstraße zur Universität, sie war voller Scherben und Regenwasser. Eine Straßenblockade aus halbierten Reifen qualmte neben einem verwüsteten Verwaltungsgebäude, Stofffetzen hatten sich in den Ästen eines Nadelbaums verfangen.

»Was hat denn die Studenten so verärgert?«, fragte ich, als sie die Kopfhörer abnahm.

Maya schnaubte verächtlich und lehnte sich zurück, rieb sich die Augen. »Der Junge, den ihr gefunden habt, ist zur Symbolfigur geworden.«

»Wirklich?«, fragte ich. »Julián Gallardo?«

Sie nickte. »Die Studentenvereinigung hat einen Streik ausgerufen, das ist so ein Solidaritätsding.«

»Hm.« Ich nahm mir noch mehr Kaffee. »Und was sagen die über unseren Julián?«

»Mehr oder weniger das, was du mit Carlos gesehen hast«, sagte Maya. »Die Polizei hat seine Leiche in einer Seitenstraße aufgesammelt – aber danach ist sie spurlos verschwunden.« Sie hielt ihren Becher hin, um sich von mir nachschenken zu lassen. »Trotzdem komisch. Wieso sollte eine Einheit der Guardia Civil eine Leiche fortschaffen, die die Zetas liegen gelassen haben?«

Vor meinem geistigen Auge sah ich den erschossenen Polizisten in seinem blutigen Clownskostüm.

»Vielleicht weil sie auch zu den Zetas gehören«, sagte ich.

»Autsch.« Maya verzog das Gesicht. »Aber ja«, sagte sie, setzte ihre Kopfhörer wieder auf. »Kann hinkommen.«

Während sie weiter tippte, las ich einige der Artikel von Francisco Escárcega. Einer war mit Luftaufnahmen von Ölquellen des Unternehmens Ajenjo bebildert, sie waren eingekreist und nummeriert, dazu zeigten Grafiken die geförderten Ölmengen an, die anfänglich sehr groß waren, dann aber fast gegen null gingen, während im Text die Rede war von einem beinahe abgeschlossenen Acht-Milliarden-Dollar-Deal mit einem wichtigen US-amerikanischen Ölgiganten über den Verkauf eines Richtbohrers, einer Überwachungskabine und von Fahrzeugen zur Einspeisung von Wasser und Chemikalien.

»Hey«, sagte ich zu Maya und winkte ihr.

Sie nahm die Kopfhörer ab.

»Hier«, sagte ich, drehte den Laptop und zoomte auf das Foto. »Wonach sieht das deiner Meinung nach aus?«

Sie runzelte die Stirn. »Fracking? Wo ist das, Texas?«

Ich schüttelte meinen Kopf. »Poza Rica.«

Sie riss die Augen weit auf. »*Neta?*«, sagte sie. »*Chinga, güey.*«

»Wir sind da an was dran«, sagte ich.

Jetzt verengten sich ihre Augen zu Schlitzen. »Was soll das heißen: ›Wir‹?«

»Na ja, du kommst doch mit, oder?« Ich öffnete LinkedIn und suchte nach Leuten, die für Ajenjo gearbeitet hatten.

Maya lachte. »Du machst Witze, oder? Für mexikanische Journalisten ist es noch gefährlicher, blablabla, aber du stocherst da in verdammt heißer Scheiße rum, Mann.« Sie schüttelte den Kopf. »*Puta, güey,* ich wäre schon tot, wenn ich auch nur an die Scheiße denken würde, die du da ausgraben willst. Und du willst der Nüchterne von uns beiden sein, oder wie? Angeblich bist du doch gut in so was, Selbsteinschätzung und so ein Mist, aber du merkst überhaupt nicht, worauf du dich da einlassen willst.« Sie pustete in ihren Kaffee. »Absolut nicht.«

»Na ja.« Ich drehte den Laptop um, damit sie einige der LinkedIn-Suchergebnisse sehen konnte, allesamt Personen, die für Ajenjo gearbeitet hatten.

»Wen würdest du als Erstes interviewen?«

Maya schob den Laptop unsanft beiseite, passte dabei aber auf, dass er nicht zu Boden krachte. »Andrew. Hörst du mir überhaupt zu?«

»Nein, ich hab zu tun.« Ich zog den Laptop wieder näher zu mir, klickte ein Profil an, das mir auf Anhieb gefiel: ein einheimischer Ölarbeiter und Bohrtechniker aus Ajenjo. »Dieser Barista hier. Gefällt er dir?«

»Wie, du meinst physisch?« Maya trank ihren Kaffee.

»Nein«, sagte ich, »aber er ist lange schon raus aus dem Spiel, 2014 ausgestiegen und hier in Mexico City Barista geworden. Hat eine Motocross-Mannschaft gegründet – das ist ziemlich cool.«

Sie zuckte mit einer Schulter. »Klar. Wie du willst. Aber wieso hast du's so eilig? Es ist Samstag, Mann. Chill mal.«

»Einen von uns haben sie schon ermordet«, sagte ich und kopierte die Adresse des Cafés, in dem der Mann arbeitete, in eine an mich selbst gerichtete E-Mail. »Ich mach das lieber, bevor die zurückkommen.«

Mayas Blick ruhte immer noch auf mir. »Das ist abgefuckt.«

»Was? Ist die Wahrheit.«

»Das ist abgefuckte Scheiße.« Sie knallte ihren Kaffeebecher auf den Tisch. »Er war für sich selbst verantwortlich. Und erwachsen.« Sie schnaubte ein Lachen durch die Nase, schnippte ihre Ponyfransen aus der Stirn. »Mehr oder weniger.«

Carlos auf dem Motorrad mit ausgestrecktem Mittelfinger. Die weißen Rillen auf seinem Glastisch. Ich sagte nichts dazu.

Maya drehte ihren Kaffeebecher auf dem Untersetzer. »Okay, das klingt jetzt vielleicht hart, aber irgendwann musst du mal dein eigenes Ding machen, weißt du?« Sie zog am Ärmel seiner – meiner – Jacke. »Er hat immer noch so viel Macht über dich.«

»Verdammte Scheiße, Maya, seine Asche ist kaum kalt.«

Sie starrte mich lange böse an, dann setzte sie ihre Kopfhörer auf und tippte weiter in die Tasten, als wäre nichts passiert. Mir fiel keine einzige Entgegnung ein, die nicht kleinlich und verkehrt geklungen hätte, weshalb ich tapfer versuchte, weiterzulesen, aber ich war so genervt, dass es sich wie eine Verdauungsstörung anfühlte, und jedes Geräusch von draußen – das Rufen des Gasmanns, das Pfeifen des Messerschleifers und eine dieser entsetzlichen Blaskapellen bestehend aus Fußballhooligans, die in ihrer Freizeit Leuten in die Sprechanlagen schepperten und dafür auch noch Geld haben wollten – ließen mein Auge zucken.

Als ein Süßkartoffelverkäufer mit seinem Wagen draußen vor dem Apartment kreischend Dampf aus seinem Kessel ließ, knallte ich den Deckel meines Laptops zu und beugte mich auf meinem Stuhl zurück, rieb mir die Augen mit den Handballen und stöhnte leise. Als ich fertig war, saß Maya mit verschränkten Armen da und starrte mich an, die Kopfhörer hingen um ihren Hals.

»Was?«, fragte ich. »Hab ich dich gestört?« Ich verschränkte meinerseits die Arme. »Bevor du fragst, es tut mir nicht leid. Ist deine Schuld, dass ich mich nicht konzentrieren kann.«

»Du lieber Gott«, sagte Maya und schreckte ein wenig zurück. »Ich wollte dich gerade fragen, ob du Pause machen willst …« Sie drehte sich auf ihrem Stuhl um, hob bereits die Kopfhörer, »… aber offensichtlich hat sich jemand immer noch nicht abgeregt.«

»Nein, nein«, seufzte ich. »Scheiße, du hast ja recht.« Ich steckte meine Brieftasche ein. »Zeit für eine Pause. Ich hol uns was zu essen, du suchst aus, was wir schauen.«

Als ich mit Tamales zurückkam, hätten wir uns fast wieder gestritten, weil Maya eine Doku über die englische Königsfamilie einschalten wollte.

»Was?«, sagte sie und steckte das SCART-Kabel in ihren Fernseher. »Harry ist echt süß.«

»Oh, Gott.« Ich schlug mir die Hand vor die Stirn. »Ehrlich, ganz egal was, aber nicht das. Bitte.«

»Na schön«, sagte sie, schaltete ihr MacBook aus. »Dann eben wieder *Gilmore Girls*. Aber nur zwei Folgen, ja?«

Der Tag war heiter, aber kühl, weshalb wir mit unseren Tamales zur Couch gingen und uns Mayas Decke über die Beine legten.

»Ganz schön Queen Mum so, oder?«, meinte sie, stopfte sich die Deckenkante unter die Oberschenkel und balancierte den Styroporbehälter mit ihrem Essen auf den Knien.

»Fang nicht schon wieder an«, sagte ich, hatte fast eine volle Gabel im Mund, war aber froh, dass sie wenigstens wieder Witze riss.

Mit geschlossenen Augen und Mayas Wange auf dem Kopf,

war es fast wieder wie Kuscheln mit Carlos. Irgendwann in der Mitte der zweiten Folge ließ mich das schwere Essen in meinem Magen einnicken. Das Nächste, woran ich mich erinnern konnte, war, dass Maya mich wachrüttelte.

»Tut mir leid«, sagte sie. »Aber du hast gesabbert.«

»Mist«, sagte ich stöhnend, rieb mir die Augen. »Ich kapier das nicht, ich bin die ganze Zeit völlig erledigt.« Ich setzte mich auf und ließ mich in die Sofaecke fallen, damit ich meinen Rücken strecken konnte.

»Ist halt anstrengend«, sagte Maya, die Bilder auf ihrem Display spiegelten sich in Form von vier verpixelten Punkten, die in ihren Augen die Farbe wechselten. »Das alles. Ständig darüber nachdenken zu müssen oder zu versuchen, es nicht zu tun. Davon bekommt man Kopfschmerzen.« Sie stand auf, nahm den Laptop vom Strom. »Ablenkung ist das beste, weißt du?«

»Hundert Prozent.« Ich stützte mein Kinn auf meinen Handballen. »Wahrscheinlich sollte ich einfach mit der Arbeit weitermachen.«

»Hier, oder wo?«

»Nein, bei mir«, sagte ich und zog die Decke weg. »Ich würde mich nur wieder wie ein Arsch benehmen. Ich bin total scheiße drauf.«

Maya stand mit offenem Mund da, gespielt fassungslos, und verdrehte die Augen. Sie hatte sich ein kleines bisschen vorgebeugt.

»Was?«, fragte ich.

»Ich wusste nicht, ob ich dir recht geben darf«, sagte sie.

»Du lieber Gott«, sagte ich. »War ich denn so schlimm?«

Sie bewegte ihren Zeigefinger bis fast ganz an ihren Daumen. »*Tantito*«, sagte sie.

»Komm her.« Ich durchquerte den Raum und nahm sie in die Arme.

»Tut mir leid. Wir befinden uns knietief in derselben Scheiße, und ich benehme mich, als ginge es nur um mich.«

»Schon okay«, sagte Maya, ihre Stimme klang dumpf an meiner Schulter. Sie klopfte mir auf den Rücken. »Liegt in der Natur der Sache, oder? Bei euch stoischen Männern.«

»Äh. Traurigerweise, ja.«

Maya brachte mich runter. Draußen wurde es bereits dunkel; auf der gegenüberliegenden Straßenseite stieg Dampf in schmalen silbrigen Linien von einem *Esquites*-Wagen auf. Ein Vater beugte sich über den Wagen seines Kindes, blies über einen Löffel Maiskörner, bevor er sie seinem Kleinen fütterte.

»Ay, que pinche frío güey«, sagte sie, rieb sich die Oberarme und stampfte mit den Füßen. Sie scheuchte mich mit einer Handbewegung davon, und ich stieg in den Wagen. »*Vete ya.* Ich erfriere hier.«

»Geh wieder rein«, sagte ich. »Ab unter deine Queen-Mum-Decke.«

Sie hob die Hand, als wollte sie mir mit deren Rücken eine runterhauen. »Und halt dich fern von Schwierigkeiten mit deiner Story da, ja?«, sagte sie.

»Ich fahr nur noch mal hin, um ein bisschen was zu recherchieren«, sagte ich. »Ehrlich.«

Maya schaute mich von der Seite an. »Du bist echt nicht gut im Lügen, weißt du das?«

»Wahrscheinlich hast du recht.« Ich kratzte mich im Nacken. »Ich will nur nicht, dass du in irgendwas reingezogen wirst.«

»Danke, das weiß ich zu schätzen.« Sie stemmte sich gegen die Tür, wackelte mit einem erhobenen Finger. »Aber tu nicht so, als wüsste ich nicht, was du vorhast.« Sie drückte mir einen Kuss auf die Wange. »*Conozco a mi gente.* Sei einfach vorsichtig.«

»Bin ich doch immer.« Ich machte meine Zigarette in einem

viertelvollen Kaffeebecher in der Fahrertür aus. »Mehr oder weniger.«

Auf der anderen Straßenseite wischte der Vater seinem Sohn das Kinn mit einer Serviette ab. Der Kleine lachte und trat mit den Beinen, während sein Vater erneut Mais auf den Löffel schaufelte.

»Ich ruf dich an, wenn es vorbei ist, okay?«, sagte ich. »Versprochen.«

»Wann wird das sein?«, fragte Maya.

»Ach, schon bald«, sagte ich. »Dominic hat's gerne schnell und schmerzlos.«

Maya lachte. »Zu allem Überfluss musst du auch noch fristgerecht auf einen Abgabetermin zu arbeiten. Schöne Scheiße ist das.«

»Könnte schlimmer sein. Pass auf dich auf, ja?«

»Du auch.« Maya schlug die Autotür zu, ging zurück zum Haus, winkte mir noch einmal vom Eingang aus zu und ließ mich dann alleine im Licht der Laternen auf dem Vorplatz im Wagen sitzen. Der Vater, der seinen Sohn auf der Straße gefüttert hatte, war längst weg, als mich der Regen, der an meine Windschutzscheibe klopfte, daran erinnerte, dass ich nach Hause fahren sollte.

15

Als ich zu Hause das Licht einschaltete, funkelten Motitas Augen kobaltblau unter dem Kuhfellstuhl.

»Fühl dich ganz wie zu Hause«, sagte ich.

Die Pinnwand war jetzt voll: Carlos' Bild von Julián Gallardo, die zerfledderten Reste des Díaz-Ordaz-Acid-Blotters, eine Ausgabe von *Proceso* mit Carlos auf dem Titel. Geschmolzenes Wachs lief an den Kerzen herunter. Die Opfergaben in Form von Zigaretten, die ich in der Nacht angezündet hatte, in der Carlos gestorben war, waren jetzt Asche.

Meine Pflanzen färbten das Licht in ein sattes Grün, und blauer Rauch stieg von meiner Sobranie mit dem goldenen Filter auf. Ich saß im Vierzig-Watt-Dämmerlicht, House pulsierte leise dem Rhythmus des Regens draußen entgegen, das Koffein und der Zucker stiegen mir rauschhaft ins Blut, und fast wäre es gemütlich gewesen, fast wie vorher, so sehr, dass ich mich schon fragte, ob ich den Artikel nicht lieber vergessen, den Cop mit den Silberzähnen und seinen salvadorianischen Boss aus meinem Gehirn löschen und mich stattdessen wieder mit Möbeln, Blumenmärkten und dem ganzen Kram beschäftigen sollte, der meine Wochenenden ausmachte, seit ich clean war, aber dann brummte mein Handy, und die Nummer meines Redakteurs erschien auf dem Display.

»Andrew«, sagte er, »mein herzliches Beileid.«

Im Hintergrund hörte ich Drucker rattern und Telefone schrillen. Es war nicht schwer, ihn sich bei der Nachtschicht am Schreibtisch vorzustellen, in seinen verfusselten Hosen und den Sportschuhen, mit der Halbrandbrille, der abgewetzten Cordjacke und dem verwaschenen Kraftwerk-T-Shirt sah er eher aus wie ein Dozent, nicht wie ein Redakteur.

»Tut mir leid, ich hab's nicht zur Beerdigung geschafft«, sagte er durch ein verrauschtes Seufzen. »Bin an den Schreibtisch gekettet.« Und meistens redete er auch wie ein Dozent, nicht wie ein Redakteur, die rollenden ›R‹ aus Dumfries durchzogen seine scherzhafte Ausdrucksweise. »Die Grabrede seiner Mutter war ja ganz großartig. Die Zeile mit den ›Fehlern der Geschichte‹, das war einmalig, bei *Reforma* haben sie das als Überschrift verwendet. Dazu ein Foto von ihr gebracht.« Er räusperte sich. »Aber egal, genug davon. Wie geht's dir denn?«

Die Fische in meinem Aquarium schwammen ruckartig hin und her, blieben nirgendwo lange. »Na ja«, sagte ich, rieb mir Zucker von den Fingern. »Ich sehe zu, dass ich zu tun habe.«

»Ein Wahnsinn, was passiert ist«, fuhr er ernst fort und raschelte mit Papieren. »Aber wir haben deinen Artikel und die Fotos von Carlos, eigentlich müssten wir ihn übermorgen bringen können. Was meinst du?«

Ich holte tief Luft und hielt sie an. Hätte er mir die Frage eine Woche bevor das alles passiert war, gestellt, hätte ich eine Jubelrunde durch mein Apartment gedreht.

»Oh, ja«, sagte ich. »Toll. Ich meine, weißt du? Das ist eine große Ehre. Zum ersten Mal einen namentlich gekennzeichneten Artikel in einer so großen Zeitung zu haben.« Selbst ich merkte, dass die Freude in meiner Stimme nur gespielt war.

»Der erste von vielen«, sagte Dominic. »Glaub mir. Abgesehen von ein paar geringfügigen, aber notwendigen Änderungen ist das erstklassige Berichterstattung. Und Carlos' Fotos passen perfekt dazu.« Er schwieg kurz. »Die Nachricht hat uns alle schwer getroffen. Ich kann's immer noch nicht fassen.«

Aale aus farbig angestrahltem Regen schlängelten sich an meiner Fensterscheibe herunter. Motita schnappte nach Staubpartikeln, so wie sie immer Carlos herunterbaumelnde Finger hatte fangen wollen, wenn er dort gesessen hatte, wo ich jetzt saß. Als ich nicht mitspielte, hustete sie ein amüsiertes Miau aus, das keins war.

»Ah, danke.« Der Doughnut-Bissen wurde sauer in meiner Kehle.

»Ich bin froh, dass du anrufst. Ich hab mir überlegt …«, ich strich mir die Haare aus dem Gesicht, schloss die Augen, »… vielleicht kannst du die Geschichte noch ein bisschen zurückhalten?«

Dominic schwieg noch länger.

»Weißt du, es ist nämlich so, ich glaube, ich bin da auf was gestoßen«, sagte ich. »Was Großes.«

Im Hintergrund quietschten und ratterten immer noch die Drucker und auch die Telefone schrillten weiter.

»Was hast du?«, fragte Dominic.

Motita schlug mit der Pfote nach meiner herunterbaumelnden Hand, verfehlte sie aber. Sie schaute mich erschrocken an. Als ich ihr den Finger hinstreckte, rollte sie sich unbeeindruckt auf den Rücken.

»Hat mit Carlos' Tod zu tun«, erklärte ich Dominic. »Und dem organisierten Verbrechen. Mit multinationalen Ölunternehmen.«

»Hast du Zeugenaussagen?«

»Oh, ja«, sagte ich, verschränkte zwei Finger hinter dem Rücken. »Jede Menge.«

Wieder klingelte ein Telefon, dieses Mal ganz in Dominics Nähe. »Warte mal, ich muss drangehen.« Seine Stimme wurde leiser, als er den Anrufer am anderen Ende der Leitung bat, er möge warten. Ich nutzte die Zeit, um nachzusehen, wo der Bohrtechniker, der zum Barista geworden war, inzwischen arbeitete. Das Café machte erst in zwanzig Minuten zu. Meine Knie fingen an zu zittern.

»Andrew, lass uns frühstücken gehen. Hier bei mir gibt's ein

Café – ich schicke dir die Adresse. Wenn ich morgen Vormittag um neun hier rauskomme, können wir zehn Uhr anpeilen. Schaffst du das?«

»Hundertpro«, sagte ich und war bereits zur Tür draußen. Einen Doughnut zwischen den Zähnen, zog ich den Reißverschluss von Carlos' Jacke gegen den Regen zu.

Die Reifen meines Jeeps kratzten über den Asphalt. Vor mir leuchteten unzählige Bremslichter auf und konkurrierten in der strömenden Dunkelheit miteinander. Aus dem Markt über der Metro Tacubaya ratterten und hämmerten Cumbia-Bootlegs, lieferten den Soundtrack für die Arbeiter, die sich in gefütterten Karojacken und Basecaps nach der Arbeit auf einen langen Heimweg machten, die Pesero-Männer schoben Fahrgäste in die grün-weißen Busse, Mütter und Großmütter schleppten Tüten und Babys durch den vom gelben Licht verfärbten Regen, stießen mit den Schultern an Ladekabel, die wie Ranken von den Ständen baumelten.

Das Zucken in meinem Augenwinkel, das von der Schlaflosigkeit herrührte, war jetzt richtig stark. Der Kaffeebecher, aus dem ich trank, war möglicherweise von heute Morgen, könnte aber auch einer aus der letzten Woche gewesen sein, ganz egal, Hauptsache Treibstoff. Die blutfarbenen Lichter der Stundenmotels und Tankstellen ergossen sich über meine Motorhaube. Über das Schild der Metro Juanacatlán hatte jemand mit einer Schablone ein Porträt von Emiliano Zapata und den Schriftzug WIR SEHEN UNS 2017 gesprüht.

Laut Navi waren es noch fünf Minuten, aber der Verkehr war anderer Ansicht. Meine Zähne fanden ein überstehendes Stück Fingernagel, und ich biss daran herum, bis ein kurzer scharfer Schmerz in meine Gedanken stach. Als sich die Autos wieder bewegten und der Verkehr erneut floss, bog ich in eine weniger stark befahrene Straße mit Kopfsteinpflaster, Platanen und Luxusapartments aus den siebziger Jahren ab, vorbei an einer Biobäckerei, einem Restaurant hinter hohen Sicherheitstüren aus Stahl, in dem sich Yuppies und Hipster italienische Speisen einverleibten. Als ich das Café erreichte, war der Rollladen bereits unten, und eine braunhaarige Frau in Schwarz zog ein paar Acapulco-Stühle und eingetopfte Farne von der Terrasse herein.

»Tut mir leid«, sagte sie, als ich neben einem glänzend roten Honda-450-Geländebike geparkt hatte und ausgestiegen war. »Wir haben geschlossen.«

»Ich bin kein Kunde«, sagte ich, sprang durch den Regen unter die Markise und hielt dabei meinen Presseausweis hoch. »Arbeitet hier ein gewisser Leo?«

Ihr Blick verhärtete sich. »Der ist nicht da.«

»Ist das nicht sein Bike?« Ich zeigte auf die Honda. »Hab gehört, er ist Motocross-Fan.«

Im Café wurde eine Tür zugeschlagen, und ich hörte, wie jemand einen Hahn aufdrehte.

Sie schüttelte den Kopf, schaute zur Tür hinein.

»Leo? Hier ist jemand für dich. Irgendein Journalist.«

Schritte stampften über den hellen Holzboden. Er sah seinem LinkedIn-Foto überhaupt nicht ähnlich: Er trug jetzt Kontaktlinsen, hatte sich einen üppigen Holzfällerbart stehen lassen und den Schädel rasiert. Auf den Armen hatte er bunte Tätowierungen im Stil von Sailor Jerry – ein Kormoran, eine Möwe, eine Meerjungfrau, ein Anker.

»Worum geht's?«, fragte er und trocknete sich die Hände an einem Handtuch ab.

»Tut mir leid, dass ich so spät komme.« Ich reichte Leo eine meiner Karten. »Wir arbeiten an einem Artikel über Poza Rica. Haben Sie kurz Zeit?«

Die Frau kam wieder raus, hatte die Kapuze einer pinken Regenjacke über ihren Kopf gezogen. Sie gab Leo einen Schlüsselbund. »Ich geh schon mal, okay? Ich will nichts mehr davon hören.« Damit eilte sie davon.

Leo klopfte mit der Karte auf seine Fingerknöchel, betrachtete die Schrift. »Na ja, dann kommen Sie wohl besser rein. Kaffee?«

»Schon bisschen spät für mich. Wasser wäre super, danke.«

»Vielleicht mach ich mir einen. War ein langer Tag.« Er ging um den Tresen herum und gab Bohnen in die Mühle, drückte auf einen Schalter.

»Schönes Café« sagte ich, übertönte das Brummen der Mühle. »Schönes gedämpftes Licht.« Ich tippte auf die Fensterbank. »Altmetall ist immer ein guter Look. Wie lange machen Sie das hier schon?«

»Seit anderthalb Jahren.« Er ließ heißes Wasser in eine kleine weiße Tasse laufen.

»Erika, ich und ihr Freund, wir kommen alle aus Poza Rica und hatten es dort satt. Ihr Freund hat Tourismus und Gastronomie studiert, Erikas Eltern haben Kaffeebauern agrarwissenschaftlich beraten. Also hab ich meine Ersparnisse abgehoben, mich zum Barista ausbilden lassen und bin mit den beiden hergezogen.« Er reichte mir ein Glas Wasser und setzte sich mir gegenüber. Ein Regenschwall klatschte an die Fensterscheiben. »Darf ich fragen, worum es genau geht?«

»Nur ein paar allgemeine Dinge.« Ich zuckte mit den Schultern. »Ich habe auf LinkedIn gesehen, dass Sie in Poza Rica Erfahrungen in der Rohölförderung gesammelt und für Ajenjo gearbeitet haben. Darf ich das hier einschalten?« Ich hielt mein Aufnahmegerät hoch.

»Tun Sie, was Sie tun müssen, Mann.« Leo strich sich über den Bart. »Wollen Sie auch darüber reden?« Er malte ein ›Z‹ mit dem Finger in die Luft.

Ich versuchte möglichst nicht zu interessiert zu klingen, fingerte weiter an meinem Aufnahmegerät herum. »Wissen Sie denn was darüber?«

Leo starrte an mir vorbei. »Wenn man in der Stadt dort lebt, kommt man gar nicht drum herum. Unter der Woche zu Hause, an den Wochenenden im Einkaufszentrum. Der Park ist zu gefährlich, egal ob tagsüber oder in der Nacht. Nach Einbruch der Dunkelheit ist niemand mehr auf der Straße. Niemand spricht von Ausgangssperre, aber im Prinzip ist es eine. Alle hängen in den beschissenen Apartments fest, die dort eilig hochgezogen wurden. Innendrin ist alles schick und auf Hochglanz getrimmt, funkelnagelneu, aber die Wände sind so.«

Er schlug auf den Tisch, an dem wir saßen. »Als könnte man mit der Faust durchstoßen. Eine ordentliche Wohnung mit stabilen Wänden kostet dort mehr als ein Apartment in Mexico City.«

Ich lehnte mich zurück. »Ich war ziemlich geschockt, bei meinem Besuch dort. Alles ist astronomisch teuer – Lebensmittel, Mieten, sogar Benzin.«

Leo hob die Hände. »Das ist die Inflation. Als das ganze Ölgeld geflossen ist, hat niemand daran gedacht, dass es jemals wieder verschwinden könnte. Aber auch nachdem sich die Unternehmen schon zurückgezogen hatten, blieben die Preise auf dem alten Stand.« Er schnippte mit den Fingern. »*Puff* – einfach so. Anstreicher, Maurer, Schweißer, Bohrer, Maschinisten. Alle Jobs in der Stadt waren weg.« Er kratzte sich wieder am Bart.

»Preise wie in Mexico City, nur dass kein Geld reinkommt«, sagte ich. »Kein Wunder, dass Sie wegwollten.«

Er schnalzte mit der Zunge. »Ach, das ist nicht der Grund, warum wir weg sind. Es war einfach zu gefährlich. Man hat ständig Leichen gesehen, die lagen da einfach auf der Hauptstraße rum, ganz offen, wissen Sie? Vor der Banco Azteca standen

Jugendliche und haben Crack verkauft, einfach so aus den Taschen ihrer Kapuzenpullis.«

»Und die Cops haben zugeschaut?« Ich riss die Augen auf, versuchte, entsetzt zu klingen.

Er schnaubte. »Die Cops haben das unterstützt. Wenn das überhaupt Cops waren. Die meisten waren einfach Zetas in Uniform und haben den ganzen Mist selbst rangeschafft.«

»Aber welche Cops?« Ich blätterte in meinem Notizbuch zurück. »Es gibt die State Police und die Guardia Civil. Welche von beiden helfen den Zetas?«

Leo rutschte auf seinem Sitz herum. »Heutzutage beide, denke ich.« Er schüttelte den Kopf. »Ich meine, am Anfang hieß es noch, die State Police sei von den Zetas gekauft, und deshalb kam die Guardia Civil dazu …«, er zeichnete Gänsefüßchen in die Luft, »… um ›Ordnung zu schaffen‹ in Poza Rica.« Er zuckte mit einer Schulter. »Zum Schluss war's aber dieselbe Scheiße.«

»Das möchte ich wetten«, sagte ich und hörte in Gedanken den dumpfen Aufprall von Julián Gallardos totem Körper auf der Ladefläche des Pickup-Trucks. Ich tippte mit dem Stift auf mein Notizbuch. »Als ich das letzte Mal da unten war, haben mein Partner und ich drei Männer der Guardia Civil gesehen, die eine Leiche weggeschafft haben.«

Leo nickte. »Kommt mir bekannt vor.« Er blies Dampf von seinem Kaffee.

Ich zog meinen Stuhl näher an den Tisch heran. »Die Leiche hat wirklich entsetzlich ausgesehen, kein Gesicht, kein …«, ich gestikulierte über meinem Schoß, »Sie wissen schon.«

Leo nickte nur. »Das haben die Zetas oft gemacht. Aber die Guardia Civil auch, als sie erst mal da waren. Vor allem mit den Zetas haben sie das gemacht. Oder na ja, wissen Sie …« wieder zeichnete er Gänsefüßchen in die Luft, »… mit vermeintlichen ›Zetas‹. Meistens haben sie einfach nur Menschen umgebracht –

Aktivisten, Arme, Indigene, sogar Journalisten –, und hinterher haben sie dann behauptet, es wären Kriminelle gewesen.«

»Aber diese neuen Leute, die von der Guardia Civil – warum sollten die den Zetas helfen, eine Leiche loszuwerden?«

Leo zuckte mit den Schultern. »Angeblich sollten sie doch für Ordnung sorgen? Sieht das nicht schlecht aus fürs Geschäft, wenn junge Männer ohne Gesicht in Seitenstraßen herumliegen?«

Leo schnalzte mit der Zunge. »Passen Sie nur auf, wenn Sie da unten zu viel Staub aufwirbeln, findet jemand eine Grube für Sie. Ganz bestimmt wollen die Leute wie Sie tot sehen. Aber vielleicht würden sie inzwischen ein bisschen diskreter vorgehen als in der Vergangenheit.« Er lehnte sich zurück, verschränkte die Arme und wippte mit dem Fuß. »Man hat Geschichten gehört. Wie Zetas durch die Dörfer gezogen sind, Menschen von ihrem Land vertrieben oder in Öltanks ertränkt haben, vergewaltigt, ermordet.« Er verzog das Gesicht. »Wenn die Unternehmen, die Geschäftsleute und die Politiker weiter wie bisher Menschen terrorisieren wollen, dann werden sie künftig diskreter vorgehen müssen. Das wäre tatsächlich die einzige Veränderung – dass es ein bisschen geheimer gehalten wird.«

»Du lieber Gott.« Ich kratzte mir übers Kinn, schaute in mein Notizbuch, wartete, bis die Stille erneut Risse bekam.

Leo fuhr sich mit der Hand über den kahlen Schädel. »Das ist eine schmutzige Stadt, nicht nur in Hinblick auf Kriminalität. Nach dem, was wir dort angerichtet haben, sind sämtliche Schildkröten der Region obdachlos. Außerdem gibt es unzählige Orte, wo es schon weh tut, wenn man nur atmet.« Er verschränkte die Arme und stützte sich auf die Ellbogen. »Coatzintla. El Chote. San Antonio Ojital.«

Er schüttelte den Kopf. »Ich kann absolut verstehen, wieso junge Menschen wie der, den Sie gefunden haben, ihr Leben für etwas Besseres riskieren.«

»Absolut.« Ich schrieb die Namen der Orte auf. »Gibt es jemanden Bestimmtes, mit dem ich da unten sprechen sollte?«

Leo starrte in seine Kaffeetasse. »Soweit ich weiß, ist von meinen Leuten nur noch einer da. Armando. Ihm gehört ein Lebensmittelladen in El Chote. Ich gebe Ihnen seine Nummer.«

»Danke.« Ich schob ihm das Notizbuch zu, und er nahm sein Handy, um die Nummer abzuschreiben.

Als er fertig war, schaute er die Seite an und kratzte sich am Kinn, tiefe Falten zeigten sich auf seiner Stirn. Dann schüttelte er den Kopf, stieß ein Seufzen aus und hielt mein Notizbuch hoch. »Was dagegen, wenn ich was auf die Seite zeichne? Kurze naturwissenschaftliche Lektion.« Leo zeichnete ein ›L‹, dann eine ›8‹ darüber. »So wie die gerade Linie hier«, sagte er, »sieht eine normale Pipeline aus – das ist einfach ein Kanal aus Zement, der in den Boden eingebracht wird.« Er fuhr mit dem Finger über die Zeichnung. »Der untere Strich da am ›L‹ hier? Das ist ein zusätzlicher Kanal. Der wird verwendet, wenn man alte Ölvorkommen anzapfen will.«

In Gedanken sah ich den Artikel in *La Ornada de Veracruz* mit der Liste der Geräte, die Ajenjo von dem US-amerikanischen Unternehmen gekauft hatte.

»Trucks zum Einbringen von Wasser und Chemikalien«, sagte ich. »Ein Richtbohrer, Überwachungskabinen, alles im Wert von acht Milliarden Dollar – scheint mir ganz schön viel.«

Leo nickte. »Das ist es auch, aber es ergibt Sinn, weil dieser waagerechte Kanal hier, der da …«, er fuhr mit der Fingerspitze über die Seite, »der ist eine Meile lang. Und man muss den Druck bis ganz nach unten bringen, und zwar in ausreichender Stärke, wenn man alte Vorkommen neu erschließen will.« Jetzt zeigte er auf die ›8‹, die er über das ›L‹ gezeichnet hatte. »Das ist der Förderkopf. An unserer Bohrstelle liefen eine Menge Rohre in den Förderkopf hinein.« Er zeichnete ein langes Rohr, setzte ein paar winzige Pünktchen dazu. »Eins für Sand.« Dann zeichnete er noch ein Rohr, etwas größere Punkte dazu: »Das ist für Kies«, außerdem ein drittes Rohr, das er durch spitze Dreiecke ergänzte, und erklärte: »Das hier sind Keramikabfälle.« Daneben zeichnete er große Rechtecke auf Rädern. »Da sind die Fahrzeuge zum Einbringen der ganzen Bestandteile, okay? Das sind Druckkammern so groß wie das Café hier, und so groß müssen sie auch sein. Vergessen Sie nicht ...«, er fuhr mit dem Finger am ›L‹ entlang, »eine ganze Meile tief unter die Erde, dann noch mal eine halbe Meile quer rüber zur Quelle. Da werden unzählige Tonnen von Sand, Kies und Keramik mit knapp tausend Bar reingedrückt.«

Er kritzelte immer wütender – Sand, Kies, Keramik –, und er sagte: »Man versucht das Gestein, das das Rohöl umgibt, zu zermahlen.« Als mir Leo das Notizbuch wieder zuschob, hatte er drei Seiten zerrissen. »Also«, sagte er und klopfte auf die Seite, »stellen Sie sich vor, was das mit einem Körper machen würde.«

Von draußen hörte man einen Tamal-Verkäufer, der durch die regennasse Nacht fuhr. Ein paar Katzen jaulten auf einem Dach. Es schüttete ohne Unterlass.

Leo lehnte sich zurück, legte beide Hände auf den Kopf, dann atmete er tonlos ein »Okay« gegen die Zimmerdecke und nahm einen großen Schluck von seinem Kaffee.

»Das war im Mai 2014«, sagte er, als er geschluckt hatte. »Kurz bevor die Guardia Civil kam, um ›Ordnung‹ zu schaffen.« Die Stadt war ein Alptraum – Tag und Nacht wurden Männer und Frauen erschossen, alle hatten Angst vor der Polizei, weil man nie wusste, wer ein echter Cop war und wer ein Zeta in Polizeiuniform. Meine Freunde und ich hatten unsere Basketball-Liga abgesagt, weil niemand zum Training kommen konnte. An einem meiner freien Abende bekam ich zu Hause einen Anruf von meinem Chef. Er sagte, es habe einen Unfall gegeben, und ein Jeep sei unterwegs zu mir. Mein Chef klang, als hätte er Angst – und da hab ich's auch mit der Angst bekommen, weil wenn der Angst hat, dann ist es eine große Sache. Und wenn die mich nachts rausschicken, dann kann es gefährlich werden. Aber der Jeep, der draußen bei mir vor dem Haus hielt, war einer von PEMEX, und der Typ, der ihn fuhr, trug einen Overall von der Gewerkschaft. Hinten drin saß mein Freund Armando und machte gar nicht den Eindruck, als hätte er Angst. Also dachte ich mir, wenn das für ihn okay ist, wo soll dann das Problem sein?«

»Wie hat der PEMEX-Typ denn ausgesehen?«

»Ganz schön dick«, sagte Leo. »Und ziemlich klein.«

»Locken?«, fragte ich.

»Ja. Dunkler Typ, Akzent aus Campeche, aber nicht mit der dazugehörigen Freundlichkeit. Auf der ganzen Fahrt hat er kein einziges Wort gesprochen.«

Mir schoss der Name »El Mangueras« auf dem Diagramm, das Maya mir gezeigt hatte, in den Kopf.

Leo redete weiter. »Die Förderstelle befand sich mitten im Nirgendwo – Gras, Hügel, Grillen, ein paar kränkliche Bäume. Der Vorarbeiter stand am Tor und sah aus wie ein Geist, weil lauter Polizeiwagen hinter ihm parkten. Als der Typ aus Campeche sagte, wir sollen aus dem Jeep steigen, hat einer von den Cops, die da auf uns gewartet haben, verlangt, dass wir ihm unsere Handys, die Ausweise und Brieftaschen geben.«

»Ein Weißer?«, fragte ich. »Mit Bart?«

»Ja, ein Kinnbart«, sagte Leo. »So ein Abraham-Lincoln-Ding. Gesprochen hat er mit *Norteño*-Akzent.«

Noch ein Gesicht von der Schautafel, groß, weiß, mit einem Bart wie ein Heavy-Metal-Bassist oder ein Amokläufer von der Highschool, darunter der Name »El Prieto«.

Leo erzählte weiter. »Armando und ich mussten runter auf

die Knie. Sie hielten uns Pistolen an die Köpfe.« Er pikte sich einen Finger zwischen die Augen. »Genau hier. Der Abdruck ist erst am Tag danach wieder weggegangen. Mit ganz ruhigen Stimmen, als hätten sie so was schon eine Million Mal gemacht, haben sie gesagt, wir sollen machen, was sie uns befehlen, sonst bringen sie uns und unsere Familien um.«

Mein Stift klopfte auf mein Notizbuch. »Und Sie denken, dass Armando das alles bestätigen kann?«

Leo nickte. »Er war so fertig. Hat geschluchzt, Mann. Er hat diesen Zeta-Schrägstrich-Cop-Schrägstrich-Wasauchimmer-Typen erzählt, dass er Kinder hat. Eine Familie. Das vergisst er nie wieder.« Leo zuckte mit den Schultern. »Danach haben sie ihn geschlagen, in die Rippen getreten. Ihn heulend im Dreck liegen lassen. Er hat mir leid getan, aber ich hatte auch ein schlechtes Gewissen, weil ich wollte, dass er die Klappe hielt. Weil ich ziemlich cool geblieben bin, vielleicht auch nur, weil ich nicht kapiert hab, was da abgelaufen ist. Das Ganze war, wie wenn dir jemand von einem schlechten Traum erzählt – man kann einfach nichts damit anfangen, und das, obwohl es mir wirklich passiert ist. Ich hab gedacht, wenn sie's tun, dann tun sie's. Und die einzige Wahl, die dir bleibt, ist, zu entscheiden, wie du abkratzt, oder? Es war irgendwie ganz leicht, einfach total abzuschalten.«

Er tippte mit den Fingern auf den Tisch. »Aber dann sagte der Große, der Weiße, wir sollen rübergehen zu den Pick-ups der Polizei, und er zerrte Armando auf die Füße. Ich bin ihnen gefolgt. Hinten auf den Pick-ups standen Säcke – so ganz schwere, wie sie hinter Restaurants liegen. Die Ladefläche von dem Jeep war total nass. Total rot. Die Säcke waren auch nass, und es roch wie beim Schlachter.«

Leo schaute in seine Tasse, ob noch ein Rest drin war, trank ihn aus und redete weiter. »Diese Zeta-Cops fragten, wer von uns beiden der Techniker sei. Das war ich. Ich schloss das Kontrollhäuschen auf, schaltete die Pumpen ab und sagte Armando, dass er die Tanks öffnen sollte. Dann fingen wir an, die Säcke zu schleppen.« Das Trommeln von Leos Fingern auf der Tischplatte wurde lauter. »Und ich meine – du weißt es, aber dann auch wieder nicht. Man hat das Gewicht gespürt, wie es einem an die Beine schlug. Die Säcke waren glitschig, wir bekamen rote Hände davon. Tropfen auf dem Plastik, auf den Stiefeln, alles war rot. Auch am Geruch erkennst du's. Aber du musst dich wahnsinnig zusammennehmen, um nicht zu würgen, und du machst dir alle möglichen Gedanken. Stellst dir vor, das ist nur Obst, was dir da an die Beine schlägt, einfach nur große Früchte. Jackfruit. Wassermelonen. Die bummern genauso tonlos. Und wenn man die Säcke ablädt, macht man dieselbe ausholende Bewegung, wie wenn man Müll entsorgt, also denkt man sich: ›Genau, was anderes ist das hier auch nicht. Ich werfe Müll weg. Einen Haufen vergammeltes Obst.‹ Wir haben die Säcke in den Tank zu dem Wasser, dem Sand, dem Kies und den Keramikabfällen geschmissen, und diese vielen Menschen sind einfach den Kanal runtergerutscht.«

»Wer waren sie?«, fragte ich.

»Soll ich eine Vermutung äußern?«, fragte Leo zurück. »Dorfbewohner. Demonstranten. Leute, die etwas gesehen haben, was sie nicht hätten sehen sollen. Menschen, die die Cops nicht leiden konnten. So wie der Junge, den Sie gefunden haben.« Er winkte mit der Hand. »Hätte jeder sein können. Einer der Säcke, die Armando getragen hat, ist gerissen und ein tätowierter Arm fiel raus – vielleicht der einer Frau, oder eines jungen Mannes. Ganz grob am Gelenk abgetrennt, das sah alles gleich aus: wie Steak oder so.« Leo massierte seine Stirn, wollte Kaffee trinken, aber dann fiel ihm wieder ein, dass seine Tasse längst leer war.

»Wie viele?« Ich reichte ihm mein Glas Wasser.

»So zerschnitten, wie die waren, lässt sich das schwer sagen. Aber wir haben sehr lange Säcke geschleppt. Um Mitternacht herum haben wir angefangen, und als wir fertig waren, stand der Mond schon tief am Himmel. Das Schlimmste war, die Maschine einzuschalten. Klang wie ein ganz normaler Job – ein Riesenlärm war das, ich hatte dieselben Zahlen auf dem Bildschirm, dieselben Werte, Druck, Geschwindigkeit etc. – als würden wir nichts anderes als Kies oder Sand in den Boden jagen.«

Draußen hatte der Regen inzwischen nachgelassen. Einzelne Tropfen platschten von der Traufe.

»Als wir fertig waren, haben diese Narco-Cops unsere Ausweise, Brieftaschen und Handys auf den Boden geworfen und uns gesagt, dass wir schleunigst verschwinden sollten. Kein Wort zu irgendjemandem. Der PEMEX-Typ, der aus Campeche, ist in einen der Polizeiwagen gestiegen. Wir mussten zu Fuß nach Hause gehen. Ich hab's kaum noch geschafft, immer einen Fuß vor den anderen gesetzt, den ganzen Weg bis in die Stadt, wie ein Roboter, oder ein Zombie. Ich kann mich nicht erinnern, mich von Armando verabschiedet zu haben, und auch nicht mehr an die Busfahrt nach Hause. Ich weiß nur noch, wie ich im Bad auf dem Boden lag, meinen Bauch an den Fliesen gekühlt hab, viel zu erledigt war, um mich zu bewegen, zu erschöpft, um zu kotzen.« Er klopfte mit den Fingerknöcheln auf den Tisch. »Und, wissen Sie, warum ich schließlich doch gekotzt habe, ganz zum Schluss? Nicht wegen dem Geruch in meiner Nase, dem Blut an meinen Stiefeln oder so. Sondern einfach nur wegen dem einen Satz, der mir immer wieder durch den Kopf ging: *Das hättest du sein können.* Und ja, hätte ich. Wäre auch nur das Geringste schiefgegangen, wäre ich dran gewesen. Und läge auch in dem Loch. Ich wäre Matsch. Dass ich noch gelebt habe, war reiner Zufall.« Er runzelte die Stirn, biss sich auf die Lippe. »In Mexiko ist ein Menschenleben scheiß billig, Mann.

Theoretisch wissen wir das alle. Aber wenn man es *wirklich* weiß, *wirklich* spürt …«

Er schüttelte den Kopf, dann schob er abrupt seinen Stuhl zurück. »Ich brauche noch einen Kaffee. Wollen Sie auch einen?« Leo durchquerte den Raum und schaltete die Mühle an. »Ein paar Wochen später waren wir an der Förderstelle fertig. Haben die Maschinen abgeschaltet. Oben ist das klebrige Zeug rausgequollen, dickflüssig und braun, genau wie immer. Öl, Gas und Menschen. Wenn man sich das angesehen hat, man hat es nicht gemerkt. War einfach nur die übliche dreckige Schmiere. Niemand hätte sagen können, was da beigemengt war. Nur Armando und ich.«

Heißes Wasser lief über den Rand seiner Tasse, das Pulver schäumte auf, dicklich und braun.

»Wissen Sie was?«, fragte ich mit der Hand vor dem Mund. »Ich glaube, das reicht mir.«

»Sind Sie sicher?« Er kehrte zum Tisch zurück. »Haben Sie sonst noch Fragen?«

»Nur noch eine.« Ich zog meinen Laptop aus der Tasche, klappte ihn auf, öffnete Puccinis Pyramide. »Der PEMEX-Typ, der aus Campeche – ist er das?« Ich scrollte im Dokument herunter bis zu dem Foto von El Mangueras.

»Ohne den Hauch eines Zweifels«, sagte Leo. »Mann, die Gesichter werde ich niemals vergessen.« Leo tippte auf das Foto von El Prieto.

»Der da auch – das ist der Weiße mit dem Bart, der hat uns die Handys und die Ausweise abgenommen.« Er lehnte sich auf dem Stuhl zurück, hielt seine Tasse in der Hand. »Wo wird das denn veröffentlicht?«

»Wir können Ihren Namen rauslassen.« Ich drückte auf STOP. Leo stierte auf den Dampf, der aus seiner Kaffeetasse aufstieg, und fuhr sich mit der Hand über den Schädel. »Schauen

Sie, ich meine, in Poza Rica haben sich Nachrichten schon immer schneller auf der Straße verbreitet, als man überhaupt selbst was davon wusste.« Seine Stimme war dumpf. »Außerdem, wissen Sie, ihr ausländischen Journalisten treibt euch jetzt schon in Mexiko rum, seit ich Teenager war, und es hat sich trotzdem nichts verändert.« Sein Blick ruhte immer noch auf dem Kaffee in seiner Tasse. Er zuckte mit den Schultern. »Aber hey, was soll man machen? Wenn Sie Armando treffen, dann werden Sie sehen, was das Schweigen mit einem macht. Ich möchte das nicht erleben.«

»Danke, Leo.« Ich steckte mein Aufnahmegerät in meine Hosentasche und packte das Notizbuch ein. »Ich melde mich.«

»Schon okay.« Leo ging mit mir nach draußen. »Sagen Sie Armando einen schönen Gruß von mir.«

Die Nacht roch pfeffrig scharf nach nassen Hecken. Das Licht glänzte gelblich wie Lötzinn in den Fugen des Kopfsteinpflasters. Leo schwang sein Bein über die Honda 450, schüttelte mir die Hand und verschwand, röhrte in die Dunkelheit davon.

16

Am nächsten Morgen traf ich mich mit Dominic in dem Café, das er ausgesucht hatte – bröckelnder pinker Art-Déco-Stuck draußen, »Winking Smile«-Besteck drinnen. Er saß an einem gusseisernen Tisch auf der Terrasse neben einem Teich voller Wasserschildkröten, über ihm sickerte das Sonnenlicht durch einen Schirm aus Bananenblättern.

Als er mich entdeckte, gab er den Versuch auf, einen Kellner heranzuwinken, um sich nachschenken zu lassen, erhob sich stattdessen und schüttelte mir die Hand. Krümel einer *concha* lagen verteilt auf einem kleinen Teller. Sein Glas *jugo verde* war halb leer.

»Scheiße, du hast ewig gewartet«, sagte ich. »Tut mir leid. Der Verkehr.« Ich zog einen Stuhl heran.

»Kein Problem, alter Freund«, sagte er. »Ist nicht gerade die beste Tageszeit, um einmal quer durch die Stadt zu fahren.« Er hatte Ringe unter den Augen, weil er die Nacht durchgearbeitet hatte und sich in jener seekranken Zeitzone befand, in der das Frühstück zum Abendessen wird und einem der Kopf in der Morgendämmerung schmerzt wie sonst eigentlich nur am Abend.

Eine Ausgabe von *Proceso* lag auf dem Tisch, Carlos' Redaktionsfoto auf dem Titel.

»Mein aufrichtiges Beileid, Andrew«, sagte Dominic.

»Danke.« Ich hob den Blick von der Zeitschrift, schaute zu den Wasserschildkröten, die neben unserem Tisch durch den Teich paddelten. »Eigenartig, alles so aufgeschrieben zu sehen.«

Dominic zog ein Gesicht, als hätte er sich einen Muskel gezerrt. »Das würde ich an deiner Stelle lieber nicht lesen. Der toxikologische Bericht wurde veröffentlicht und der Staatsanwalt hat ein Riesending aus Carlos' – äh – Freizeitgewohnheiten gemacht.«

»Typisch.«

Ein schlanker junger Kellner reichte mir eine Speisekarte.

»Was dagegen, wenn ich rauche?«, fragte ich.

Dominic trank seinen *jugo verde*.

»Mir wär's lieber, wenn du dich mit fester Nahrung stärken würdest«, sagte Dominic. »Als mein alter Herr gestorben ist, hat mir das auch den Appetit genommen. Tagelang hab ich ausgesehen wie ein Geist. Zum Schluss musste ich mich zwingen, etwas zu essen. Musste mir einreden, ich hätte einen Bärenhunger.«

Er zuckte mit den Schultern. »Und irgendwann hatte ich wirklich einen Bärenhunger.«

»Ehrlich gesagt, ich hab jetzt schon einen Bärenhunger.« Ich schlug die Speisekarte auf.

»Das ist der richtige Kampfgeist! Bestell, was du willst. Der Baron bezahlt.«

The Baron – das war der Name seiner Agentur, die im neunzehnten Jahrhundert von einem reichen Deutschen gegründet worden war.

Am Nachbartisch saß ein junges Pärchen, ein Mann und eine Frau, wohlhabend – *»mirreyes«* nannten wir die Leute, die Designerwesten zu ihren Chinohosen trugen, nie Nachrichten hörten und ihre Vokale so lang zogen, dass sie für jedes Wort eine Stunde brauchten.

Als ich in die Speisekarte schaute und mein Blick auf Eier für zweihundert Pesos und Säfte für fünfzig fiel, hätte ich am liebsten ausgerufen: »Zum Glück bezahlt der Baron!«

Tatsächlich aber sagte ich: »Ich nehme das Gleiche wie du«, und klappte schnell die Karte zu.

»Sehr schön.« Dominic winkte einen Kellner heran und bestellte zwei Mal *Chilaquiles*.

»Mit zwei Eiern für den jungen Mann hier«, sagte er. »Die braucht er dringend.«

Der Kellner lachte, gab uns unsere Kaffees. »Sehr gerne, meine Herren.«

Dominic öffnete ein *bolillo*-Brötchen mit den Daumen und reichte mir den Brotkorb, dann hob er die Ausgabe von *Proceso* und zog ein Typoskript voller Rotstiftmarkierungen heraus.

»Ganz schön viel Rot«, sagte ich.

Dominic blätterte um. »Kennst mich doch. Sieht immer sehr rot aus. Ist aber solide. Keine Lücken. Und auch schöne Bilder – mir gefällt der mit Plastikpalmwedeln getarnte Raffinerieschornstein.«

»Bisschen blumig, fand ich.« Ich betrachtete das glückliche Paar, das gerade den richtigen Winkel für ein Selfie vor einer großen Paradiesvogelblume am Teich suchte. Tautropfen hingen an den lila- und orangefarbenen Blütenblättern. Carlos und ich hatten auch jede Menge Selfies gemacht, na klar, aber niemals an Orten wie diesem. Unser letzter gemeinsamer Post war eine Aufnahme von uns selbst am schlimmsten Strand der Welt gewesen, direkt außerhalb von Coatzacoalcos, hinter uns lag ein Haufen im Erdöl erstickter Makrelen, und wir taten, als wären wir außer Rand und Band vor Freude.

»Nein, passt aber.« Dominic legte das Typoskript ab. »Alles. Und deshalb hat mir unser Telefonat gestern auch ein bisschen den Teppich unter den Füßen weggezogen, alter Freund.«

Das Essen kam, volle Teller mit Maischips in grüner Tomatensauce, darauf saure Sahne, Käse, Spiegeleier und ganz oben *refritos*.

»Das mit der ›Stärkung‹ war nicht gelogen«, sagte ich. »Das reicht mindestens für ein Fresskoma.«

»Locker«, sagte Dominic, pikte ein Eigelb an. »Ich hatte ein Nickerchen für nach dem Frühstück im Terminkalender.« Er schaute mich an.

»Wohlgemerkt ›hatte‹.«

»Ja, schon klar«, sagte ich, schaufelte schnell das Essen in mich hinein, bevor sich mir der Magen wieder umdrehte. »Tut mir leid, wenn ich dir den Teppich unter den Füßen weggezogen habe. Aber ich habe einen neuen Ansatz.«

Seine Gabel machte auf halbem Wege zum Mund Halt. »Sprich weiter. Aber ich will nichts von Fracking hören, das ist ein Fass ohne Boden. Dafür hat der Baron nichts übrig. Gewissenlos handelnde Großunternehmen sind in Mexiko ein alter Hut.«

»Der vermisste Student ist kein alter Hut.«

Am Ufer des Teichs kletterten zwei Schildkröten übereinander, stumpfe Dinosaurierköpfe stießen aneinander.

Dominic schnalzte mit der Zunge. »Ist traurig, ganz gewiss. Aber was hat er mit den Ölunternehmen zu tun?«

»Carlos und ich haben seine Leiche gefunden.« Ich lehnte mich zurück, schnippte Asche ab. »Wir waren schon auf der Rückfahrt, haben ihn zufällig entdeckt. Und gesehen, wie Cops ihn fortgeschafft haben.«

Dominic wich meinem Blick nicht aus. »Ist das dein Ernst?«

»Deshalb ist Carlos noch dortgeblieben. Er hat rausgefunden, was passiert ist. Anscheinend hat er auch dafür gesorgt, dass es sich herumspricht, weil es nämlich schon einen Tag später zu Protesten kam. Da waren Zetas in Polizeiuniformen mit gezogenen Macheten, die sie gegen Jugendliche eingesetzt haben. Und Carlos hat das alles fotografiert.«

Dominic kratzte sich am Kinn. »Das Problem ist, dass Fotos allein nicht genügen«, krächzte er zwischen Bartstoppeln hervor. »Wir brauchen Zeugenaussagen.«

»Hab gestern Abend eine bekommen«, sagte ich. »Ein Ölarbeiter hat gesehen, wie bei Ajenjo Leichen entsorgt wurden, bekannte Narcos in Polizeiuniform haben ihm die Befehle erteilt.

Einer davon war auch bei den Protesten dabei, die Carlos fotografiert hat.«

Dominic hob die Augenbrauen. »Kannst du das weiter untermauern?«

Im Teich glitten zwei Wasserschildkröten durch düsteres Gewässer. Mein Bein hüpfte unter dem Tisch, unter meinen Rippen befand sich nichts als kalte, weiße Elektrizität.

»Ich hab den Namen eines Zeugen in Coatzintla.«

»Das bedeutet, du musst noch mal hinfahren«, sagte Dominic seufzend, wischte Eigelb mit einem abgerissenen Stück Bolillo auf. »Und das bedeutet, wir müssen Reisekosten beim Baron beantragen. Einen Mittelsmann engagieren.« Er kaute langsam, schluckte. Man konnte fast hören, wie er die Informationen in seinem Kopf bewegte, Argumente abwog, auf ihre Stichhaltigkeit überprüfte. »Und ihr habt definitiv Quellen vor Ort?«

»Einen genauen Fahrplan.« Ich schlug mein Notizbuch auf, um es ihm zu zeigen.

»Wann soll das alles stattfinden?«

»Im Idealfall heute.«

»Hab ich mir fast gedacht.« Dominic trank den Rest seines *jugo verde* und lehnte sich zurück, betrachtete die Wasserschildkröten.

»Dann los.«

Ein Stück Asche fiel von meiner Zigarette ab.

Carlos, wenn du das liest, wir haben die Story.

Dominic stopfte Geld in das kleine Bastkörbchen, in dem unsere Rechnung gebracht worden war. »Es lohnt sich, noch mal nachzubohren, wenn du mir die geschmacklose Anspielung verzeihst. Pack deine Sachen.« Er zählte die Themen an seinen Fingern ab: »Schau dir die Stadt noch mal an, geh dabei schön ins Detail, konzentrier dich darauf, warum die Whistleblower im Fleischwolf verschwinden.« Dominic tippte sich jetzt an den

Mittelfinger. »Und schließlich der heilige Gral: Die Amerikaner haben Ajenjo die Bohrausrüstung verkauft, oder? Also, wenn du beweisen kannst, dass der CEO von Ajenjo weiß, was unter seiner Führung passiert – oder solche Vorgänge sogar, sagen wir mal, aktiv *anstößt* –, dann haben wir es mit US-amerikanischen, multinationalen Konzernen zu tun, die zumindest teilweise Profit aus dem Vorgehen der Todesschwadronen ziehen.« Er zuckte mit den Schultern. »Selbstverständlich unwissentlich.«

»Na klar.«

Dominic kratzte sich am Kinn. »Pass auf, am Ende kommt es so weit, dass du das Land verlassen musst – aber dann hättest du einen Hammer von einer Story.«

»Ich kann da keine Schattenseiten erkennen.«

»Na ja.« Dominic stierte stirnrunzelnd an die Stelle, wo das Geld gelegen hatte, und klopfte mit den Fingerknöcheln auf den Tisch. Dann legte er seine Serviette auf den sauberen Teller. »So, ich glaube, es wird Zeit, dass ich mich aufs Ohr haue.«

Wir standen vom Tisch auf. Das Paar – sie hatten endlich ihr Selfie geknipst – wollte ebenfalls gerade die Terrasse überqueren, und Dominic und ich mussten warten, bis sie sich geküsst hatten, erst dann konnten wir an ihnen vorbei. Draußen vor dem Restaurant zündete ich mir eine Zigarette an.

»Danke, Dominic«, sagte ich. »Ehrlich.«

»Ist mir ein Vergnügen.« Er wischte seine Brillengläser an seinem Blue-Cheer-T-Shirt sauber. »Viel Glück, alter Freund.« Dann setzte er sich in die andere Richtung in Bewegung, entfernte sich unter einem Baldachin aus Farnen, Palmen und Zypressen auf dem Fußgängerweg in der Mitte der Avenida Amsterdam.

Der *viene-viene* an der Parkplatz-Einfahrt las *El Universal.* Seite eins zeigte Carlos' Mutter auf den Stufen des Krematoriums, wie sie in die silbrige Gischt der blitzenden Kameras schaute, daneben das DIN-A2-große Foto von Carlos.

Auf der Fahrt nach Hause kam ich an einem Zeitungskiosk vorbei, an dessen Metallgitter Ausgaben von *Reforma* und *Proceso* mit Wäscheklammern befestigt waren, Carlos' Gesicht schaute mir mehrfach entgegen, flatterte leicht im Luftzug der vorüberfahrenden Autos.

»Siehst gut aus.« Ich schnippte Asche ab. »Aber ich würde lieber Fotos auf den Titelseiten sehen, die du gemacht hast, anstatt Fotos, die dich zeigen.«

Carlos sah mir sogar von einer Ausgabe der *El Metro* entgegen, die auf dem Armaturenbrett eines Busses lag, der auf der Nuevo León neben meinem Jeep herfuhr.

»Aber das geht wohl allen so.«

An einem Quesadilla-Stand in der Baja California benutzte die Verkäuferin die zerknitterte Titelseite von *La Razón,* um ihre Kochplatte sauber zu wischen. Carlos' Gesicht wickelte sich dabei um ihre Finger.

17

Wenn man so viel reist wie ich früher, muss man eigentlich nie richtig auspacken.

Man hat das iPad und den Laptop, die Kamera, eine Ersatzkamera und eine Großpackung Blasenpflaster dabei.

Außerdem Klamotten für sechs Tage: hauptsächlich bequeme Sachen, größtenteils wasserdicht, aber auch mindestens eine Hose, die man ansatzweise als elegant bezeichnen könnte, ein Hemd, das bei förmlichen Anlässen durchgehen würde, eine Tube Schuhcreme und eine Bürste.

Das ist der Grund, warum ich nie eine Waschmaschine besessen habe: Selbst ein Hotel für dreihundert Peso die Nacht übernimmt die Wäsche, wenn man nett darum bittet.

Man hat ein langärmeliges Hemd für trockene Hitze dabei, ein Hawaiihemd für schwüle Tage.

Einen Pulli und eine Lederjacke gegen die Kälte draußen, aber hauptsächlich auch wegen der eisigen Zugluft in minderwertigen Hotels.

Das bedeutete, als ich nach Hause kam, brauchte ich kaum sechs Sekunden, um zu packen, was mir außerdem Zeit ließ, ein Zimmer in einem Hotel in einem Touristenort außerhalb von Poza Rica zu buchen und mich mit Francisco Escárcega zu verabreden. Dann machte ich mich erneut auf den Weg.

Bevor ich aus der Stadt herausfuhr, hielt ich kurz auf einen Kaffee im Teatro de los Insurgentes, das vor dem mitternächtlichen Dunkel hell leuchtete. Ich lehnte mich an die Haube meines Jeeps und rauchte Zigaretten, während mich meine Feldflasche mit dem im Wasser verdünnten LSD an Carlos' ersten Tag zurück in Mexico City erinnerte, an dem wir über den Uni-Campus spaziert waren, einen Joint geraucht hatten und schließlich zu den Wandgemälden am Teatro gekommen waren.

Hoch über uns ragten Türme auf, ihre schwarzen Glasfassaden glänzten wie funkelnagelneue iPhones.

»Als ich klein war«, sagte ich und zeigte auf das Gemälde über dem Theater-Eingang, »hab ich Fotos davon gesehen. Mein Großvater hatte lauter alte Lexika aus den siebziger Jahren mit farbigen Abbildungen drin.«

Umgeben von Rauch, Dunst und lila Vorhängen hing eine mit einem Mond und einer Sonne verzierte Opernmaske. Finger mit rotlackierten Nägeln hielten die Maske über ein Feuer, in dem sich Revolutionäre, Kaiser und Aztekenprinzessinnen wie Tänzer drehten.

Sanfter Regen fiel durch das Licht der Laternen, die feinen weißen Tropfen wurden vom Luftzug der vorüberfahrenden Autos gejagt und verzerrten sich wie Makrelen in Lebensgefahr. Carlos zitterte in seiner Jacke.

Ich zeigte darauf. »Der Himmel im Hintergrund hat so eine taubenblaue Tönung, die alles nach Morgen aussehen lässt.«

»Willst du sagen, du hast das einzige Fitzelchen blauen Himmel in ganz Mexico City gefunden?« Carlos' Stimme klang gespielt erstaunt. Er zeigte auf eine bestimmte Stelle. »Ich finde den Teufel da in der Ecke toll. So verschlafen. So hungrig.«

»Der ist echt gut«, sagte ich. »Aber mich fasziniert das Blau am meisten. Früher hab ich in der Klasse immer ganz hinten gesessen, aus dem Fenster gestarrt, und die Flugzeuge beobachtet, die über den blauen Himmel zogen, und mir gewünscht, sie könnten mich hierher bringen. Und Jahre später bin ich tatsächlich hier gelandet. Der Tag meiner Ankunft war der verregnetste, grauste, verkatertste Sonntagvormittag aller Zeiten. Aber das Grün der Bäume war wie frisch abgebraust, sie glänzten genau wie die auf dem Wandbild. Ich konnte gerade mal zweihundert

Wörter Spanisch, hatte zweihundert Dollar in der Tasche und die Adresse eines Zimmers, das die Schule für mich gefunden hatte. Ich zeigte dem Taxifahrer die Adresse auf meinem Handy.« Ich zeigte mit der Zigarette in die Richtung. »Und er hat mich an einem Haus zwei Straßenecken weiter von dem Wandbild weg abgesetzt. Das Bild, das ich immer schon im Kopf hatte, plötzlich hab ich direkt um die Ecke davon gelebt. Den ganzen Tag, jeden Tag, wenn ich durch die Stadt geschwirrt bin, unterirdisch mit der Metro unterwegs war, durch sämtliche Verkehrsstaus in beschissenen Bussen, Leuten Englisch beigebracht habe, an deren Namen ich mich heute nicht mal mehr erinnern kann, dann hatte ich immer wieder das Bild im Kopf. Wenn ich dann wieder in mein Apartment kam, setzte ich mich mit einem Buch und einem Päckchen Kippen in den bescheuerten abgewetzten Sessel auf meiner Terrasse, schaute zu dem Bild rüber und war endlich wirklich zu Hause.« Ich nahm einen langen Zug von meiner Zigarette, einer jener perfekten Züge, bei denen man das Gefühl hat, der eigene Körper löst sich in einen Schwarm aus Atomen auf.«

Carlos nickte, als hätte er kaum zugehört, schaute seine Zigarette an. »Scheiße, mir tut der Kopf weh. Die ganzen komischen Drinks, die wir hatten, *vato*, echt jetzt.«

»Welche?«

»Der Elvis Presley«, sagte Carlos. »Das war nur dein schlechter Einfluss.«

»Du hattest ja nichts anderes im Hotel außer Xanax und Whiskey.«

»Das stimmt nicht«, sagte Carlos und schubste mich mit der Schulter. »Wir hatten auch noch Vitamin-C-Tabletten. Damit haben wir die Enola Gays gemacht.«

Ich schauderte. »Und am zweiten Abend, was haben wir da noch mal getrunken?«

»Thom Gunns.« Er bleckte die Zähne, als hätte er noch immer Kopfschmerzen, Sehnen zogen sich wie Kabel über seinen Hals. »Cognac und Speed. Hat eigentlich irgendwas davon gut geschmeckt?«

»Den Thai Orchids würde ich solide sieben von zehn geben.«

»Was war das noch mal?«

»Jameson mit Kokosmilch. Benannt nach einem Strip-Club in der Nähe meiner Uni.«

»In der Nähe deiner Uni gibt's einen Strip-Club?«

»Und eine Methadon-Klinik. Ich hab da mal gearbeitet.«

»Im Strip-Club?«

»In der Klinik, du Arsch.«

»Aha.« Er beugte sich vor und spuckte absichtlich in den Rinnstein. »Du lieber Gott«, sagte er und betrachtete den Rotzklumpen. »Tschernobylgrün. Ich bin kaputt.« Seine Schultern legten sich um seinen Oberkörper wie Flügel, er strich sich die Haare aus den Augen, schüttelte den Kopf. Das Gesicht mir zugewandt.

Nur dass ich jetzt in der Erinnerung, als ich versuchte, mir sein Gesicht vor Augen zu rufen, nichts anderes sah als seine zerquetschte Nase, seine verdrehten und gebrochenen Finger.

»Ein Wahnsinnstrip, das alles.« Er machte eine unbestimmte Handbewegung.

Jetzt, in der Erinnerung, befanden sich zwei sternförmige Brandlöcher in seinem Hemd. Das Weiße seiner stets so verloren wirkenden Augen war blutunterlaufen.

Petechiale Hämorrhagie, hatte Teresa erklärt.

»Wird schon wieder, Mann«, sagte ich.

Selbst in der Erinnerung fuhren meine Hände unter seinem Hemd nicht über seine Tätowierungen – die beiden Schwalben unter den Rippen, die geschwungenen schwarzen Linien des Spitznamens »Flacucho« auf dem Bauch –, sondern über das ›Y‹ der Autopsienähte.

Er schaute mich stetig an. Rauch kräuselte sich aus den Löchern in seiner Brust. Dann lachte er. Es klang wie ein Husten.

»Bist du sicher?«

Zwischen der dritten und der vierten Rippe auf der rechten Seite, ein tödlicher Lungendurchschuss.

»Ganz sicher«, sagte ich, obwohl ich es nicht war. »Komm her.«

Zwischen der fünften und der sechsten Rippe links, das Herz wurde vollkommen zerstört.

An meiner Kehle, meinen Lippen, meiner Zunge, ich spürte seine eingeschlagenen Zähne, schmeckte seine zermatschten Lippen. Um seinen Hals zog sich ein dunkelroter Kragen aus Blutergüssen.

Würgegriff von hinten, hatte mir Teresa gesagt, *das Zungenbein wurde gebrochen.*

Wieder in der Realität angekommen, brannten meine Augen, und mir verschwamm die Sicht, meine Fingerknöchel wurden weiß, als ich die Doughnuttüte fest umklammerte und merkte, dass ich alleine vor dem Wandbild stand. Rauch entwich zwischen meinen Lippen. Diejenigen, die ihn getötet hatten, hatten mir nicht nur den Mann genommen: Sie hatten mir auch meine Erinnerungen an ihn gestohlen, an Carlos, wie er in dem Hotelzimmer in El Paso endlich in meine Arme kam, an Carlos, wie er in der Seitenstraße in Poza Rica auf den Boden knallte, an Carlos, wie er auf dem Rollwagen des Leichenschauhauses die Stufen vor dem Apartmentgebäude herunterratterte.

Dann knüllte ich den halbgegessenen Doughnut in der Tüte zusammen, stopfte ihn in die Ablage in der Tür und knallte die Jeeptür hinter mir zu.

Danach aß ich in einem traurigen Imbiss am Stadtrand und fuhr Richtung Osten auf den nebelverhangenen Highway.

18

Auf der Terrasse am Pool des Hotels El Tajín herrschte ein Riesenlärm, weil eine gemischte Gruppe von Teenagern laut Cumbias und Rancheras auf den Handys dudeln ließ. Sie trugen gefälschte Ralph-Lauren-Badeanzüge und Ray-Ban-Sonnenbrillen und flirteten miteinander, indem sie sich Unverschämtheiten zuriefen und sich schubsten. Francisco Escárcega saß auf der anderen Seite des Pools im Schatten neben der Bar und sah seinem Redaktionsfoto aus *Opinión de Poza Rica* sehr ähnlich: schlank, dunkel, Aknenarben, skeptischer Blick.

»Gute Wahl«, sagte ich zu Francisco, als mir ein Mädchen kreischend vor die Füße lief, um einem Jungen zu entkommen, der sie im Laufschritt verfolgte. »Niemand wird hören, was wir sagen. Nicht mal wir selbst.«

Francisco schirmte seinen Tamarindensaft vor Wasserspritzern ab, als zwei Teenager einer nach dem anderen in den Pool sprangen, dann gab er mir die Hand. »Tut mir leid, Andrew. Sommerferien. Wie war deine Fahrt?«

Die Titelseite der Zeitung neben ihm zeigte vier Leichen in einer Lache aus Coca-Cola, Traubensaft und sirupartigem Hirnblut – die Folge einer Schießerei in einem Nachtclub in Poza Rica.

»Nicht ganz einfach, nach Papantla zu kommen«, sagte ich und hob die Stimme, um die Teenager zu übertönen, die wiederaufgetaucht waren und schrien. »Jede Menge unerwartete Abzweigungen.«

»Wir sind hier ziemlich abgeschnitten«, sagte Francisco. »Eine Insel ohne Meer.« Dann schüttelte er mit einem *Tss!* den Kopf. »Tut mir sehr leid, das mit deinem Freund. Er war ein tapferer Mann.« Er schob das Kinn vor. »Ich hab ihn auf der Demo gesehen.«

Die Machete, das Blut, die silbernen Zähne blitzten in der Sonne.

»Gegen Ende hat er mich angesprochen«, sagte Francisco, drehte sein Glas auf dem Tisch. »Er hat mich nach den Namen von ein paar Leuten gefragt, die er gesehen hat, und mich gebeten, ihn zum Busbahnhof zu bringen. Ich hab ihn in meinem Wagen versteckt, er lag hinter den Sitzen.«

Meine Kehle war staubig wie Kreide. »Damit hast du dein Leben aufs Spiel gesetzt, Mann.«

Francisco zuckte mit der Schulter. »Ach, das ist schon ein Dauerzustand.«

Die Teenager im Pool hatten sich wieder vertragen, mehr oder weniger jedenfalls: Das Mädchen schlug dem jungen Mann auf die Brust, als dieser lachte.

»Wir stehen mindestens genauso in eurer Schuld«, sagte Francisco. »Wärt ihr beiden, du und Carlos, nicht gewesen, hätten wir das mit Julián Gallardo gar nicht herausgefunden.«

»Die Demo sah ganz schön heftig aus«, sagte ich. »Wäre besser gewesen, wir hätten nichts gesagt.«

Francisco hob die Hände, als würde er etwas abwägen.

»Hör mal, ich meine, das ist echt unschön ausgeartet. Viele Verletzte. Ein Mädchen wurde mit einer Machete verletzt und ist verschwunden. Die Cops sagen, sie sei gestürzt. Meinten, sie hätte sich an einem scharfen metallischen Gegenstand aufgeschlagen und sie hätten sie ins Krankenhaus gebracht. Angeblich ist sie erst nach ihrer Entlassung dort verschwunden.« Er lachte verbittert.

»Genau wie immer. Die Polizei – das sind die größten Märchenerzähler Mexikos.«

Carlos' Fotos von dem schwarzen Blut, das von der Machete

tropfte, ein Mädchen am Boden, das sein aufgeschlitztes Bein umklammerte.

Francisco zuckte mit den Schultern. »Aber hey, solange es keine Revolution gibt, werden sie bei Demonstrationen weiter hart durchgreifen.«

Ein Totonake in Hemd und sauberer weißer Leinenhose kam aus dem Hotel und ging um den Pool herum, hielt den Jugendlichen Schlüsselanhänger mit kleinen Tajín-Pyramiden aus Blech entgegen, lächelte ein Silberzahnlächeln. Einer nach dem anderen erteilte ihm eine abschlägige Antwort.

»Ah! Amerikaner!«, sagte der Totonake auf Englisch, als er mich sah und rasselte mit seinen Pyramiden vor meiner Nase. »Welcome, welcome. Souvenir, Souvenir.«

»Ich nix wollen.« Ich winkte ab und tat, als würde ich kein Spanisch sprechen. »Nix wollen.«

Der Totonake hielt mir die Pyramiden noch dichter unter die Nase. »Guter Preis.«

»Nix haben wollen«, sagte ich.

Endlich ließ er sich abwimmeln und zog mit seinem breitkrempigen Strohhut über die Terrasse und die Hintertür auf die Straße ab.

Francisco verzog den Mund und nickte. »Du weißt nie, wer mit wem unter einer Decke steckt.« Er gestikulierte zur Tür und zur Straße, wo ein *viene-viene* einem Wagen hinterherpfiff, der rückwärts an den Bordstein fuhr. »Sogar diese Autoaufpasser bekommen von Puccinis Leuten ein paar hundert Pesos die Woche, nur damit sie die Ohren offenhalten.«

»Wie sorgst du für deine Sicherheit?« Ich bot ihm eine Zigarette an.

Francisco schüttelte den Kopf. »Es gibt keine Sicherheit. Drei tote Reporter dieses Jahr in der Stadt.« Er zählte es an seinen Fingern ab. »Ein Kameramann, ein Redakteur von einer Zeitung, die von den Zetas gekauft wurde, und ein Sportjournalist.« Er trank von seinem Tamarindensaft. »Von wegen ›Ordnung schaffen‹.«

»Apropos.« Ich zog die Landkarte aus der Tasche, die ich in dem Schreibwarenladen gegenüber gekauft hatte. Den ganzen Tag hatte ich die lokalen Nachrichtenarchive durchsucht und mit Hilfe einer Strichliste ermittelt, wie viele Menschen in den vergangenen acht Jahren in Poza Rica ermordet worden waren, wobei ich getrennte Spalten angelegt hatte für Morde durch die Veracruz State Police, mutmaßliche Kriminelle oder die Guardia Civil. »Sieht das für dich aus, als könnte es hinkommen?«

Francisco nickte. »Es ist immer dieselbe Geschichte. Puccini und seine Leute haben hier im Prinzip genau dasselbe gemacht wie in Salvador. Wenn sich jemand dem Fracking entgegengestellt hat, haben seine Jungs eingegriffen.« Er fuchtelte mit den Händen. »Sie haben Häuser niedergebrannt. Menschen in ihren Betten ermordet und die Leichen verschwinden lassen.«

»Davon hab ich gehört.« Ich blätterte ein paar Seiten zurück. »Ich habe mich mit einem Mann getroffen, der für Ajenjo gearbeitet hat. Er hat gesagt, Puccinis Männer haben die Leichen in Frackingkanälen entsorgt.«

»Und anderen Orten. Zum Beispiel an einer Brücke außerhalb der Stadt, jede Menge Felsen gibt es da und starke Strömungen.«

Kurz legte ich meinen Finger auf die Seite, die Leo bei seinen Erklärungen aus Versehen zerrissen hatte. Wieder sprang einer der Jugendlichen in den Pool.

Francisco tippte auf die Spalten. »Aber siehst du das? Seit 2014? Auf jeden toten Cop kommen acht tote Zetas. Das sind keine Schießereien mehr: Das sind Massaker. Todesschwadronen. Zuerst kommt das Urteil, Beweise werden gar nicht mehr gebraucht. Nicht nur für Zetas – das gilt auch für Studenten,

Demonstranten, Indigene. Außerdem war 2014 das Jahr, in dem einheimische Unternehmen versucht haben, ausländische Firmen nach Poza Rica zu holen. Und das Jahr, in dem die Guardia Civil die Zetas verfolgt und damit Platz geschaffen hat für die nächste Bande von Cops und Verbrechern, die von den Unternehmen auf die Demonstranten gehetzt wird.« Er zuckte mit den Schultern. »Wobei sich natürlich niemand beklagt, solange der Profit wirklich vollständig auf den richtigen Konten landet.« Er machte dem Kellner Zeichen, er möge noch einen Tamarindensaft bringen. »Wie lange bist du hier? Hast du dir viel vorgenommen?«

»Ein paar Tage. Hauptsächlich will ich jemanden in El Chote treffen.«

Francisco zog die Oberlippe hoch. »Ganz schön verseuchte Gegend da. Vor ein paar Jahren ist ein alter Container, den ein amerikanisches Unternehmen dort hat stehen lassen, leck geschlagen und in den Fluss ausgelaufen.«

»Aha.« Ich blätterte um. »Hier sind die anderen Orte, die der Bohrtechniker erwähnt hat. Könnte uns ein paar Tage beschäftigen«, sagte ich und schob Francisco mein Notizbuch zu.

Er tippte auf einen Namen auf der Seite. »San Antonio Ojital, da können wir morgen früh hinfahren. Ich hab dort schon mal ein paar Leute interviewt, danach könnten wir durch Poza Rica fahren. Dann musst du alleine weiter – ich muss die Kinder in die Schule bringen und hab danach noch Nachtschicht. Aber wir können vorher frühstücken. Du musst unbedingt mal *zacahuil* probieren.«

»Ich weiß zwar nicht, was das ist, aber klar.«

Die Teenager waren jetzt alle im Pool, ihr Gelächter flatterte wie grellrote Flaggen.

»Eine Sache noch«, ich kratzte mir über das Kinn. »Meinst du, ich könnte mit der Mutter von Julián Gallardo sprechen?«

Francisco wackelte mit dem Kopf hin und her. »Ich kann's versuchen, aber nach allem, was sie durchgemacht hat, müssen wir erst mal sehen, was sie sagt.« Er schnappte sich die Autoschlüssel vom Tisch. »Dir steht ein ziemlich langweiliger Abend bevor – nach sieben Uhr ist man hier draußen nicht mehr sicher.«

»Ach, ich hab's gerne langweilig.«

Francisco lachte. »Na, dann«, sagte er und stand auf. »Viel Spaß.«

19

Am nächsten Morgen konnte Francisco mich nicht überreden, die *zacahuil* zu versuchen.

»Das ist ein traditionelles Gericht.« Er saß auf dem Beifahrersitz, seine Gabel kratzte in der Styroporschale über einen orangefarbenen Haufen Mais und Chillies. »Ein sehr altes.«

»Vielleicht hättest du mir lieber nicht erzählen sollen, dass die erste *zacahuil* aus der Leiche eines überführten Sexualmörders gemacht wurde.«

»Tschuldige, ich wollte dir die Geschichte nicht vorenthalten.« Francisco hielt den leeren Behälter hoch. »Wo soll ich das hintun?«

»Ehrlich gesagt, schmeiß es einfach irgendwohin.«

Draußen vor der weißen Kirche kletterten sechs Totonaken in weißen Leinenhosen und blumenbestickten Hemden einen hohen Zedernmast hinauf, um die Füße hatten sie Stricke gebunden. Die Wolken legten einen bleiernen Schleier über Papantla. Tagelöhner zitterten im Park, warteten auf Pick-up-Trucks, die vielleicht kamen, vielleicht aber auch nicht. Das GPS schickte uns hinaus aus der Stadt, vorbei an einem zerfallenen Haus, auf dessen Mauerreste ›Z‹ gesprüht waren, dann auf einen von rotstämmigen Palo-Mula-Bäumen gesäumten Schotterweg, die Blätter der Bäume sahen aus wie verbrannt. Die Reifen des Jeeps brummten auf den groben Steinen. Wir rollten einen Hügel hinunter, vorbei an einer Grundschule mit einem Zedernholzmast im Hof.

»Vor zehn Tagen hat sich hier einer das Genick gebrochen, als er von dem Mast da gesprungen ist«, sagte Francisco. »Ein Totonake, so wie der Typ mit den Souvenirs gestern. Die haben ein Ritual, wo die Männer an dem Mast hochklettern und dann runterspringen, so eine Art langsames Bungee-Jumping ist das, dazu wird getrommelt und gepfiffen, damit ihnen der Regengott gewogen bleibt. Das hat vor Jahren während irgendeiner Dürreperiode angefangen.«

»Und hat's funktioniert?«

»Der Legende nach schon.«

»Und warum machen sie's dann immer noch?«

Francisco zuckte mit den Schultern. »Aus Tradition?«

Die Kapokbäume auf der anderen Straßenseite sahen ebenfalls nicht gut aus, ihre ovalen Blätter waren gelb gesprenkelt. Wir parkten in ihrem Schatten, inzwischen waren die Wolken verdampft, und die morgendliche Sieben-Uhr-Frische würde nicht mehr lange anhalten, dann gingen wir über einen weißen Pfad durch eine Arkade aus versengt wirkenden Bananenblättern.

»Wir sind nicht zu früh dran, oder?« Ich hievte zwei Zehn-Liter-Flaschen Wasser aus dem Kofferraum.

»Für die Leute hier ist es jetzt praktisch Mittagszeit.«

Francisco führte uns über einen abschüssigen Weg hinab bis zu einer Lücke in den Bananenstämmen, die Früchte waren braun gesprenkelt, schlugen mir gegen die Schulter.

»Schau mal«, sagte er, teilte die Stauden, so dass ich durchsteigen konnte. In den Boden war ein Loch gegraben, dessen Ränder mit halbierten Backsteinen verstärkt waren.

»Riecht nach Öl.«

»In der Nähe gibt es eine Förderstelle«, sagte Francisco. »Der Boden ist vergiftet. Die Bäume auch.«

Nachdem ich ein paar Fotos geschossen hatte, führte mich Francisco weiter auf eine Lichtung, wo ein dünner Totonake um die fünfzig in verwaschener Jeans und Weste mit einer langen Machete vor einem aus Sperrholz errichteten und mit getrockneten Palmwedeln überdachten Haus auf die Stauden einschlug.

Als er uns sah, schlug er die Machete in die Erde und wischte sich die Hände an seiner Jeans ab.

»Tomás«, sagte Francisco, »das ist Andrew.«

Er musterte mich, schaute unter einer verblichenen Basecap hervor. »Ist mir ein Vergnügen.« Seine Stimme klang argwöhnisch, als er mir eine schwielige Hand entgegenstreckte.

»Wir wollten darüber sprechen, wie es ist, hier zu leben.« Ich hob die Flasche so gut ich konnte. »Ich hab gehört, Sie haben hier Probleme mit dem Wasser.«

Tomás schob seine Cap zurück. »Danke, das ist sehr nett«, sagte er tonlos.

»Wo soll ich es hinstellen?«

»Da rein, in die Küche, wenn das okay ist.«

Er hielt mir die Tür auf, und wir betraten einen großen Raum mit Lehmboden, in einer Ecke stand ein Kinderbett, Plastikstühle in einer anderen. Eine Frau in einem Kleid aus Polyester stand neben einer Spüle aus Stahl ohne Unterschrank und schrubbte in einer Plastikschüssel voll Wasser einen Teller sauber.

»Apolonia«, sagte Tomás, »wir haben Besuch.«

Die Frau betrachtete mich mit demselben überschatteten Blick wie ihr Ehemann. »Willkommen in unserem Haus«, sagte sie mit einer Stimme so stumpf und zurückhaltend wie die ihres Mannes, trocknete ihre Hände an einem zerfransten Küchenhandtuch und tätschelte sich dann über die zurückgesteckten grauen Haare. »Bitte setzen Sie sich.«

Francisco und ich durchquerten den Raum, vorbei an einem gerahmten Bild der Jungfrau von Guadalupe, das mit fliederfarbenen Orchideen und getrockneten Mandarinen geschmückt war. Ich verstaute das Wasser unter der Spüle und setzte mich an einen Stuhl ohne Tisch. Tomás schenkte Orangensaft aus einem kleinen Krug in Plastikgläser ein, reichte sie uns und setzte sich mit verschränkten Armen neben Apolonia.

»Ich sage Ihnen dasselbe, was ich allen sage«, erklärte Tomás. »Wir sind arm, aber nicht dumm. Geld kann man nicht essen, und jedes Jahr kann man weniger dafür kaufen. Das ist Betrug. Nicht wie Land. Das Land hört nie auf, etwas zu geben. Das sage ich denen.«

»Wem sagen Sie das?«

»Den Ausländern, den *mestizos*«, sagte Apolonia. »Den Leuten, die uns von unserem Land vertreiben wollen, die unseren Brunnen vergiftet haben, das Wasser so dick gemacht haben, dass man es nicht mehr schöpfen kann.«

Francisco nahm einen Schluck von seinem Saft. »Erzähl Andrew von dem Unternehmen.«

Apolonia lachte und legte eine langfingrige Hand über ein Auge. »Über unsere Besitzer?«

»Die neuen Gesetze«, sagte Tomás. »Die sehen vor, wenn sich Öl unter deinem Grundstück befindet, kann es die Regierung unter deinem Land weg verkaufen. Und plötzlich gehörst du dem Unternehmen.«

»Wir haben das Geld nicht genommen«, sagte Apolonia. »Und der Mann, der es uns angeboten hat, ist nicht noch mal zurückgekommen.«

»Und wenn er zurückkommt?«, fragte ich. »Die Unternehmen lassen bestimmt nicht so schnell locker.«

»Dann wehren wir uns«, sagte Tomás mit verbittertem Lachen. »Ich hab eine Machete und eine Zwille. Apolonia kann sie mit Orangen bewerfen.«

»Hören Sie, egal was mit dem Geld ist«, sagte sie. »Wir könnten es nehmen. Wir könnten wegziehen. Aber wohin?« Sie zeigte auf die Feuerstelle. »Nach meiner Geburt wurde meine Nabelschnur hier vergraben, neben der von meiner Mutter und der meiner Großmutter und deren Mutter und immer so weiter. Wenn wir das Grundstück verkaufen, was wird dann meine Familie sagen, wenn wir uns wiedersehen?«

»Aber die schicken die Polizei«, sagte ich.

»Polizei?« Tomás lachte. »Die haben schon Schlimmere geschickt.«

Ein kalter Schauder stieg meinen Nacken hinauf. »Was? Wann?«

»Vor ein paar Monaten«, sagte Apolonia.

»Ist noch länger her«, sagte Tomás. »Im Frühjahr war's. Ich war in die Stadt gefahren, um Unkrautvernichter zu besorgen.«

»Er hat mich hier mit denen alleine gelassen«, unterbrach ihn Apolonia mit gespielt bösem Blick. »Zwei Wochen nachdem wir die Abfindung von Ajenjo abgelehnt hatten – das weiß ich sicher. Weil nämlich keine fünfzehn Tage später schon die Zetas kamen.«

»Woher wussten Sie, dass es Zetas waren?

Sie breitete die Hände aus. »Wir hatten alle schon von denen gehört. Dass sie in die Dörfer ziehen, Menschen töten, die Leichen an den Ortsrändern liegen lassen. Wir wussten, dass wir die Nächsten sein würden.«

»Was haben die für eine Uniform getragen?« Mein Atem keuchte wie ein Kolben. »Von der Veracruz State Police?«

Apolonia nickte. »Aber sie haben geredet wie Narcos. ›Wir haben euch ein großzügiges Angebot gemacht, und wenn wir wiederkommen und ihr noch da seid, seid ihr alle tot.‹« Sie stützte das Kinn auf die Hand.

Der kalte Schauder zog sich jetzt von meinem Nacken über die Schultern. »Und könnten Sie mir sagen …«, ich zog mein iPad aus der Tasche und tippte auf die Fotos von Puccini und seinen Lieutenants, »ob diese Männer dabei waren?«

Apolonia betrachtete das Display. »Der da kommt nicht her, aber es heißt, er hat das Sagen.« Sie tippte auf das Gesicht von Puccini, dann fuhr sie mit dem Finger zu El Prieto. »Den Angsteinflößenden hier, den hab ich noch nie gesehen.« Schließlich blieb ihr Finger auf dem Gesicht von Sharktooth. »Der hier, der mit den Zähnen. Der war hier.«

Der kalte Schauder kroch mir jetzt über die Schultern und den Rücken hinunter.

»Nur um das klarzustellen.« Ich blätterte in meinem Notizbuch zurück. »Nachdem Sie die Abfindung von Ajenjo abgelehnt haben, wurden Sie von Vertretern einer kriminellen Organisation bedroht.«

»Ja«, sagte Apolonia. »Zwanzigtausend Dollar haben die uns geboten, mehr nicht.«

»Und diese Bandenmitglieder haben sich als Polizisten verkleidet?«

»Genau«, sagte sie.

»Und Sie wissen, dass sie sich verkleidet hatten, weil Sie einen von ihnen als Mitglied von Puccinis Zeta-Zelle erkannt haben.«

»Auch richtig«, sagte Apolonia.

»Und Sie sind sicher, dass Sie sich offiziell dazu äußern wollen?«

»Sie können unsere Namen ruhig verwenden«, sagte Apolonia und fuhr sich mit der Fingerspitze über die Augenbraue. »Wenn die uns was tun wollen, dann tun's sie's, egal, was Sie schreiben.«

»Okay.« Ich stellte mich auf wacklige Beine. »Danke, dass wir kommen durften.«

»Danke für das Wasser«, sagte Apolonia, hatte den Blick aber bereits woandershin gerichtet. Tomás glitt durch die Haustür, und Francisco nahm mir meinen Orangensaft ab und brachte ihn zur Spüle. Dann gingen wir zurück zum Jeep und fuhren los. Ich war froh, dass meine Nummernschilder zu schmutzig waren, um gelesen werden zu können.

20

Als wir nach Poza Rica hineinfuhren, stieg meine Herzfrequenz. Der mittägliche Himmel war braun und finster, das Thermometer am Armaturenbrett zeigte vierzig Grad Celsius, und die Luft, die ich einatmete, war warm und dick wie Badewasser.

Francisco ließ mich am Gewerkschaftsgebäude vorbeifahren, damit ich Fotos machen konnte. Die grüne Glasfassade glänzte im stumpfen Nachmittagslicht. Auf einer Seite, neben der Aufschrift SECCIÓN 30, war ein muskulöser Ölarbeiter auf einem vom Smog braunen Betonfries zu sehen, der einen Schraubenschlüssel im Schatten eines Bohrturms schwenkte. Ein zweiter Fries erzählte die Geschichte Mexikos, angefangen bei den Konquistadoren, die die Einheimischen niederschlugen, über einige Priester und Revolutionäre bis hin zur Familie eines Ölarbeiters, die im amerikanischen Stil der fünfziger Jahre gekleidet war.

»Der Mann, mit dem ich sprechen möchte«, sagte ich und machte ein Bild, »sein Freund hat gesagt, ein Gewerkschaftsfunktionär habe ihn dahin gefahren, wo Leichen entsorgt wurden.«

Francisco nickte. »Kommt ungefähr hin. Hier wird eine Menge Geld gewaschen – ein paar Leute zahlen sehr hohe Gewerkschaftsbeiträge. Tatsächlich bekommen einige Arbeiter einfach Päckchen mit Geld geschickt, das sie dann an die Gewerkschaft zahlen.«

»Aha«, sagte ich, mein Kameraobjektiv zog über eine Gruppe ausgelaugt wirkender Männer und Frauen, die Gutscheine in Händen hielten und warteten, aufgerufen zu werden. Unter ihnen befanden sich Gewerkschaftsfunktionäre in Anzügen und mit Armbanduhren, die sich Gewerkschaftsfunktionäre normalerweise nicht leisten können.

Danach fuhren wir weiter an den Stadtrand, um uns die von den Zetas kontrollierten Viertel anzusehen. Im Rückspiegel zogen lose herunterhängende Stromkabel vorbei, in den Pfützen darunter hatten sich durch verschüttetes Kochfett, Putzmittel und Benzin regenbogenfarbige Landkarten gebildet.

Draußen vor einem heruntergekommenen pinken Supermarkt saß eine Mutter mit ihrem Sohn. Er trug Dreadlocks, eine Adidas-Jacke in Rastafarben und eine gesprungene Gleitsichtbrille. Die beiden erschraken, als sie unseren Jeep sahen. Wir hätten auch Cops sein können oder einheimische Bosse, die ihre wöchentliche Kriegssteuer eintreiben wollten – oder beides.

Einige Männer in Westen und Jeans lungerten vor einer Reihe heruntergekommener Schaufenster und Autowerkstätten herum. Neben einigen Eingängen standen mit Blumen und Rosenkränzen geschmückte Statuen der Santa Muerte.

»Sieht nicht aus, als wäre in den Geschäften noch viel los.«

»Doch, schon«, sagte Francisco. »Aber nur vormittags, wenn die Ausbeute der Nacht reinkommt. Wenn dir dein Wagen in Poza Rica gestohlen wird, kannst du ihn am nächsten Morgen in Einzelteile zerlegt hier zurückkaufen.«

Wir gingen vorbei an den geöffneten Türen eines Jesús-Malverde-Altars, die Wände innen waren vollkommen zugepflastert mit auf Dollarscheinen notierten Gebeten. Einige enthielten auch Drohungen: *»Bruder Malverde, hilf mir, die Hunde der Colonia Zapata aufzuspüren.«* Direkt davor saß ein Mann, der eine Crackpfeife heiß machte. Daneben ragte ein hoher Santa-Muerte-Altar auf, schwarz-gelbe Wimpel hingen darüber.

»Der Altar da ist eine Umschlagstelle«, sagte Edgar. »Man legt Waffen oder Drogen unter den Blumen ab, und niemand wird sie anrühren.«

Das heilige Skelett grinste unter der lila Kapuze hervor. Der Glaskasten war wie ein aufrechtstehender Sarg, blind von dem in der Luft herumschwirrenden Dreck.

Als er uns sah, legte der Mann auf dem Bierstuhl argwöhnisch den Kopf in den Nacken.

»Gibt es ein internationales Zeichen für ›Ich bin nicht von der DEA‹?«, fragte ich Francisco.

»So wie du aussiehst, nein.«

Der Mann guckte immer noch, weshalb ich ihm einen fröhlich hochgestreckten Daumen zeigte.

Wir bogen von der Avenida ab, fuhren durch eine zugemüllte Seitenstraße mit Häusern aus Betonstein. Dann durchschnitt das Heulen einer Sirene die Atmosphäre und stach mir einen Stachel in den Nabel.

»Was ist das?«

»Vermutlich mal wieder ein Überfall«, sagte Francisco.

Am Ende der Straße parkte eine ganze Flotte von Transportern der Guardia Civil auf der gegenüberliegenden Seite vor einer heruntergekommenen korallenfarbenen *Vivienda.* Von drinnen hörte man gedämpfte Pistolenschüsse.

»Hast du keine Angst vor diesen Kerlen?«, fragte ich Francisco.

Er zuckte mit den Schultern. »Doch, ständig. Aber was soll ich machen?«

Sechs Männer von der Guardia Civil mit Skimasken und Sonnenbrillen führten ungefähr vierzehn Jugendliche aus der *Vivienda* zu zwei großen Polizeitransportern mit vergitterten Fenstern. Von den jungen Männern mit Barcelona- oder América-Trikots, klobigen gefälschten Nikes und Neymar-Frisuren, die sie so streng zurechtgegelt hatten, dass ihre Schädel an kandierte Äpfel erinnerten, war keiner älter als siebzehn. Durch die Fenster konnte man einen der Cops schreien hören: »Jetzt seid ihr gefickt, Jungs! Ihr und eure Mütter!«, während die anderen pfiffen.

Francisco und ich fingen an zu filmen. Von dort, wo wir parkten, fing meine Kamera das dumpfe Geräusch von Gewehrkolben ein, die die Schultern junger Menschen trafen. Die Pokerfaces der Jugendlichen wirkten immer angestrengter, je näher sie den Polizeiwagen kamen. Einer sah mich an: Er hatte die Stirn gerunzelt, war dicklich, ungefähr fünfzehn Jahre alt und kletterte in den Maschendrahtverschlag des Einsatztransporters. Mehr sah ich nicht von ihm, aber ich konnte mir sein Leben in der *Vivienda* vorstellen, die Schreie hören, die Tag und Nacht, Jahr für Jahr von Wänden abprallten, die zu eng waren und zu dünn, als dass er jemals Hausaufgaben dort hätte machen können, und ich wusste, dass er jeden Tag völlig gestresst in eine Schule ging, die kaum mehr war als eine Verwahranstalt.

Wäre ich der Junge gewesen, ich wäre auch ausgestiegen. Ich hätte auch lieber für die Männer gearbeitet, die mit glänzenden Jeeps und funkelnden Waffen protzten, wie die Poser auf Bandamax TV, hätte hundertsechzig Dollar die Woche genommen und dafür einen Straßenzug im Auge behalten, anstatt sechzig Stunden die Woche für hundert Dollar im Monat Hühner an einem Spieß zu drehen.

Während Francisco aufhörte zu filmen, schaute ich mir den Jungen auf meinem Display an, seinen blond gefärbten Mario-Balotelli-Iro, sein breites, verlorenes Gesicht.

Es hätte das Gesicht eines Beobachtungspostens sein können. Das Gesicht eines Jungen, der ein paar Dosen Bier trank oder egal wie viele Lines beschissenes Koks schniefte, das er von seinen Freunden schnorrte, nur damit sie endlich aufhörten, ihn zu verarschen. Oder das Gesicht eines armen Dicken, der in der falschen Stadt geboren wurde.

Ein Cop schlug die Tür des Polizeiwagens zu, ich setzte den Deckel auf meine Kamera.

»Viel Glück«, sagte ich, ließ Francisco an seiner Zeitung raus. Ein paar junge Männer mit verhärmten Gesichtern und Basecaps standen in einem Eingang, beäugten uns, die Hände in den Taschen ihrer Hoodies vergraben.

»Bis morgen, dann gibt's wieder *zacahuil*«, sagte Francisco.

Anschließend fuhr ich zu der Adresse, die Armando mir gegeben hatte, mein Blick fest im Rückspiegel verankert, erwartete ich jeden Augenblick einen Truck der State Police hinter mir einscheren zu sehen, mein Blutkreislauf fühlte sich an wie eine Ameisenstraße, der Highway schlängelte sich durch ein feuchtgrünes Nirgendwo.

Weil mich keine Autos verfolgten, kühlte der Schweiß auf meinem Rücken allmählich ab, und ich bog auf die Zufahrtsstraße nach El Chote ab, ruhig war's hier, Kapokbäume links und rechts, Rankennester hingen von den Telefonleitungen. El Chote selbst war als Ortschaft kaum der Rede wert, es gab eine Bar ungefähr doppelt so groß wie ein Gartenschuppen, dazu eine Ansammlung Flachbauten, abgeschirmt von bläulichen Ocote-Kiefern. Ein paar Kinder kickten einen zerfledderten Fußball über ein rostfarbenes Feld, aus dessen Mittelkreis ein Bohrkopf ragte. Zwischen den Kiefern hindurch sah man einen trägen schwarzen Fluss, dickflüssig wie Blut. Beißender Ammoniakgestank reizte meine Nebenhöhlen, trotz geschlossener Fenster.

Der *abarrotes*-Laden, von dem Leo gesprochen hatte, befand sich neben einem Schrottplatz. Verblichene Telecel und Sabritas-Logos hingen über der Tür. Als ich davor parkte, trat ein Mann aus dem verrosteten Sicherheitskäfig, schälte eine Mandarine.

»Sind Sie der Journalist?«, fragte er, als ich aus dem Jeep stieg. Er war blass wie einer, der zu viel Zeit in geschlossenen Räumen verbracht hatte, und sein dünnes Haar war zerzaust, als wäre er eben gerade erst aufgestanden. »Leo hat mir gesagt, dass Sie vielleicht vorbeikommen.« Er steckte sich ein Stück Mandarine in den Mund. »Vorsicht beim Fotografieren. Einmal ist ein Fotograf hier vorbeigekommen. Hat denen nicht gepasst, dass er Bilder von den jungen Leuten gemacht hat, und sie haben ihn in Streifen geschnitten.« Seine Haut verströmte den Geruch von tagen-, wochen- oder sogar jahrelangen Schweißausbrüchen und Alpträumen, einem Wahn, der kein Wahn ist, einer Paranoia, die nicht paranoid ist, denn wenn man an einem Ort wie diesem lebt und paranoid ist, hat man vermutlich recht. Er warf die Handvoll Mandarinenschalen ins Gras. »Wie kann ich Ihnen helfen?«

In der Luft wimmelte es vor Insekten. Im langen Gras raschelte es. In fünf Minuten würde ich wieder weg sein, sagte ich mir, würde in meine ruhige möblierte Apartmenthöhle zurückdüsen.

»Leo hat mir erzählt von der Zeit, als Sie beide für Ajenjo gearbeitet haben«, sagte ich. Armando nickte. »Das waren schlimme Zeiten. Die allerschlimmsten. Danach hab ich gekündigt. Und dann ist meine Frau fort von hier. Mit den Kindern ist sie nach Puebla, da gibt's eine Militärakademie. Meine Jungs, das sind gute Jungs. Die werden nicht dem Laster verfallen – nicht wie die jungen Männer hier in der Gegend.« Armando zeigte auf das Gras am Rande des Fußballplatzes. »Hier reden alle und alles. Das Gras, die Grillen. Die wissen Sachen über dich, bevor du überhaupt selbst dran denkst.«

Meine Beine verkrampften vor Angst.

»Würden Sie ein paar Männer identifizieren können, wenn ich Ihnen Bilder zeige?«

Er hob den Saum seines T-Shirts, um sich das Gesicht abzuwischen, wobei ein Leopardenmuster aus Brandnarben auf seiner Haut zum Vorschein kam. Er schnaubte lachend durch die Nase. »Ich hab's versucht, hab's echt versucht. Das Benzin hat nicht gereicht.«

»Könnten Sie die Frage bitte mit ja oder nein beantworten«, sagte ich.

Armando starrte auf einen Punkt über meiner Schulter.

Im Umdrehen sah ich einen Wagen der Veracruz State Police langsam an dem vergifteten Fluss vorbeirollen, vorbei an den Kiefern, der Bar und dem Fußballplatz. Die Fenster gingen herunter. Die Kinder hörten nicht auf zu kicken.

Am Steuer saß ein Mann mit einem langen Bart und blassem Gesicht. Sein Bild auf dem iPad blitzte mir ins Gehirn. El Prieto, der Weiße, der dabei gewesen war, als Leo und Armando Säcke geschleppt hatten. Neben ihm saß ein anderer Mann, der etwas in ein Handy sprach, sein Arm hing aus dem offenen Fenster, seine Krawatte war gelockert, in seinen Augen schlummerte Gewalt, er war untersetzt, die Haare lockig, und er sprach mit Campeche-Akzent.

»Da haben Sie Ihre Antwort, sie lautet ›ja‹«, sagte Armando.

Wenn einem so was passiert, schwillt die Blase auf die Größe eines Planeten an, und die Pisse steigt dir direkt bis in die Schwanzspitze. Du willst ganz schnell vorspulen, nur irgendwie auch wieder nicht, weil du nicht weißt, wie lange dir überhaupt noch bleibt.

Armando ließ das Tor krachend hinter sich zufallen und kehrte zu seiner Couch zurück, zog sich die Decke über den Kopf. Mangueras grüßte träge militärisch, der Kies knirschte, dann fuhren sie weiter in die Dunkelheit, während ich zu meinem Jeep rannte, das Handy am Ohr und bereits Francisco anrief.

»Alles in Ordnung?«, fragte er.

»Bin hier ein paar von unseren Freunden begegnet.« Ich schluckte.

Francisco schnalzte mit der Zunge.

Mein Blick schwenkte von der Straße zum Rückspiegel. Keine Jeeps vorne, keine Jeeps hinten: nur ein Motel, das wie eine

Burg gebaut war, ein paar Kinder in Schuluniform kickten eine Cola-Dose durch den Rinnstein.

Am anderen Ende der Leitung hörte ich, wie Francisco mit den Fingerknöcheln auf den Schreibtisch klopfte.

»Welchen Freunden?«, fragte er.

Ein Stück weiter vorne am Straßenrand parkte ein Wagen der Veracruz State Police, und mir lief es eiskalt über den Rücken.

Ich trat aufs Gas. Die Cops im Wagen schauten auf. Einer von ihnen sprach in sein Walkie-Talkie, aber der Wagen bewegte sich nicht.

»Andrew?«, fragte Francisco. »Welchen Freunden?«

»Dem Anwalt und dem Weißen.« Ich schluckte. Meine Kehle war trockener als an dem Morgen, an dem Carlos und ich Julián Gallardo gefunden hatten. »Hör zu, wenn mir was zustößt, dann hast du mich nie gekannt. Nie gesehen. Ich war nie hier. Okay?«

Die Türen des Polizeiwagens öffneten sich. Die beiden Cops stiegen aus. Einer filmte meinen Jeep mit seinem Handy.

»Scheiße«, sagte ich. »Ich muss auflegen. Pass auf dich auf, okay?«

Nach einer langen Pause sagte Francisco »okay« und beendete das Gespräch.

Die schmalen Straßen am Rand von Papantla waren mit Menschenansammlungen verstopft – ein religiöses Fest, weiß gekleidete Kinder hielten Kerzen hoch, Sankt Judas Tadeo in einer Sänfte mit gelben und grünen Blumen –, dahinter krochen Autos und Mopeds her, waren in Abgase gehüllt. Bassdrums wummerten lauter als mein Herz. Trompeten erschallten.

»Du lieber Gott, macht schon«, sagte ich zu niemandem und rieb mir die Stirn mit den Fingerspitzen, wünschte, ich könnte durch Willenskraft die Prozession schneller voranschreiten lassen. Feuerwerk jagte hinauf, durchzuckte die Dunkelheit.

Draußen vor den Maschinengeschäften und dem *abarrotes*-

Laden standen Männer in schmutzigen Westen und Frauen mit Spaghettiträger-Oberteilen. Sie betrachteten nicht die Parade: Ihre Blicke waren fest auf den Eingang einer PEMEX-Tankstelle auf der anderen Straßenseite gerichtet. Eine Frau kaute einen dicken Kaugummiklumpen, ihr Kiefer arbeitete schnell, und die Anspannung in ihrem Blick, mit dem sie die Tankstelle beobachtete, hätte mir Sorgen machen sollen, aber ich war zu erschrocken, um geradeaus zu denken. Der Polizeiwagen, den ich auf dem Highway gesehen hatte, kam plötzlich aus einer Seitenstraße und fuhr quer in die Lücke vor mir, blockierte die Verbindung zwischen mir und dem Rest des Staus. Bevor ich den Rückwärtsgang einlegen konnte, rollte ein Pickup von der Tankstelle und blockierte auch den Fluchtweg hinten. Der Jugendliche auf dem Moped hinter mir hupte nicht mal.

Mangueras öffnete die Tür seines Pick-ups und ging langsam auf meinen Jeep zu, krempelte die Ärmel hoch, streckte sich, als hätte er einen harten Arbeitstag am Schreibtisch verbracht.

»Andrew«, sagte Mangueras und lehnte sich aus meinem geöffneten Fenster. »Wir kennen uns schon, auch wenn du dich mir nie vorgestellt hast.«

Der Polizist, der mich gefilmt hatte, öffnete die Fahrertür und machte mir Zeichen, ich solle aussteigen. Als ich das tat, verzogen sich die Schaulustigen in ihre Geschäfte und Häuser.

»Du hast herumgeschnüffelt«, sagte Mangueras. »Hauptsächlich an den falschen Orten, wir können dich zu den richtigen bringen.«

Der Weiße mit dem Heavy-Metal-Bart, der El Prieto genannt wurde, stieg aus Mangueras' Pick-up, streckte die Hand nach meinen Schlüsseln aus, und ich übergab sie ihm, bevor er dazu kam, eine Waffe zu ziehen.

»*Sale, pues*«, sagte Prieto und schubste mich auf den Beifahrersitz.

Die Prozession zog stampfend um die Ecke, führte die Autos und Mopeds dahinter an. Dann war da nur noch das Zirpen der Grillen, der Schauder meines Atems.

Prieto stieg auf der anderen Seite ein. Einer richtete ein FN-259 auf mich. Ein anderer drehte die Schlüssel im Zündschloss, der Fidel-Castro-Schlüsselanhänger klapperte.

»Mein Boss hat gesagt, das würde ordentlich viel Aufsehen machen, wenn du hier in der Gegend plötzlich verschwindest«, sagte Prieto beim Fahren. »Ich bin da gar nicht so sicher. Hat nie viel Aufsehen erregt, wenn jemand verschwunden ist.« Er nahm eine Hand vom Steuer. »Aber woher soll ich das wissen, hey?« Er schmunzelte. »*Er* ist der Boss.«

Wir waren denselben Weg zurückgefahren, den ich gekommen war, dann über eine Nebenstraße und vorbei an einem Schrottplatz, der so von Farnen überwuchert war, dass sie aus den offenen, ausgeweideten Motorhauben sprossen. Und dann weiter auf einer von Schlaglöchern übersäten Asphaltstraße.

»Also mein Boss sagt, wir müssen uns was Besonderes für dich ausdenken.«

Mein Schweiß lief über den Sitz. Schubweise überkamen mich Zitteranfälle, als wäre mein Körper eine Waschmaschine im letzten Schleudergang. Die Kaffeebecher klapperten zu meinen Füßen.

»Und ich meinte so, klar, wie du meinst. Du weißt es am besten, deshalb bist du ja auch der Boss.«

Mangueras' Polizeiwagen fuhr direkt hinter uns, die Scheinwerfer blendeten weiß auf den gesprungenen Glasfassaden der Hauptgeschäftsstellen der großen Erdölunternehmen, an denen wir vorbeirauschten, Mitarbeiter von Sicherheitsdiensten stierten auf das Gras, das auf den Parkplätzen wucherte.

»Ist aber nicht meine Meinung, nein, Sir. Wenn es nach mir ginge, wärst du schon tot.«

Der Grasrand war mit Plastiktüten, Einwickelpapieren von Süßigkeiten und rattenzernagten Maiskolben vermüllt. Jenseits der Scheinwerferkegel war die Nacht schwül und leer.

»Weißt du, wie lange es dauert, bis hier draußen eine Leiche vermodert? Bei der Hitze?«

Das Klappern meiner Zähne war Antwort genug.

»Und das ist eine feuchte Hitze hier draußen, *cabrón*. Vier Tage, dann hast du kein Gesicht mehr.«

Als rechts die Lichter eines Hauses in Sicht kamen, blendete Mangueras einmal kurz auf, und Prieto bremste ab, rollte einen beidseitig durch hohe Maispflanzen abgeschirmten Schotterweg hinauf, bis zu einem eingerüsteten Haus aus rotem Backstein.

Prieto schnalzte mit der Zunge und sagte: »Der Idiot konnte nicht warten, bis er sein Haus fertig hatte«, dann hielt er vor der Haustür, bremste so abrupt, dass wir direkt davor schlitternd hielten, lose Schottersteinchen klapperten an das Fahrgestell. Mangueras parkte direkt dahinter, dann sprang er aus dem Polizeiwagen, um mir die Tür aufzuhalten. Prieto hielt weiterhin die Waffe auf mich gerichtet, damit ich nicht versuchte abzuhauen. Ebenso die beiden Männer in den Uniformen der State Police, sie hatten ihre Skimasken hochgezogen, die AR-15s entsichert und bereit.

»Steig aus.« Mangueras zerrte mich aus dem Wagen und in den Dreck. Fast hätte er mir den Arm ausgekugelt, als er mich in den gekachelten Vorraum des Hauses zog. Mir schlug der Geruch nach frischem Blut in die Nase, und als ich sah, wo der Geruch herkam, drehte sich mir der Magen um. Ich verspritzte Kotze auf dem Rücken der weißen Ledercouch auf der Abel Carranza, alias Sharktooth, alias Z-35 saß. Sein Kopf war abgesprengt, seine Silberzähne praktisch in den freigelegten Unterkiefer eingeschmolzen.

Mangueras gab mir einen Schubs, woraufhin ich das Gleichgewicht verlor und mit dem Gesicht zuerst auf die Brocken zuschlitterte, die Abel Carranzas Schädel gewesen waren. »Das ist der Mann, der Julián Gallardo und deinen Freund getötet hat.« Er stupste mich mit der Spitze seiner Kunstlederschuhe zwischen die Rippen. »Wir haben dich uns geschnappt, bevor er und seine Chefs dazu gekommen sind. Ihn aufzuhalten ist der letzte Gefallen, den wir dir tun.«

Am liebsten hätte ich gefragt: »Wieso der *letzte*?« Aber Mangueras zerrte mich bereits zur Tür hinaus. Prieto und die Cops hatten erneut die Waffen auf mich gerichtet.

»Und jetzt mach, dass du verschwindest«, sagte er und stieg in den Polizei-Pick-up.

Prieto warf mir die Schlüssel zu. Fidel Castros Bart traf mich an der Schläfe.

Dann setzte er sich neben Mangueras, die beiden Cops stiegen hinten ein, die Scheinwerfer zogen ein letztes Mal über mich hinweg, als sie in der Auffahrt wendeten und auf demselben Weg zurückfuhren, den wir gekommen waren.

Eine Weile blieb ich dort liegen und wartete, dass sich mein Puls beruhigte, dann zog ich mich auf den Fahrersitz hoch, hielt die Schlüssel in der Faust, meine Jeans war fleckig vom Blut der Wunden, die ich noch gar nicht spürte. Im roten Glühen der Armaturenbeleuchtung hingen meine Schultern genauso gequält herunter wie die der Jugendlichen, die ich am Nachmittag gesehen hatte.

Das Lenkrad war feucht, als ich endlich mein Gesicht vom Kunststoff hob. Eine Hand, die sich nicht wie meine eigene anfühlte, zündete eine Zigarette zwischen meinen Lippen an, während die andere Hand meine Adresse in das Navi eingab. Die rote Route bewegte sich wie eine mehrere Meilen lange Schlange auf den Highway zu.

»Sei einfach froh, dass das Dreckschwein tot ist.«

Motten schwärmten durch mein Fernlicht. Die Bilder des Tages flackerten in der Dunkelheit auf: Apolonia, den Kopf auf die Hände gestützt, der traurige dicke Junge hinten in dem Polizeitransporter, die Brandnarben auf Armandos Oberkörper, die Ruhe in Mangueras' Blick, als er mir in die Rippen trat, die Couch mit der dunklen Blutlache und der Hirnmasse von Abel Carranza. Meine Story war eine zerfetzte Collage, die keinen Sinn ergab.

Fünf Tabs von dem Díaz-Ordaz-Blotter klumpten unten in meiner Feldflasche. Der bittere Brei glitt mir die Kehle runter.

Rauch wich von meinen aufgeplatzten Lippen, während meine Reifen über die Straße dröhnten.

Als ich das nächste Mal wieder zu mir kam, hatte sich Bergnebel über den Wagen gelegt. Boleros drangen aus dem Radio, eine PEMEX-Tankstelle sauste im Rückspiegel vorbei, und die Straßenmarkierungen zuckten vorüber wie weiße Gedankenstriche.

»Da, wo's anfing schiefzugehen«, sagte ich zu niemandem.

Das zweite Mal kam ich in Mexico City zu mir: Der Verkehr war heftig, die Luft braun, die Fahrer genervt. Ich versuchte, den morgendlichen Berufsverkehr im Blick zu behalten, sah aber nichts anderes als den geplatzten Schädel von Abel Carranza, seine herausgeschossenen Backenzähne, die für immer mit seinem Kiefer verlöteten Silberzähne.

Meine Straße sah aus, als wäre nichts gewesen. Und es war ja auch nichts gewesen, nicht für die älteren Frauen, die in dem Kosmetikstudio neben meinem Wohnblock warteten, nicht für Gustavo, den Rastafari-*luchador,* der draußen vor seinem Obstgeschäft fegte, und auch nicht für den schnurrbärtigen Alten im Cowboy-Outfit, der vor der HSBC Lotterietickets verkaufte.

In meinem Gebäude fiel das blaue Licht des Flachbildfernsehers aus dem Erdgeschoss auf die Palme und das Kiesbett im Lichtschacht. Das gewohnte morgendliche Geplapper sickerte durch die Türen: Radiogemurmel, Eltern, die ihre Kinder zur Eile anhielten, das Klappern eilig ergriffener Schlüssel.

Die Geräusche der Normalität waren seit, ich wusste nicht mehr wie langer Zeit, das Einzige, was mir ein Gefühl von Sicherheit gab. Mein Gang die Treppe hinauf war wackelig wie der eines Schlafwandlers.

Aber als ich in meinem Stockwerk ankam, schwang die Tür auf, unten war ein Stück eingetreten. Das Schloss war verbogen, aufgemeißelt, die Farbe abgeschliffen.

Das mulmige Gefühl, das mich die ganze Fahrt aus Veracruz hierher begleitet hatte, wurde schlimmer, meine Ohren rauschten, als wäre ich zu lange unter Wasser geblieben. Von drinnen war kein Geräusch zu hören: nicht das Blubbern des Aquariums, nicht das Brummen des Kühlschranks, nicht das Glucksen in den Rohren.

In mexikanischen Zeitungen wird gerne neutral berichtet. Wenn man nicht weiß, wer etwas getan hat, nur, dass es passiert ist, heißt es einfach: *Die haben es getan.*

Wenn jemand erschossen wird, lautet die Überschrift *Lo Tiraron: Die haben ihn erschossen.*

Wenn eine Frau erstochen aufgefunden wird, *La Acuchillaron: Die haben sie erstochen.*

Als elf Leichen zerstückelt am Straßenrand gefunden wurden, lautete die Überschrift *Los Descuartizaron: Die haben sie zerstückelt.*

Was man an Klarheit verliert, gewinnt man an Eindringlichkeit, denke ich mal. Das ist das Problem der Berichterstattung in Mexiko: Klarheit ist Mangelware. Meistens weiß man nur, dass etwas passiert ist und dass *die* es getan haben. So funktioniert

Journalismus in Mexiko: Man findet nur heraus, was man nicht wissen will. Was man wissen will, erfährt man nie.

Und das auch nur, wenn man Glück hat. Wenn man kein Glück hat, finden *die* heraus, wo man wohnt.

Wer auch immer *die* heute waren, sie hatten das Regal mit den Cocktailgläsern von der Wand gerissen, die Scherben verteilten sich wie Schnee über meinen Tisch, den Boden, die Stühle.

Ein Flugzeug im Landeanflug rauschte über mich hinweg. Der Raum und mein Schädel dröhnten.

»Denen hat meine Kunstsammlung wohl nicht gefallen.«

Die Vitrinen waren umgestürzt, meine Stroboskoplicht-Kalaschnikow war in zwei Teile zerbrochen, der bunte Schädel meiner guatemaltekischen Götzenfigur war eingeschlagen, und jedes Einzelne der fünf Gesichter von Michael Jackson, die gerahmt an meiner Wand hingen, war zerrissen.

»Gründlich«, sagte ich, stupste die zerbrochenen Hälften meines William-Howard-Taft-Bechers mit der Fußspitze an. »Aber zu viel Schiss, um die Heiligen kaputt zu machen, hm?« Ich nahm den Jesús-Malverde-Teller vom Tisch, wo er in einer von Glasscherben freigefegten Stelle lag, neben den Statuen von Santa Barbara und Santa Muerte.

In der Küche stieg ich über meinen umgekippten Kühlschrank und bückte mich unter die Spüle, nach dem Schrank, in dem ich meine Putzsachen aufbewahrte. Als ich die Tür aufmachte, hustete mir Motita ein Miau entgegen und sprang in meine Arme.

»Da hat sich wohl jemand erschrocken.« Ich schleppte sie herum, bis sie aufhörte zu zittern. Dann schlug sie mir mit der Pfote eine runter und schaute mich an, als wollte sie sagen, das alles sei meine Schuld.

»Komm, Dickerchen, wir sehen uns mal den Schaden an«, sagte ich zu Motita, trug sie ins Wohnzimmer. Das Metallgestell des Sessels bog sich unter dem Gewicht meiner umgestürzten Palette mit den Pflanzen. Die Töpfe waren zerbrochen, und der Ast, der mit Drähten an der Decke befestigt gewesen war, lag heruntergerissen und zerbrochen auf dem Boden, so hässlich wie Abel Carranzas freigelegter Kieferknochen. Torfmoos verteilte sich überall, auf der Bastmatte, meinem Kuhfellüberwurf, auf dem Schaffell.

Mit dem Schreibtisch hatten sie Probleme gehabt: Schließlich wog er ja auch eine halbe Tonne. Einige der Schubladen waren eingedellt, meine Ordner lagen überall verteilt, und mein iMac war verschwunden. Sie hatten meine Landkarte heruntergerissen und meine Pinnwand zerbrochen, aber der Acid-Blotter war einigermaßen unbeschadet geblieben, so dass ich ihn jetzt zusammenfaltete und einsteckte.

Den gelben Aschenbecher hatten sie direkt gegen das Aquarium geschleudert, so dass Wasser ausgelaufen war, die Javafarne, die Schwertpflanzen und die Kieselsteine herausgeschwemmt worden waren.

»Wenigstens muss ich mich nicht mehr um die Schneckenplage kümmern.«

Die Fische waren seit Stunden tot, ihre Schuppen verblasst und bereits im Ansatz pelzig. Julián Gallardos ausgedrucktes Foto klebte am Boden, ich ging in die Hocke und hob es auf, legte es zum Trocknen auf das aufgeschlitzte Polster meiner Chaiselongue.

Motita sprang mir aus den Armen auf den Schreibtisch, ihr Schwanz zuckte, ihr Fell war aufgestellt, und sie fegte ein paar lose Seiten zu Boden, die sich dort sofort mit Wasser vollsogen. Die Chaiselongue war vermutlich mit einer Machete aufgeschlitzt worden, ich setzte mich trotzdem drauf und machte die unterste Schreibtischschublade auf, die eingetreten worden war und sich dabei so verzogen hatte, dass ich die Seiten auseinanderbiegen musste, um sie aufzuhebeln.

»Komm schon, du scheiß Ding.«

Endlich gab die Schublade nach und krachte auf den Boden, der Griff fiel ab, die alten Bänder und Notizbücher fielen mir in die Hände: kleine schwarze, handgroße Bücher, die Gummibänder bereits brüchig, ihre harten Einbände ramponiert und verblichen, und ich blätterte durch die vergilbten Seiten, atmete ihren staubigen Geruch ein und fuhr mit den Fingern über die kleine ordentliche Schrift, die gekritzelten Straßenkarten, die Namen, die Daten, die Telefonnummern, dann stand ich auf und kippte alles in meine Tasche.

»Da sind sie, Motita. Unsere Stories. Unsere Interviews. Der ganze dämliche Mist, den wir gemacht haben und der es nie in die Zeitung geschafft hat.« Ich fuhr mit dem Finger über eine Kassette, die beschriftet war mit: »CARLOS // EL PASO // 30.12.2012«.

Motita hustete.

In meinem Schlafzimmer hatten sie den Lampenständer durchgebrochen, und mein Ojo de Dios aus Macramé lag auf dem Boden in einem Haufen mit den Vorhängen. Das Bettzeug war zerwühlt, die Klamotten in meinem Kleiderschrank zerrissen, und ein riesiges ›Z‹ war in meine Matratze geritzt. Was von meinen Fingernägeln übrig war, schnitt mir in die Hände.

»Wir sollten gehen«, sagte ich zu Motita, sammelte das Bild von Julián Gallardo auf der Chaiselongue auf, trocknete es und steckte es zusammengefaltet in meine Jackentasche. »Vielleicht werden wir beobachtet.« Dann ging ich ins Badezimmer und wischte die in der Hitze krepierten Mücken vom Deckel des Spülkastens und hob diesen an. Die Waffe hing in einer wasserdicht verschließbaren Plastiktüte mit Klebestreifen befestigt in dem Behälter.

»Bloß nicht den Klodeckel anheben«, sagte ich. »Einbrecher kacken erstmal ganz massiv, wenn sie eine Wohnung verwüstet haben. Das ist so was wie ein Brauch.« Ich löste den Klebestreifen im Wasserbehälter und öffnete das Päckchen, nahm die Waffe heraus und ließ die Tüte fallen.

Motita und ich gingen in die Küche, wo ich den Kühlschrank hochhievte, an ein umgestürztes Regalbrett lehnte und den Tiefkühler öffnete. Die beiden mit Munition gefüllten Packungen Café Garat fielen mir in die freie Hand. Motita beschnüffelte das Eis im Tiefkühler.

»Komm schon.« Ich nahm sie wieder hoch, sie wehrte sich kaum. »Komm, wir gehen Tante Maya besuchen.«

Motita hustete und ich bahnte mir einen Weg zwischen den Trümmern hindurch zur Tür, dann ging ich im morgendlichen Lärm und Geklapper des Gebäudes nach unten.

»Keine Ahnung, wieso niemand was gehört hat«, sagte ich zu Motita, schloss die Haustür hinter mir. »Aber wer weiß, vielleicht hat ja doch jemand was gehört.«

Als ich die hintere Autotür für Motita öffnete, schreckte sie zurück angesichts des Abfalls, der sich auf den Sitzen verteilte. »Komm schon, Motita, sei ein braves Mädchen.« Sie gab nach, rollte sich aber so klein wie möglich zusammen, als wollte sie auf keinen Fall etwas berühren.

Die Sonne an jenem Morgen war blassrot, rund und geschwollen wie der Kopf eines Kraken. Die sich verjüngenden roten Kondensstreifen hätten Fangarme sein können. Nach kurzer Zeit konnte ich die Form nicht mehr anschauen und senkte den Blick auf die Straße, mein Kopf war vollkommen leer, erfüllt nur von dem hohen grauen Lied, das meine Reifen auf dem schwarzen Asphalt summten, als ich zu Maya fuhr. Sie war nicht da, und Motita wollte nicht dort abgesetzt werden, aber der Sicherheitsmann fand es in Ordnung: Als er grinste, kam erneut seine Zahnspange zum Vorschein.

Danach fuhr ich zum Flughafen, vorbei an pitschnassen Palmen und rubinrot leuchtenden Bremslichtern. Als ich parkte, schloss ich die Waffe und die Munition in mein Handschuhfach ein, ließ den Wagen auf dem Parkplatz für Dauerparker stehen und betrat das Flughafengebäude, wo ich mich mit dem Rücken an eine Säule gelehnt in die Nähe von zwei Sicherheitsbeamten stellte und zur Beruhigung erst acht Mal tief Luft holen musste, bevor ich den Mut zusammen hatte, Dominic anzurufen. Familien, Frühjahrsurlauber, Sportmannschaften eilten vorbei, schleppten Taschen, Surfbretter und Kisten. Mein ganzes Leben lag in einer einzigen Reisetasche zu meinen Füßen.

»Andrew«, sagte Dominic in mein Ohr. »Wie läuft es mit dem Artikel?«

»Es hat Ärger gegeben.«

Ein großer Mann im Anzug blieb anderthalb Meter entfernt von mir stehen, verengte den Blick, als würde er mich erkennen.

Mir stockte der Atem.

Dann fiel mir wieder ein, dass ich unter der Anzeigentafel stand.

»Was für Ärger?«

Der Mann im Anzug ging weiter, sein Samsonite ratterte auf den kleinen Rädern.

»Die, äh, die haben rausbekommen, wo ich wohne. Und haben meine Wohnung verwüstet.«

»Oh Gott, wo bist du jetzt?«

Die beiden Sicherheitsbeamten, die mir am nächsten standen, gingen jetzt durch die Flughafenhalle weiter, weshalb ich mir meine Tasche auf die Schultern hievte und versuchte, möglichst in ihrem Blickfeld zu bleiben.

»Am Flughafen.«

Die Sicherheitsbeamten, ein Mann und eine Frau, blieben vor einem Lebensmittelladen stehen. Der Mann ging hinein, die Frau wandte sich von mir ab, um ihm hinterherzurufen, was sie aus dem Laden wollte.

Dominics Seufzen rauschte mir ins Ohr. »Das ist alles andere als ideal. Haben sie viel mitgehen lassen?«

»Äh, ja, allerdings. Aber die Story ist gesichert.«

»Na ja, ich wollte nicht fragen, aber das ist natürlich schon eine Erleichterung.«

»Ja. Hör mal … kannst du mich hier irgendwie rausholen?«

Die Sicherheitsbeamtin drehte mir immer noch den Rücken zu, und ich war sicher, dass sich jeden Augenblick ein Teenager irgendwo aus der Menge lösen, mir eine Pistolenmündung an den Bauchnabel pressen und sich wieder verziehen würde, noch bevor die Brandlöcher in meinem Hemd aufgehört hatten zu qualmen.

»Normalerweise machen wir so was nicht, aber wenn es sein muss.« Dominics Stoppelbart kratzte am anderen Ende der Leitung. »Woran hast du gedacht? Willst du zurück nach Hause?«

Am liebsten hätte ich gesagt: »Nach acht Jahren ist mein ›Zuhause‹ hier.«

Stattdessen sagte ich aber: »Egal, Hauptsache in Sicherheit, Dominic, ehrlich.«

»Okay. Geh irgendwohin in die Öffentlichkeit. Gib mir fünfzehn Minuten. Ich ruf den Baron an. Mal sehen, ob wir irgendwo einen Auftrag für dich finden können.«

Die ganze Zeit, in der ich auf Dominics Anruf wartete, blieb ich im Blickfeld der Sicherheitsbeamten, nahm immer mal wieder einen Schluck aus meiner Flasche. Kalter Schweiß kribbelte auf meiner Haut.

Als das Handy brummte, klang Dominic beinahe fröhlich.

»Andrew«, sagte er, »haben die deine Kameras bekommen?«

»Nein, ich hab sie hier bei mir«, sagte ich.

»Super. Also, du hast Glück. Im Süden von Uruguay wird ein riesiger Schneesturm erwartet, in einigen Landesteilen wird es zum ersten Mal seit 1960 schneien.«

Die Sicherheitsbeamten blieben stehen, um einem gestressten älteren Ehepaar den Weg zu erklären.

»Und wir brauchen Bilder. Unsere Frau in Argentinien wird im Norden aufgehalten – irgendwas mit Bergbau, jedenfalls kommt sie nicht rechtzeitig runter, um über den Schneesturm zu berichten, aber wenn du uns ein paar Bilder liefern kannst, dann ist das der perfekte Vorwand, dich da hinzuschicken. TIF-Format, nichts zu Ausgefallenes.«

»Dominic, du rettest mir das Leben.« Ich änderte den Kurs, ohne stehen zu bleiben, und beschleunigte meinen Schritt auf den Avianca-Schalter zu.

»Nicht so prosaisch, alter Freund. Lass es von deiner Kreditkarte abbuchen und schick uns den Beleg. Und …«, er räusperte sich, »… schick die *eigentliche* Story, sobald du kannst.«

»Wird gemacht.« Ich war bereits am Schalter, hatte meinen Pass aufgeschlagen, das Gewicht der blauen Kreditkarte zwischen meinen Fingern versetzte mich weiter zurück in die Vergangenheit, als ich erwartet hatte, zurück zu meiner alten Chefin Helen und ihren Fingern, die über die Tasten ihres Laptops klapperten, zurück zu ihrem blonden, vom bläulichen Licht ihres Bildschirms angestrahlten Bob und dem Abend, an dem sie meinen Flug in die Stadt gebucht hatte, die ich jetzt verließ.

Die Stimme der Mitarbeiterin unterbrach die Erinnerung.

»Ist das ihr ganzes Gepäck, Sir?«, fragte sie.

»Ja, das ist alles.«

»Einen guten Flug«, sagte die Mitarbeiterin und händigte mir meine Tickets aus. »Die Sicherheitskontrollen sind dort drüben.«

Auf dem ganzen Weg durch die Sicherheits- und Passkontrollen, dem Check-in und dem Boarding kamen mir Bilder in den Kopf, mit denen ich nicht gerechnet hatte: Schnee auf dem River Liffey in der Nacht, in der ich Callum und Helen kennengelernt hatte; ein knochenweißer Sandstrand, an dem Helen und ich saßen und mit einer Flasche Sancerre und ein paar geklauten Zolpidem auf meine bevorstehende Flucht anstießen; wie verängstigt und erleichtert ich war, als sie mich am Flughafen absetzte.

Wenig später schon war ich an Bord, sicher angeschnallt, das Flugzeug nahm Fahrt auf, raste los, hob ab. Unter mir wurde die Stadt, in der zu leben ich mir so lange gewünscht hatte, immer kleiner; die Straßen erschienen mir wie lange schwarze Adern, die Wohnblocks standen dicht gedrängt wie Zellen. Die Stadt hatte ihre Zähne in mich geschlagen und so lange geschüttelt, bis ich halb leblos liegen geblieben war. Als das Flugzeug Reiseflughöhe erreicht hatte und der Piepton signalisierte, dass wir unsere Sicherheitsgurte öffnen durften, hätte ich wie ein leerer Sack aus schlaffer Haut zu Boden sinken können.

Die Stewardess reichte mir ein Glas Orangensaft, und bis sie den nächsten Fluggast bedient hatte, hatte ich es schon geleert.

Obwohl ich es zu dem Zeitpunkt nicht wusste, blieben nur noch vierzehn Stunden, bis ich dich zum ersten Mal sehen sollte.

Hätte ich es gewusst, wäre ich vielleicht so was wie glücklich gewesen.

Wahrscheinlich aber hätte ich mich noch genauso gefühlt: verängstigt, zu leicht und mutterseelenallein.

21

Bei unserer Landung in Buenos Aires regnete es, fast war es schon Eisregen. Meine Augen waren verklebt, und meine Achseln stanken, trotzdem regte sich zaghaft ein Gefühl von Erleichterung in meiner Brust, das nicht ausschließlich auf die letzten Schlucke aus meiner LSD-haltigen Feldflasche zurückzuführen war.

Der Wetterbericht in den in der Ankunftshalle angebrachten Fernsehern zeigte Schneestürme, die das Land wie Panzerformationen umzingelten. Wir hatten Glück gehabt. Passagiere scharten sich um die Anzeigetafeln, auf denen sich ein CANCELLED unter das andere reihte. Inmitten der Menschentrauben saßen zwei ältere Frauen, die sich einen Kopfhörer teilten und eine Oper auf ihrem Laptop schauten, eine Decke über die Knie gezogen. Ich machte für Dominic ein Bild von ihnen.

»Gut gesehen«, stellte ich mir Carlos' Kommentar vor. »Kitschig, aber gut gesehen.«

»Fick dich, Carlos«, sagte ich.

Aus dem Taxi heraus, in dem ich durch den feuchten Nebel raste, vorbei an der Plaza de Mayo, gelangen mir außerdem noch ein paar Aufnahmen von Veteranen der Malvinas, die Sandsäcke vor zerfransten Militärzelten auslegten.

Unter einer großen Straßenüberführung bat ich die Fahrerin, ein bisschen vom Gas zu gehen, damit ich ein Bild machen konnte. Regen tropfte im Phosphordunst von der gewölbten Überführung. In ihrem Schatten hingen »Vermissten«-Plakate an Stangen, die so aufgestellt waren, dass ihre Formation den Kreideumrissen ähnelte, die man an Tatorten sah, jedes leuchtete im weißen Licht einer einzelnen Glühbirne.

»Was ist das?«, fragte ich die Fahrerin und hob meine Stimme über das Heulen des frühmorgendlichen Sturms. Es hagelte schubweise auf die Namen und Gesichter.

»Das war der Club Atlético«, sagte sie. »Fünfzehnhundert Menschen sind dort auf der Polizeiwache verschwunden.«

»Können Sie sich noch daran erinnern?«

Ihr Blick traf meinen im Rückspiegel. »Natürlich. Ich war sechzehn.« Sie schaute auf das Mahnmal, dessen Konturen im Eisregen verschwammen. »Haben Sie Ihr Bild gemacht?«

»Oh, ja. Danke.«

Das Wort Terminal glühte rot in der Dunkelheit. Sollte ich mich mit meinen strähnigen Haaren und den riesigen Pupillen, die an Pisslöcher im Schnee erinnerten, am Flughafen noch befangen gefühlt haben, so fiel ich hier auf dem Weg durch den Boarding Tunnel an Deck der Fähre zwischen den zahlreichen Rucksackreisenden gar nicht mehr auf.

Wind trieb meinen Zigarettenrauch über die Bucht, das Boot bebte unter der Slipanlage und aus dem Dock hinaus, der Motor vibrierte. Als die Kälte meine Fingerknöchel rot werden ließ, verzog ich mich nach drinnen, ging über einen roten Teppich an eine Bar mit Messingbeschlägen, die seit der Zeit, über die meine Taxifahrerin gesprochen hatte, nicht mehr erneuert worden waren, und trank einen Kaffee. Zwei Familien saßen an künstlichen Marmortischchen, zählten stapelweise Kreditkarten ab, die mit Gummibändern zusammengehalten wurden. Dem äußeren Anschein nach handelte es sich um nach unten hin mobile Mittelschichtsbürger, die Männer trugen abgewetzte Ralph-Lauren-Steppwesten und die Frauen Handtaschen, die bereits mehr als ein oder zwei Mal repariert worden waren.

Als der Jugendliche hinter dem Tresen – gutaussehend und mit aufgebauschter Siebziger-Jahre-Frisur und Piraten-Ohrring – mir meinen Kaffee brachte, fragte ich ihn nach den Leuten mit den Kreditkarten.

»In Uruguay zieht man Dollar am Geldautomaten«, sagte er. »Deshalb sammeln die Leute die Kreditkarten all ihrer Bekannten ein, heben das Tageslimit ab und tauschen das Geld in den Wechselstuben auf dem Schwarzmarkt in Buenos Aires um.«

»Der angekündigte Schnee hält sie nicht von der Reise ab?« Ich schob meinen Kaffee beiseite, um mir Notizen zu machen.

Der Mann lachte. »Würden Sie in Buenos Aires leben, würde Sie nicht mal die Pest davon abhalten. Die Wirtschaft ist …« Er zeigte mit dem Daumen nach unten. Er lehnte sich näher heran, um in mein Notizbuch zu spähen. »Wofür ist das?«

»Ein Artikel. Ist das in Ordnung, wenn ich Sie zitiere?«

Er zuckte mit den Schultern. »Klar. Nennen Sie mich Charly. Kcin Ding. Sogar dic Cops machen das mit den Kreditkarten, wenn sie können.«

»Wow, Interviews sind hier viel einfacher zu führen als in Mexiko«, sagte ich.

Charly lachte. »Dann sollten Sie bleiben.«

Ich sagte nichts dazu und nahm auf einer mit rotem Leder bezogenen Bank am Fenster Platz. Der Horizont unter dem weißen Schneechaos hatte einen leeren, quecksilbrigen Glanz. Gischt spritzte über das Wasser.

Bei meiner Ankunft schneite es noch nicht, aber der Himmel leuchtete weiß. Nachdem ich meine Tasche im Terminal abgeholt hatte, kaufte ich mir eine Tüte heiße Maronen und ging am Strand entlang zum Hotel, die heißen Maronen brannten mir an den Zähnen, Sand knirschte unter meinen Füßen. Zwei Wasserläufe flochten sich durch den Sand, spülten die roten Blätter der Jungfrauenrebe in die Meeresmündung.

Ich schüttelte mir einen Strang Seetang braun wie eine Filmspule vom Stiefel. Die saubere Luft schien meine Lungen vom

Teer zu reinigen. Erneut brachen Bilder aus Dublin in mein Gehirn, aus der Zeit, als Helen schon verschwunden war: Im Zug an der Küste entlangfahren und Wodka aus Lucozade-Flaschen trinken; vormittags Unterricht, abends Daten eingeben, verwackelte Fußball-Streams, die alle vierzig Sekunden von irgendwelcher Werbung unterbrochen wurden, dazu ein Bier in der Hand, der sackleinerne Geruch meiner trockenen Arbeitshose rings um mich herum, mein Magen hohl nach zu viel Alkohol und zu wenig Essen; trinken, um einzuschlafen, schlafen, um die Zeit zwischen dem Trinken totzuschlagen. Als ich das Ende vom Strand erreichte, hatten mich meine Erinnerungen so schwindlig gemacht wie das Gras und der Alkohol während meiner Jahre in Dublin.

»Komisch, hier an dich zu denken, Carlos.« Ich öffnete die Karte, von der ich einen Screenshot gemacht hatte, ging vorbei an alten Kolonialgebäuden, deren Stuckfassaden wie angefressen oder unter Wasser wirkten, über Kopfsteinpflaster glänzend wie nasses Blei. »Ist schön hier. So ruhig. Passt gar nicht zu dir.«

Die Karte führte mich bis zu einem leeren, von Platanen eingefassten Platz, eine Statue des Unabhängigkeitshelden Artigas in der Mitte; plötzlich befand ich mich vor einem umgebauten, aus groben Kalksteinblöcken errichteten Lagerhaus.

Und du hast in der Auffahrt gestanden, über eine braune Labrador-Dame gebeugt, sie hatte einen Stock im Maul, und du hast vergeblich versucht, ihn ihr wegzunehmen, mit der anderen Hand hast du deine schwarzen Haare zurückgehalten, damit sie dir nicht vor die Augen fielen.

»Na, viel Glück dabei«, sagte ich vom Tor aus zu dir.

So wie du ausgesehen hast in dem Messinglicht der Morgensonne, wie es deine Haare hat glänzen lassen, deine Klatschmohnlippen, ist mir ganz eng geworden um die Brust, fast so, als wäre ich wieder in Poza Rica.

»Der Spaß geht auf ihre Kosten«, hast du gesagt, nicht aufgeschaut dabei. »Ich hab mehr als genug Stöcke, aber sie hat nur einen Satz Zähne.«

Hinter dir, neben der Tür, lagen aufgestapelte Holzscheite, das an der Rinde gefrorene Harz glänzte orange.

»Guter Einwand.« Ich warf meinen Rucksack ab und nahm die rote Reisetasche von der Schulter. »Ist das ein reinrassiger Labrador?«

»Oh ja.« Endlich hast du's aufgegeben, den Stock dabei aber so abrupt und heftig zur Seite weggezogen, dass die Hündin auf den Rücken gerollt ist und ein missmutiges Geräusch gemacht hat. »Einer von der holzfressenden Sorte. Sehr selten sind die.« Du hast dir die Hände an der Jeans abgewischt und zu mir aufgeschaut. »Brauchst du ein Zimmer?« Deine Haut war mit Gesundheit überzogen, aber deine Stiefel so verschrammt wie meine. »Ich würde dir ja die Hand geben, aber ...«, du hast deine Handflächen hochgehalten, »... da ist ganz schön viel Hund dran. Brauchst du Hilfe mit der Tasche?«

»Äh nein. Ist nur die eine hier.«

»Da reist du ja mit leichtem Gepäck.«

»In letzter Zeit meistens«, sagte ich und folgte dir durch die Tür in den schummrig beleuchteten Eingangsbereich. Die Bodendielen waren aus dunkler knorriger Eiche, und das orange glühende Feuer in dem gemauerten Kamin ließ Rauch aufsteigen, so dick und dunkel wie dein grob gestrickter Wollpullover. An den tiefen Erkerfenstern mit Blick auf den Park befanden sich mit rotem Leder bezogene Bänke, und in der Mitte des Raums stand ein riesiger Ahorntisch, auf dem ordentlich aufgereiht Prospekte für Touristen lagen.

»Schönes Haus«, sagte ich. »Der Boden ist cool.«

»Ist ganz leicht sauber zu machen.« Du bist hinter den Schreibtisch getreten und hast deinen Laptop aufgeklappt.

»Man behauptet einfach, eine leichte Schmutzschicht würde erst den Charme ausmachen.«

»Funktioniert das beim Eigentümer?«

»Funktioniert bei den Gästen.« Du hast die Hand aufgehalten. »Pass?« Als du auf die erste Seite geschaut hast, habe ich gesagt: »Der zweite Vorname ist mein Rufname.«

»Und wer ruft dich mit dem ersten? Nur deine Eltern?«

»Meine Eltern rufen mich gar nicht.« Ich kratzte mich im Nacken. Als ich den Arm hob, fiel mir wieder ein, dass ich zum letzten Mal in Poza Rica geduscht hatte. »Bin ein bisschen erledigt nach dem Flug – ist der Wasserdruck hier in Ordnung?«

»Ja, super gut. Hast du auch Wäsche zu waschen?«

»Unbedingt.« Ich warf dir die rote Reisetasche zu, während du weiter das Passfoto betrachtet hast.

»Bin nicht schöner geworden mit dem Alter.«

Du hast nur gelächelt, mir den Pass zurückgegeben und einen Schlüssel von einem der Haken hinter dir genommen. »Weil du der einzige Gast hier bist, bekommst du ein Upgrade.«

Du hast mich durch die Diele geführt bis zu der dunklen Holztreppe, die laut unter unseren Schritten geknarzt hat. Oben angekommen hast du die Tür zu einem hellen Raum mit weißen Wänden aufgestoßen. Das Oberlicht befand sich direkt über einem großen Bett, und eine Tür mit Fliegengitter führte auf eine helle Terrasse.

»Die Hochzeitssuite. Du siehst aus, als könntest du eine gute Woche Schlaf gebrauchen.«

Dann hast du die Badezimmertür geöffnet und dich in den dunklen, terracottafarben gefliesten Raum gebeugt. »Krempel mal die Ärmel hoch.«

Der Strahl aus der Brause pikte mich wie mit heißen Nadeln.

»Ist das genug Wasserdruck?«

»Ich denke schon.«

»Na, bitte.« Du hast das Wasser abgedreht. »Ich lasse dich jetzt auspacken. Wenn du was brauchst, ich bin unten. Ach ja, theoretisch darfst du hier drin nicht rauchen.«

»Oh, Mist.«

Du hast gelächelt. »Aber nur theoretisch, ich bringe dir nachher noch einen Aschenbecher.«

Dann hast du mich alleine gelassen, damit ich auspacken konnte: die Notizbücher, die zerfledderte Ausgabe von *Proceso* mit Carlos vorne drauf und Julián Gallardos Gesicht zusammengefaltet darin, der Kassettenrekorder und die Kassette mit dem Mitschnitt von Carlos' und meinem ersten Treffen.

Eigentlich hatte ich vorgehabt, ihn mir noch einmal anzuhören, dieses Mal von vorne bis hinten, aber als ich mich aufs Bett legte, blieb mir kaum noch genug Zeit, mein Handy anzuschließen, bis das Blut in meinen Armen und Beinen so schwer wurde wie das Wasser in meinem alten Aquarium. Als ich die Augen schloss, wurde die Dunkelheit hinter meinen Lidern zu einem Traum von Carlos, von Schnee über einer mit Flutlicht angestrahlten Bucht, das Titelbild trieb auf dem Wasser, löste sich langsam darin auf, und der darauffolgende Schlaf enthielt keine weiteren Bilder.

22

Hätte Maya nicht angerufen, ich weiß nicht, wann ich aufgewacht wäre – vermutlich erst zehn Tage später.

»Du bist tot«, sagte sie, ihre Stimme war ganz leise vor Wut.

»Oh, hey, Maya.« Ich nahm einen Schluck aus meiner Feldflasche und legte mich auf die Kissen.

Motita hustete im Hintergrund.

»Du hast deine reaktionäre, misogyne Katze bei mir abgeladen.«

Das dumpfe Geräusch in der Leitung stammte von Motita, die gegen einen von Mayas Schränken stieß.

»Also, ich hab inzwischen das Land verlassen, das heißt, du kannst nichts dagegen tun.«

»Was? Wo bist du?«

»In Uruguay.«

»Ist das dein Ernst?«

»Na klar.« Ich hielt das Handy hoch. »Hörst du das? Das ist Uruguay.«

»Du hast einiges zu erklären. Und dich für noch viel mehr zu entschuldigen.«

»Tut mir leid, Maya. Das mit Motita ist nur für ein paar Tage, ich schwör's.«

Kurz sagte sie nichts, dann: »Du klingst müde.«

Die Wolken über dem Oberlicht hatten sich verfinstert, waren zum grünen Ozean geworden.

»Hat Dominic es dir gesagt?«

»Er hat nur gesagt, dass es dir gut geht. Was ist passiert?«

»Weißt du noch, als bei dir eingebrochen wurde?«

Maya sagte nichts.

»Ungefähr dasselbe.«

Auf der Scheibe über mir wurde ein leichtes Prasseln vernehmbar. In meinem Kopf meldete sich eine Stimme von vor elf Jahren, rief mir einen Nacken in Erinnerung, der nach Wohlstand roch, Augenlider flatterten unter meinen Lippen wie der Herzschlag eines Vögelchens.

»Ganz schön scheiße, oder?«, sagte Maya. »Jetzt tut mir deine Katze fast leid.«

»Ach, nein, lass das lieber«, sagte ich. »So kriegt sie dich rum.«

Die weißen Flocken blieben auf der Scheibe liegen und schmolzen nicht. Wieder überfiel mich die stumpfe, wüstenartige Leere, die ich verspürt hatte, als ich vor Abel Carranzas Haus im Auto gesessen hatte.

»Soll ich Schluss machen?«, fragte Maya.

»Ja, ich muss hier nur ein paar Bilder aufnehmen.«

»Dann bis bald?«

»Versprochen.«

Du hattest recht mit dem Wasserdruck. Der Strahl spülte Blut, Schweiß und Schmutz von meiner Haut, wirbelte in den Abfluss, gleichzeitig stieg nebeldichter Dampf auf. Meine Haut im Spiegel hatte endlich wieder Farbe bekommen. Selbst die dunklen, violetten Ringe unter meinen Augen waren jetzt eine Schattierung heller.

Als ich nach unten kam, hast du an dem Ahorntisch gesessen, über Abrechnungen gebeugt, dein Haar schimmerte bläulich im Licht.

»Hallo Lazarus«, hast du gesagt.

»Willst du dir nicht auch mal den Schnee ansehen?«

»Ich gehe morgen früh gucken«, hast du gesagt. »Willst du wirklich in der dünnen Jacke raus?«

Ich hatte immer noch die von Carlos an. »Was Wärmeres hab ich nicht.«

Du hast den Kopf geschüttelt. »Nein, nein.« Du bist aufgestanden, hinter den Schreibtisch gegangen und hast einen Schrank geöffnet. »Nimm den«, hast du gesagt und mir einen langen zweireihigen Wollmantel gegeben. Dann hast du einen senffarben karierten Schal aus der Tasche gezogen. »Ich glaube, wir haben dieselbe Größe«, du hast mir den Schal gegeben und dabei meine Schulter gedrückt, »fast.«

»Danke.« Dein reicher goldfarbener Gardenienduft umfing mich, als ich den Mantel zuknöpfte und zur Tür ging. »Bin gleich wieder da.«

»Lass dir Zeit. Ich bin die ganze Nacht da.«

Am liebsten hätte ich gesagt, »das hoffe ich«, aber stattdessen winkte ich nur kurz und ging hinaus in den kniehohen Nebel und den horizontal umherwirbelnden Schnee.

Die Story war einfach. Die meisten Menschen fühlten sich geschmeichelt, posierten neben den Namenszügen ihrer Hotels oder Restaurants, Casinos oder sonstigem. Die Porteños scherten sich nicht darum, wer von ihren Dollargeschäften wusste.

Als die kugelförmigen Lampen auf dem Hauptplatz durch den feuchten Nebel strahlten und die rote Abendsonne kurz aufs Wasser schien, hatte ich schon genug Zitate zusammen, um in einem winzigen, mit Fotos aus dem neunzehnten Jahrhundert dekorierten Café meinen Artikel zu schreiben. Sturmgeräusche und das Rauschen der Flut fegten über die Fenster, und nachdem ich kurz eingenickt war, schreckte ich wenig später in flackerndem Kerzenlicht hoch und wünschte, der Kaffee wäre stärker oder mit Drogen versetzt oder am besten gleich beides.

»Scheiß drauf.« Ich schob etwas Geld unter die Untertasse

und ging hinaus in die Dunkelheit, durch von den Touristenvierteln weit entfernte Straßen, wo totes Efeu Gedenktafeln umrankte, die Oberlichter über den Türen eingeschlagen waren und verschlungenes Unkraut über abgestürzte Balkonbalustraden wucherte. Gelbe Platanenblätter wehten durch den Rinnstein, zermatschten im Schnee. Ich rutschte aus, fiel hin und rappelte mich auf, blieb dabei aber mit dem Fuß an einem losen Pflasterstein hängen und knallte fest auf eine Schulter. Der Riemen meiner Tasche riss und mein Laptop glitt heraus.

»Scheiße.« Dem Laptop war nichts passiert, aber dein Mantel war ruiniert, der Ärmel nass und dreckig. »Gerade als ich endlich sauber war.«

Die Prellungen an meinen Rippen und meinem Rücken schmerzten, und die Platzwunde am Knie blutete auf die einzige saubere Jeans, die ich noch hatte. Langsam rappelte ich mich wieder auf und ging weiter, der Wind machte Frackschöße aus dem Saum deines Mantels.

White-knuckling nennt man das, wenn man clean ist, aber nicht mehr zu den Treffen geht, denn egal, wie sehr man sich im Griff hat, irgendwann verliert man den Halt, und dann fällt man, rutscht wieder ab, dorthin, wo man sich geschworen hatte, nie wieder landen zu wollen.

Der Schnee fiel jetzt immer heftiger, es war stechend kalt, und die Lichter der Bars, Restaurants und sogar die der Bierwerbung erschienen mir wie Signale von Rettungsbooten.

Eines davon hätte genügt, egal welches.

Und ich wäre daran zerbrochen, ich weiß, dass es so gekommen wäre, aber die Lichter waren zu grell, zu gelblich, wo ich mich doch eigentlich nur in dem sanften Vierzig-Watt-Licht deines Hotels verlieren wollte.

Und das bedeutet, dass du mich gerettet hast, irgendwie.

»Fick dich, Carlos«, sagte ich und kippte die Feldflasche mit dem LSD aus, dann rannte ich durch den Schnee – meine Rippen stachen, meine Knie schrien –, ich rannte zurück zu dir.

Als ich im Hotel ankam, hast du auf der Couch gesessen, ins Feuer geschaut und heißes Wasser aus einer Thermoskanne in deine Kalebasse geschenkt.

»Tut mir total leid.« Ich hob einen Arm. »Der Ärmel ist hinüber.«

Du bist mir entgegengekommen und hast ihn unten am Saum zwischen die Finger genommen. »Ist nur nass.«

»Aber der Dreck.«

»Andrew, ich führe ein Hotel – ich hab Kontakt zu der ein oder anderen Reinigung, das ist schon in Ordnung.«

»Ist mir so peinlich. Passiert mir sonst nie.«

Du hast deinen Mantel wieder an dich genommen, meine Jeans gesehen und ein ›O‹ mit den Lippen geformt. »Autsch. War wohl ein schlimmer Sturz.«

»Ja, aber ein anderer.«

Du hast mich angesehen und die Stirn gerunzelt. »Was ist dir passiert?«

Durch das Fenster sah ich, dass der Schnee zum Sturm geworden war. Als ein Windzug die Tür erschütterte, hätte es auch Carlos' Geist sein können, der wütend Einlass begehrte.

Du hast den Mantel auf die Armlehne des Sessels gelegt, der dem Feuer am nächsten war.

»Willst du dich nicht eine Weile zu mir setzen?« Dann bist du auf die Couch zurückgekehrt.

»Da draußen ist es elend. Komm, du musst erst mal trocken werden.« Eine Sekunde lang wusste ich nicht, ob ich mich zu dir auf die Couch setzen sollte, aber dann hast du die Kalebasse hochgehalten. »Die Thermoskanne ist noch warm«, hast du gesagt, einen weiteren Becher mit heißem Wasser eingeschenkt und mir den Mate hingehalten.

»Ist hier immer so wenig los?« Ich setzte mich neben dich und sog einen herben Mund voll durch den Metallhalm.

Du hast gelacht. »Schön wär's.«

»Sag den Gästen doch, es liegt ein Fluch auf dem Haus, dann bleibt es so.«

»Ich hab schon von besseren Geschäftsmodellen gehört. Ach, und bevor ich es vergesse.« Du hast einen Aschenbecher vom Tisch genommen und ihn mir gegeben.

»Theoretisch darfst du mir das gar nicht erlauben.«

»Praktisch ist mir das aber egal.« Dann hast du mir den Mate wieder abgenommen. »Du bist schon in Ordnung, weißt du das. Die meisten, die herkommen, stellen ganz schön hohe Ansprüche.«

Dunkle Holzscheite brannten im Kamin.

»Ich hatte mal einen Freund, der war als Kind hier gewesen. Er hat mir erzählt, er sei im El Sur abgestiegen. Kannst du dich vielleicht an ihn erinnern?«

Du hast die Stirn gerunzelt, am Strohhalm gezogen. »Wann?«

»Ach du scheiße, das muss an die siebzehn Jahre her sein.«

Du hast gelacht. »Na ja, das ist ein Problem, da war ich vierzehn. Außerdem komme ich aus Rocha.«

»Na ja, war einen Versuch wert.«

»Was ist aus deinem Freund geworden?«

»Wie meinst du das?«

»Du hast gesagt, ›ich hatte mal einen Freund‹. Habt ihr euch getrennt?«

»Nicht ganz.« Ich zog die zerfledderte Ausgabe von *Proceso* aus meiner Tasche.

Du hast mir die Zeitschrift aus der Hand genommen, aufs

Datum geschaut, dann wieder zu mir. »Das ist noch gar nicht lange her.« Du hast die Seiten durchgeblättert. »Du lieber Gott, was für eine traurige Zeit für Mexiko. Scheint, als hätte jeder eine Tragödie in seinem Leben.«

»Allerdings.« Ich war bereits halb von der Couch gerutscht.

»Und er ist meine.«

Noch eine Seite umgeblättert. »Das ist echt hart«, hast du gesagt. »Wie war er?«

Mein Blick wanderte langsam zum Fenster. »Meistens war er ein guter Typ, mit Problemen zwar, aber sehr okay.«

»Du zitterst.«

Ein Stück Asche fiel von einem Scheit.

»Ja«, sagte ich und schluckte, schloss die Augen. »Ich … ich sehe ihn noch.«

Die Zeitschrift fiel raschelnd zu. »Wann?«

»Manchmal. Oft. Er ist …« Ich seufzte, und als ich blinzelte, sah ich Carlos' klatschmohnfarbenen Kragen aus Blutergüssen, das Loch in seiner Stirn, die Einschusslöcher an seinen Händen – »… er ist wie ein Geist.«

»Du vermisst ihn«, hast du gesagt. »Meine Großmutter hat meinen Großvater auch gesehen, nachdem er gestorben war. Am Anfang sehr häufig. Dann immer seltener. Und dann nur noch einmal, als sie im Sterben lag. Sie hat gesagt, er wäre gekommen, um ihr gute Nacht zu sagen. Am nächsten Tag war sie tot.«

»Willst du sagen, das ist normal?«

»Ich will sagen, es kommt vor.«

»Ich will nicht verrückt werden.«

»Wirst du nicht. Du hast jemanden verloren. Und wahrscheinlich hast du auch das ein oder andere gesehen. Außerdem legst du Wert auf einen starken Wasserdruck.« Du hast mir auf die Schulter geklopft. »Leider bist du echt nicht gut darin, auf anderer Leute Klamotten aufzupassen.«

»Meinst du, der Mantel wird wieder?«

Du hast die Hand nicht weggenommen, die Wärme, das sanfte Gewicht, das die Kälte von mir abfallen ließ.

»Ich glaube, dem Mantel geht's gut, Andrew.«

Als ich meine Augen wieder aufgemacht habe, hast du ins Feuer geschaut, aber deine Hand lag immer noch warm auf meiner Schulter.

»Du zitterst immer noch.«

»Lass deine Hand lange genug da liegen, dann merkst du, dass es einen Rhythmus hat.«

Du hast ein paar Sekunden abgewartet. »Stimmt nicht.«

Eine Schneeböe jagte einen Schwarm Krähen v-förmig am Fenster vorbei, und auch deine Kehle war ein ›V‹, als du dich zähflüssig wie Honig zu mir vorgebeugt und uns beide von der Couch gezogen hast.

Später saßen wir halb in die Bettdecke eingewickelt in meinem Zimmer.

»War wohl schon eine Weile her?«, hast du gefragt und mir in die Schulter gebissen.

»Was?«

Du hast mich von der Seite angeschaut.

»Irgendwie schon, wieso?«

»Du warst sehr … euphorisch.«

»Oh Gott, wie peinlich.«

Nach einer Weile gingen wir meine alten Notizbücher durch. Du bist mit dem Daumen über die Wörter gefahren, als wäre jeder Buchstabe eine winzige blaue Narbe. Als du neben mir lagst, deine Finger von meiner Kehle bis zu meinem Nabel und wieder zurück wanderten und sich die warme blaue Dunkelheit des Zimmers auf unsere Haut senkte, fiel es mir leicht, dir alles zu erzählen.

»Wo warst du mit diesem hier?«, hast du gefragt und das Buch mit meinen Notizen aus Poza Rica aufgeschlagen.

»Am schlimmsten Ort überhaupt«, sagte ich und zündete eine Zigarette an.

»Ach, irgendwann wirst du sogar dafür nostalgische Gefühle entwickeln«, hast du behauptet, »glaub mir.«

»Ach ja?«, fragte ich, schnippte Asche ab. »Wann denn?«

Du hast dort gelegen mit deinem sonnengebräunten, hellwachen Vogelgesicht, unbeschwert und ungehemmt, deine Haare rings um dich herum, schwarz und wild ausgebreitet wie ein Schwarm Spatzen, und hast an die Zimmerdecke gelächelt.

»Einmal«, hast du gesagt, »bin ich nach den Ferien nicht gleich wieder zurück an die Uni, sondern erst mal auf ein Boot.«

»Was? Wie?«

»Ganz einfach«, hast du gesagt. »Man sucht sich im Internet eine Bootsmannschaft und füllt ein Formular aus. Dann gehört man dazu. Alles ganz einfach – außer bei Sturm.« Du hast gelacht. »Und jetzt vermisse ich sogar das.«

In Gedanken sah ich vor mir, wie Mangueras' Wagen vor Armandos Haus hielt. Meine Hand suchte dein Kreuz, und das Bild verschwand.

»Ich meine, die Stürme sind wirklich schlimm«, hast du gesagt. »Da gibt es Wellen, die sich turmhoch über einen erheben – die haben sogar Schatten. Erst regnen einzelne Tropfen herunter, dir mitten ins Gesicht, und dann kracht die ganze Welle auf dich drauf …«, du hast in die Hände geklatscht, »… und du denkst, du wirst kentern. Ihr habt eine Black-Box, ein GPS und sechs Männer in der Mannschaft, aber das war's, mehr seid ihr nicht. Und dann, wenn du doch nicht gekentert bist, fühlst du dich ganz leicht. Unverwüstlich.«

Mein Blick wanderte über die Tasche, die jetzt mein Leben war.

»Die Ruhe danach, das ist herrlich«, hast du mir gesagt. »Du liegst an Deck. Da ist nichts außer den Sternen, dem schaukelnden Boot, und du spürst deinen eigenen Körper unter dem Nichts pulsieren. Nach einem Sturm ist das Meer wie eine Mutter, die dich auf den Arm nimmt. Mich stimmt das so nostalgisch, dass ich sogar die Stürme vermisse.«

»Aha.« Ich zündete noch eine Zigarette an. »Und was hast du den ganzen Tag gemacht? Wenn du nicht Captain Ahab gespielt hast?«

Du hast dich umgedreht und deinen Kopf auf meine Brust gelegt. »Proust gelesen. Das war die perfekte Zeit dafür. Solange kein Sturm kommt, kannst du einfach aufs Wasser schauen und lesen. Vielleicht solltest du das auch mal versuchen, wenn du hier fertig bist.«

»Was? Auf einem Boot anheuern?«

Du hast dich aufgesetzt. »Nein – irgendwohin gehen, wo es ganz ruhig ist. Und ins Leere schauen.«

Fast hätte ich gesagt, »Lieber schaue ich dich an«, stattdessen aber habe ich dich einfach geküsst.

Als du eingeschlafen warst, stieg ich in meine Hose und meinen Pullover, borgte mir einen Schirm und schlich mich aus dem Hotel, der Schnee knirschte auf dem Weg zum Park unter meinen Füßen. Berge von abgestorbenen Platanenblättern strömten den Rinnstein hinab, getragen von Strömen aus Schmelzwasser, und ich griff in meine Tasche nach der Kassette aus El Paso, schob sie in den Rekorder, übersprang die ersten vier Stunden bis an die Stelle, wo Carlos und ich aus seinen alten Visitenkarten Joints bauten und er das *Comeback Special* von Elvis aus dem Jahr 1968 in allen Einzelheiten kommentierte.

»Mann, guck dir mal die Arme an«, sagte Carlos und übertönte die orchestralen Wogen am Ende von »If I Can Dream«. »Das ist total Gospel. Der Ton ist total krass. Warte, nein. Der nächste, der nächste.« Er stieß ein Seufzen aus. »Nach der Sache mit den Cops, Mann«, sagte er, »hab ich mir den Song stundenlang in Endlosschleife angehört. In meinem Zimmer. Ich glaube, ich war gar nicht mehr ich selbst, weißt du? Hab eine Menge Pillen von meiner Mutter geschluckt. Zolpidem. Temazepam. Namen wie Aztekengötter, Mann.«

Sein tiefes Kichern rauschte aus dem Lautsprecher. »Eher Sonnengötter, so wie ich geschwitzt hab, Mann. Einmal bin ich im Wagen meiner Mutter raus in die Wüste gefahren. Ganz weit raus in die Canyons, hab Staub hinter mir aufgewirbelt, bis ich an ein paar Felsen kam. Neonkakteen ragten rings um mich herum auf. Und ich lag da auf den glatten Felsen.«

Seine Stimme war tief, langsam und rhythmisch, wie bei einem Mönchsgesang. »Das Bett eines längst vertrockneten Flusses erinnerte mich an blutleere Adern. Und ich lag einfach nur da, rauchte eine Bowl, und es kam mir so vor, als wären die rosa Wolken am Himmel die sterbenden Gedanken Gottes, der Schoß einer wunderschönen Leiche.«

Er zog an dem Joint, danach klang seine Stimme heiser und angestrengt. »Die Wolken waren die Geschichte, und die Geschichte war das, was Gott träumte, bevor er high und paranoid im Sand verreckt ist. Danach hab ich geträumt, ich sei tot.« Mehr Rauch waberte ans Mikro. »Und es hat mir gar nichts ausgemacht.«

Carlos räusperte sich. »Und es hat mir keine Angst gemacht. Mir wurde nur ein bisschen schlecht, es war mir peinlich vor demjenigen, der kommen und mich wegschaffen musste. Also schaute ich auf mich selbst herunter, wie ich da auf den Felsen lag, aufgeschlitzt von der Hüfte bis zu den Rippen, aufgebahrt im Stroh, mein Herz apfelrot glänzend wie ein Hauptgewinn für

Ameisen. Der Wind wehte meine weißen Knochenknorpel wie Würfel durcheinander.«

Als er sich aufsetzte, hörte man das Bettzeug rascheln. »Ah! Da ist es. Wie Elvis den Ton anschlägt, da, genau den.« Sein Tenor klang durchdringend vor lauter Leidenschaft. Das Orchester hinter ihm drehte auf, und er steigerte auch noch mal die Lautstärke, das Band brummte.

Irgendwo draußen in der kalten Ferne, fuhr ein Wagen vorbei.

»Problembeladen«, sagte ich. »Und eigentlich überhaupt nicht okay.« Ich hielt das Band an.

Als ich wieder in den Raum zurückkam, bist du halb aufgewacht, hast dich umgedreht und die Augen wieder geschlossen.

»Warst du draußen bei deinem Geist?«, hast du mich mit schlaftrunkener Stimme gefragt.

Mein Fuß blieb auf halbem Wege im Stiefel stecken. »Hast du's gehört?«

»M-hmm.« Du hast dich gestreckt. »Und gesehen auch. Hab geschlafen. War schön.«

»Du meinst, du hast geträumt?«

»Mach bitte die Tür zu, ja?«

Als wir am nächsten Morgen zusammen rausgingen, war der Strand weiß.

»Du bist gar nicht beeindruckt«, sagte ich. »Dabei ist das sozusagen ein historischer Schneesturm.«

»In der Skisaison arbeite ich in Bariloche. Da oben bekommt man so viel Schnee, wie man sich nur vorstellen kann.« Du hast gegen eine Schneewehe getreten. »Und noch viel mehr.«

Am Strand stand ein Stück verputzte Mauer, auf der stand PARALLELUNIVERSUM HIER EINTRETEN, dazu eine verschnörkelte Linie, die auf eine Tür zeigte.

»Bisschen abgedroschen.«

»Das zählt hier in der Gegend leider noch zu den besseren Sprüchen. Komm, wir gehen in eine Bar, mir schwebt ein wärmender Whiskey vor.«

»Ah, für mich nicht. Hab aufgehört.«

Du hast gelacht. »Ein Journalist, der nicht trinkt?« Du hast deinen Arm durch meinen geschoben. »Na dann. Ein Glas … Milch?«

Ich trat gegen einen Schneehaufen. »Oh, Gott, du könntest mir wenigstens einen Kaffee anbieten, damit ich mir nicht wie ein Kleinkind vorkomme.«

Weiter hinten an der Küste schwenkten Krane im Halbdunkel herum. Salzwasser brannte in meiner Nase. Ein großer schwarzer Hund trottete über den Strand, sein Bart war voller Sand, Blut so dick wie Ketchup sprenkelte seine Seite. Er warf sich in den schneebedeckten Sand und keuchte, als gäbe es kein Morgen mehr. Als er mich sah, sprang er auf, wich ein Stück zurück und knurrte. Du hast dich zu ihm hinuntergebeugt, die Arme ausgestreckt und leise etwas gemurmelt.

»Vorsicht. Der Hund ist aggressiv.«

»Ach, der ist in Ordnung. Schau ihn nur nicht so an. Sieh mal.« Du hast dich neben den Hund gekniet, die Hand ausgestreckt. Sein Schwanz schlug in den Schnee, wirbelte ihn auf wie weißen Staub. Dann winselte er und rollte sich auf den Rücken, streckte die Zunge raus.

»Bist du schon mal an einem Hund vorbeigekommen, ohne ihn zu grüßen?«

Du hast ihm den verfilzten Bauch gekrault. »O Gott, ich hoffe nicht. Hast du Haustiere?«

»Mehr oder weniger.«

»Was heißt *mehr oder weniger*?«

»Bin gerade umgezogen und hab meine Katze weggegeben.

Ich meine, manchmal war sie echt zickig, also ist es wahrscheinlich besser so.«

Als du genug hattest, hast du dir deine Hand an der Jeans abgewischt und bist weiter neben mir hergelaufen. Der Hund ist in die andere Richtung davon. »Wirst du dir wieder eine anschaffen?«

»Ich hab noch gar nicht entschieden, wo ich hinziehe.«

»Oh, das musst du aber. Ich könnte nicht ohne Haustiere leben.«

»Ich glaube, ein Haustier ist so ziemlich das Einzige, womit ich zusammenwohnen kann. Oder eine Pflanze. Eine robuste.«

Du hast mir meine Haare aus dem Gesicht gestrichen. »Wir werden dich erziehen. Wir haben ja noch neun Tage.«

Nur dass wir keine neun Tage mehr hatten. Uns blieben kaum neun Stunden.

Als ich nachts aus dem Bad kam, sah ich mein Handy grün blinken. Als ich darüberstrich, um es zu entsperren, hatte ich zwölf verpasste Anrufe von Francisco, den letzten vor zehn Minuten.

Die Bettdecke raschelte, als du sie um dich gewickelt hast. »Andrew, die Tür!«

»Augenblick.« Ich schloss die Tür und ging mit dem Handy am Ohr nach unten. »Francisco, was ist los?«

»Ah, du lebst«, sagte er. »Gott sei Dank. Hab mir Sorgen gemacht, als ich gehört habe, dass es Carranza erwischt hat. Hab's gleich erfahren, nachdem du angerufen hast.«

»Ich bin hier, Mann«, sagte ich. Das Feuer im Kamin schwelte noch. Ich lehnte mich an den warmen gemauerten Bogen und schnippte meine Zigarettenkippe in die Glut. »Alles in Ordnung?«

»Wie immer«, sagte er. »Scheint niemanden gestört zu haben, dass du hier unten warst.«

»Nein, alle waren sehr hilfsbereit«, sagte ich.

»Das freut mich zu hören. Hey, also ich hab gute Nachrichten«, sagte er. »Es geht um Julián Gallardos Mutter. Sie hat gesagt, sie will reden.«

Ich setzte mich in den Sessel. Dein Mantel glitt zu Boden.

»Und mit dir will sie nicht reden?«

»Sie redet nicht mit Vertretern der einheimischen Presse«, sagte er. »Und sie hat Angst, dass ihre Leitung angezapft wird. Das Gespräch muss schon persönlich stattfinden, denke ich.«

»Okay.« Ich presste mir den Handballen an die Stirn. Die Zigarettenkippe, die ich in den Kamin geschnippt hatte, fing an zu qualmen, ein langer, grauer Rauchfaden, wie der von Carlos aus dem Schornstein des Krematoriums, und ich wusste, dass ich es selbst abschließen musste. »Okay, lass mich einen Flug organisieren. Dann sehen wir uns übermorgen in Papantla, wie klingt das?«

»Einen Flug? Wo bist du?«

»Man könnte wohl sagen an einem Ort, der das Gegenteil von Poza Rica ist.«

Francisco machte *Tststs*. »Manche haben's gut.«

»Also dann, bis bald, okay? Ich geh packen.«

Als ich wieder ins Zimmer zurückkam, hast du dich aufgesetzt.

»Alles in Ordnung?«

»Ich muss weg.« Ich fing an meine Sachen in meine Tasche zu stopfen.

»Hab ich was falsch gemacht?«

»Nein, überhaupt nicht.« Ich legte meine Arme um dich. »Die Pflicht ruft.«

Du hast mich mit weitaufgerissenen Augen und gespielter Verwunderung angesehen. »Aber deine Wäsche.«

»Betrachte sie als Kaution.« Ich zog den Reißverschluss meines Rucksacks zu.

Du hast deine Haare aus dem Gesicht gestrichen. »Fährst du im Ernst jetzt gleich los?«

»Es gibt noch einen Flug von Montevideo, der noch nicht gestrichen wurde.«

»Du wirst aber nicht rechtzeitig ankommen, es fahren keine Busse mehr.« Du hast deinen Pullover genommen. »Ich fahre dich.«

»Wirklich?«

Du hast mit den Schultern gezuckt. »Was? Das mit dir ist das Aufregendste, was mir seit der Zeit auf dem Boot passiert ist.«

Als wir vor der Abflughalle hielten, hast du dich auf dem Fahrersitz gestreckt wie eine Katze und mir deine Hand auf den Hinterkopf gelegt.

»Okay, mit deiner Erziehung sind wir schon ziemlich weit gekommen«, hast du gesagt und mich für einen Kuss an dich herangezogen. »Den Rest kriegen wir noch hin, wenn du wieder da bist.«

»Welchen Rest?«

Du hast mit den Schultern gezuckt. »Kleinigkeiten. Holzscheite holen. Wilde Hunde zähmen.«

Du hast mir eine Zigarette in den Mund gesteckt. »So, jetzt ab ins Flugzeug.«

Ich drehte den Riemen der Tasche auf meiner Schulter gerade. »Das war schön.«

Du hast gelächelt. »Und es wird noch schöner.« Du hast die Handbremse gelöst.

»*Te espero acá.*«

Das spanische Verb *esperar* hat drei Bedeutungen: »hoffen«, »warten« und »erwarten«. Ich wusste nicht, welche du gemeint hattest, betete aber, dass es alle drei waren.

23

Danach folgten vierzehn Stunden in migränefarbenem Licht und einer Luft, von der ich Halsschmerzen bekam, aber dein Gardenienduft hatte sich so in meiner Kleidung festgesetzt, dass sich die Angst in Grenzen hielt, bis ich auf dem kleinen Flughafen außerhalb von Poza Rica landete.

Francisco wartete in der Ankunftshalle auf mich, stand neben einem kleinen rüstigen Mann mit großem Schnurrbart und verblichener Basecap.

»Willkommen zurück«, sagte er. »Andrew, das ist Lombardo, der *agente municipal*, der Bürgermeister von Zapata. Er hat für uns mit Juliáns Mutter gesprochen.«

»Danke, dass Sie das Treffen arrangiert haben.« Ich schüttelte ihm die Hand. »Sind Sie sicher, dass Sie keine Schwierigkeiten bekommen, wenn Sie mit mir gesehen werden?«

»Ach, keine Sorge.« Lombardo winkte ab. »Wir behaupten einfach, Sie sind ein Cousin aus Chihuahua.«

»Haben Sie denn überhaupt Familie in Chihuahua?«

»Na klar«, sagte Lombardo.

Francisco führte uns nach draußen zu einem Krankenwagen auf einem beinahe leeren, unkrautbewachsenen Parkplatz.

»Gehört der Stadt«, sagte Lombardo. »Ein Geschenk von PEMEX.«

»Hat der Arzt das genehmigt?«

»Mein lieber Cousin«, sagte Lombardo, schlug mir auf die Schulter, »ich *bin* der Arzt.«

Wir fuhren durch dichten Wald, vorbei an einem Grasstreifen, auf dem immer wieder verrostete Schilder auftauchten, die auf PEMEX-Förderstellen verwiesen, bis zu einer riesigen verrosteten Brücke, die über eine tiefe Schlucht führte. Auf einer Seite stand ein Pick-up der Guardia Civil. Vier Männer in Zivil beugten sich mit AR-15-Gewehren unter den Armen über das Geländer. Lombardo fuhr einfach weiter.

»Gestern Nacht ist in Papantla wieder ein junger Mann verschwunden«, sagte Francisco.

Der Krankenwagen ratterte über die Brücke, wir fuhren auf einer von Bäumen überdachten Straße, die so eng und dunkel war wie ein Tunnel. Die unebene Oberfläche ließ die Trage und die Infusionsgestelle hinten klappern. Eine große Raffinerieflamme flackerte in der Ferne.

»Die Cops haben nicht besonders intensiv gesucht.« Ich drehte mich um.

»Weil sie ihn selbst umgebracht haben«, sagte Lombardo trocken.

Langsam wuchs die Raffinerieflamme, bis wir das Rauschen sogar im geschlossenen Wagen hörten. Lombardo ließ meine Scheibe herunter.

»Klingt wie ein startendes Flugzeug«, sagte ich.

»Den ganzen Tag, jeden Tag«, sagte Francisco, als wir an einem Zaun aus Lehm und Schilf vorbeikamen, der einen weiß verputzten Bungalow mit Wellblechdach umgab. Männer und Frauen in PEMEX-Overalls, in Jeans und Karohemden standen in Gruppen zusammen auf dem Hof, aßen Schweinefleisch und Tortillas von Plastiktellern. Neben ihnen hingen die beiden sauberen rosa Hälften eines Schweins an einem Holzgestell, Fleischstücke schwammen in einem Stahlkessel über dem Holzfeuer. Die Raffinerieflamme ragte hoch über uns hinaus in den blauen Himmel.

»Unser ganzes Dorf wurde dem Ölunternehmen geopfert«, sagte Lombardo, als wir eine weitere Brücke überquerten. Röhren führten von einer Seite der Kluft zur anderen, einige von ihnen waren leck, vergifteten das Wasser mit regenbogenfarbenen Ölflecken. In einem Hof saß eine Frau auf einer Röhre von dreißig Zentimetern Durchmesser, fachte mit einem trockenen Palmwedel ihr Kochfeuer an. Francisco und ich beugten uns aus dem Wagen, um Bilder zu schießen.

»Ist das sicher, was sie da macht?«, fragte ich.

Lombardo schüttelte den Kopf. »Nicht so richtig. Ich hab gezählt – in der Stadt wurden einhundertzweiundachtzig Leitungsrohre verlegt.«

»Wie viele Menschen leben hier?«

»Ungefähr einhundertzweiundachtzig.« Ich tat, als würde ich mir eine Notiz machen. »Ich mache Witze, ich mache nur Witze. Du lieber Gott. Ihr habt wohl ruhiges Blut in der Familie, Cousin? Wir sitzen hier auf einer Bombe. 1962 ist eine Leitung explodiert und das ganze Dorf niedergebrannt.« Er zeigte zum Fenster hinaus. »Das wurde seitdem alles wiederaufgebaut.«

Die Straße führte an einer Gruppe von Mandarinenbäumen vorbei, die Blätter wirkten wie verbrannt, die Früchte hingen narbig und vertrocknet an den Ästen.

»Wie sieht es aus mit der Kriminalität?«

Lombardo lachte. »Davon fang ich lieber erst gar nicht an. Ich bin weit und breit der einzige Arzt. Ein Landarzt, der mitten in der Nacht Kriegsverletzungen versorgen muss.« Seine Stimme wurde leiser. »Man gewöhnt sich dran. Und wissen Sie, meistens arbeite ich für die Zetas.«

»Das müssen Sie wohl«, sagte Francisco.

Die Straße schlängelte sich durch ein Labyrinth aus verrosteten Wasserhähnen und eingestürzten Betonmauern, ausgedörrt von der hoch am Himmel stehenden Mittagssonne. Dichte Farne wogten im leichten Wind. Die Ruinen verbreiteten Friedhofsatmosphäre.

»Das ist das alte Dorf«, sagte Lombardo und hielt kurz an.

Er schnalzte mit der Zunge. »Ich war damals noch nicht auf der Welt, aber mein Vater erinnert sich daran.«

»Was hat er gesagt?«

»›Hast du mal Bilder von Pompeji gesehen?‹« Er löste die Handbremse und fuhr bis zu einem Haus auf einem Felsen über dem Dorf. »Da sind wir«, sagte er sanft. Eine Frau um die vierzig in Jogginghose und lila Spaghettiträger-Top stand davor, sie sah anders aus als auf dem Facebook-Foto ihres Sohns. Die roten Strähnchen in ihren kurzen Haaren waren ausgewaschen, das Lächeln verschwunden, ihr Blick wirkte gebrochen.

Als ich ausstieg, kam sie mir bereits mit offenen Armen entgegen. »Ich möchte Ihnen danken«, sagte sie und drückte mich fest an sich, »für das, was Ihr Freund getan hat.«

»Mein herzliches Beileid, es tut mir so leid«, sagte ich.

Sie redete weiter, als hätte sie mich nicht gehört. »Er war so tapfer.«

»So wie Ihr Sohn auch.«

Wir standen da, schauten hinaus in die grüne leere Landschaft und den Fluss in der Ferne. Die Raffinerieflamme brüllte und qualmte über alles hinweg.

»Erzählen Sie mir von Julián.« Ich zog mein Notizbuch heraus.

»Er war ein guter Junge«, sagte sie. »Wenn es jemand hier aus dem Ort an die Uni schafft, dann ist das eine große Sache. Lombardo hat damals eine Party für das ganze Dorf geschmissen. Wir waren sehr schüchtern, aber wir sind hingegangen.« Sie lächelte. »Das erste Jahr, in dem Julián an der Uni war, das war wie ein Fest, jeden Tag. Er hat so hart gearbeitet, ist mit dem Bus von Poza Rica hingefahren, immer erst nach Einbruch der Dunkelheit aus der Bibliothek gekommen, obwohl das gefährlich war. Wir haben so viele Kerzen angezündet. Aber er war immer vorsichtig und hatte keine Laster. Aber dann ist sein Vater gestorben. Mein Mann.« Sie schluckte. »Er war der persönliche Fahrer von einem der Ingenieure bei Ajenjo. Er musste ihn zu allen möglichen Tages- und Nachtzeiten zu den Bohrtürmen fahren, morgens, mittags und mitten in der Nacht. Manchmal haben sie dort geschlafen. Und manchmal ist er kreidebleich nach Hause gekommen und wollte mir nicht sagen, warum.« Sie machte eine abfällige Handbewegung. »Aber wir wussten es alle. Wir wussten, wo sie die Leichen hinschaffen.«

Sie hustete ein bitteres Lachen aus, nahm ihr Handy aus ihrer Tasche und strich durch die Fotos. »Eines Nachts in Juliáns zweitem Uni-Jahr musste sein Vater spätnachts nochmal mit dem Ingenieur weg – irgendein Notfall, hat er gesagt, aber es würde nicht lange dauern, in einer Stunde wäre er wieder da.« Sie schüttelte den Kopf. »Und wissen Sie, angeblich gibt es bei Ajenjo ja sogar spezielle Vorschriften für so was. Die sagen dir innerhalb von zehn Minuten, wenn sie jemanden nicht lokalisieren können, dann wird man stündlich auf dem Laufenden gehalten. Aber mir hat niemand was gesagt. Julián und ich sind zu denen ins Büro und nur auf versteinerte Gesichter und bedeutungsloses Gerede gestoßen: ›Wir ermitteln am Rande unserer Kapazitäten, wir haben die öffentlichen Ordnungskräfte auf allen Ebenen eingeschaltet‹, lauter solche Sachen.« Sie hielt mir ihr Handy hin. »Zwei Wochen später hat uns das Unternehmen dieses Foto hier geschickt.«

Auf dem Display waren zwei Leichen neben einem Öltank zu sehen, ihre Gesichter verschmiert, die Lippen dunkel, die Augen vollgesogen, die Haare wie braune Aale, die dickflüssige Schmiere hatte sich schwer in die Falten ihrer Kleidung gesetzt.

»Sie sagten, der Ingenieur sei als Erster reingefallen und mein Mann hinterher. Beide seien ertrunken, es sei ein Unfall gewesen.« Sie schüttelte den Kopf. »Das war gelogen. Ich hab diese Tanks gesehen. Die sind nicht tief. Und selbst wenn man da reinfällt, gibt es eine Metallstange, an der man sich festhalten und von jemandem zur Leiter ziehen lassen kann. Außerdem haben sie zwei Wochen gebraucht, um die beiden in dem Tank zu finden. Hier, geben Sie mir Ihre Nummer, ich schicke Ihnen das Foto.«

Ich gab ihr meine Karte.

»Die haben mir gesagt, ich könne ihn abholen«, sagte sie, tippte auf ihr Handy, »aber als ich dort war, hatten sie ihn nicht mal gewaschen. Er hatte keine Autopsienähte. Sie wissen bestimmt, wie die aussehen? Und die Schrammen in seinem Gesicht, die Blutergüsse, die gebrochene Nase – so sieht man nicht aus, wenn man sich den Kopf stößt.« Sie vergrößerte das Bild für mich.

»Das war 2014, richtig?«, fragte ich.

»Im August«, sagte sie. »Eine Woche nachdem die Guardia Civil gekommen war, und einer von denen war auch dabei, als mir der Tote übergeben wurde. Ein großer Braunhaariger mit Silberzähnen.«

Mein Stift erstarrte beim Mitschreiben.

Carlos, wenn du das liest, ach du Scheiße!

»Ihr Mann hat etwas gesehen, was er nicht hätte sehen sollen«, sagte ich. »Und entweder das Unternehmen, die Zetas oder beide zusammen wollten verhindern, dass er damit an die Öffentlichkeit geht.«

Nickend lehnte sie sich an den schartigen Türsturz und erlaubte sich schließlich zu weinen. »Und das ist auch Julián zum Verhängnis geworden. Deshalb hat er angefangen, Proteste zu organisieren, zu arbeiten, um die Leute ausfindig zu machen, die seinen Vater getötet haben. Und ich wollte ihm sagen, dass er still sein soll, dass ich weiß, was passieren wird, nämlich das, was immer passiert ist und weiter passieren wird, dasselbe, was seinem Vater zugestoßen ist, den armen Studenten aus Ayotzinapa und so vielen anderen bei diesem Unternehmen.« Sie unterbrach sich, fuchtelte mit der Hand. Ich gab ihr ein Taschentuch.

»Dann hat das Unternehmen Ihrem Sohn denselben Mann auf den Hals gehetzt«, sagte ich, »und die Polizei dazu gebracht, den Mord zu vertuschen?«

Wieder nickte sie mit geschlossenen Augen. »Und wissen Sie, einerseits bin ich stolz auf das Opfer, das er gebracht hat. Aber andererseits will ich einfach nur seine Leiche haben.«

Das Gebäck, das ich im Flugzeug bekommen hatte, lag mir schwer und kalt im Magen.

»Señora Gallardo«, sagte ich, »ich möchte Ihnen nicht noch mehr Zeit stehlen. Aber wir werden die Geschichte Ihres Sohnes so vielen Menschen wie möglich berichten.«

Sie zerknüllte das Taschentuch in ihrer Hand.

»Das ist keine Gerechtigkeit«, sagte ich, »aber so was Ähnliches wie Rache.«

Im flackernden Orangerot des Raffineriefeuers sah ich Carlos in Flammen gehüllt, Rauch drang aus den Einschusslöchern in seiner Brust.

»Mehr will ich nicht«, sagte ich. »Diejenigen, die Ihren Sohn und Ihren Mann auf dem Gewissen haben, haben auch meinen Freund ermordet.«

Sie legte ihre Hand auf meine Brust. »Ich werde eine Kerze für ihn anzünden.«

»Er wird ein paar mehr als nur eine brauchen.« Ich steckte mein Notizbuch in die Tasche. »Er war ein komplizierter Mensch, Señora Gallardo, da kann ich nicht lügen.«

»Julián auch.« Sie starrte in Richtung des Raffineriefeuers. »Wir brauchen komplizierte Menschen.« Sie schloss die Tür hinter sich, ich stieg wieder in den Krankenwagen.

»Bereit?«, fragte Francisco.

»Bereit.«

Lombardo löste die Handbremse und fuhr den Hang hinunter.

»Also, dann wieder zurück nach Chihuahua, Cousin?«

»Eigentlich dachte ich eher an den Süden.«

Einen Flug nach Mexico City gab's erst wieder am darauffolgenden Vormittag, und wir konnten den Nachtbussen nicht trauen, deshalb setzte Lombardo Francisco und mich in dem Hotel in Papantla ab.

»Wenn du weißt, dass das Hotel hier okay ist«, sagte ich zu ihm, als wir uns auf die Restaurantbänke setzten, »dann solltest du vielleicht hierherziehen.«

»Die *voladores* würden mich wahnsinnig machen«, sagte er, zeigte durchs Fenster auf sechs Männer in Westen und weißen Leinenhosen, die kopfüber vom Mast an der Kirche sprangen.

»Ach, komm schon, Mann«, sagte ich. »Solche Traditionen muss man lieben – denke ich.«

Er tat, als würde ihm ein Schauder über den Rücken laufen. »Ich halte mich ja lieber an *zacahuil.*«

Die ersten schrillen Pfeifentöne drangen durch die Scheibe, als sich die *voladores* rückwärts an ihren langen Seilen herunterließen.

»Na schön.« Ich zeigte auf sein leeres Glas Tamarindensaft. »Noch einer?«

»Ich denke, ich fahre zurück.« Er klopfte sich auf den Bauch. »Die ganzen Tacos, außerdem noch ein Essen im Hotel. Ich komme mir schon vor wie eine Python, ich fahre jetzt nach Hause und schlafe eine Woche lang.« Er stand auf.

»Ich auch«, sagte ich und umarmte ihn. »Hey, und danke für das *zacahuil*. Sozusagen.«

»Reporter sind hier in der Gegend eine aussterbende Art«, sagte er. »Wir müssen zusammenhalten.«

Als er weg war, ging ich zurück in mein Zimmer, das so eng und frei von Sauerstoff war, als würde ich in einer großen Plastiktüte stecken. Dominic hatte mir gemailt, um sich für die Fotos aus Uruguay zu bedanken – und Druck wegen der Öl-Story gemacht. Die noch leere Textdatei zog meine Gedanken wieder hin zu dir, der Cursor war ein einsamer Spaziergänger im Mantel, der Ventilator ein mit Schneeregen vermischter Wind, die Buchstaben so dürr wie Stechpalmenblätter. Ich konnte an nichts anderes denken als daran, wie aus Schnee in El Paso und einem Schneesturm in Uruguay dieses heiße und stickige Hotel in Veracruz hatte werden können.

Der träge Deckenventilator hackte meinen Zigarettenrauch in lange blaue Girlanden. Der Abendhimmel, durch das offene Fenster betrachtet, war von einem satten Rot. Mein Cursor klackerte über den Bildschirm und die Blechdächer draußen knackten, verzogen sich in der schwindenden Hitze des Tages. Als die Farbe aus der Atmosphäre wich, sah ich die Männer ihre Tamburine schlagen und pfeifen, dann ließen sie sich rückwärts fallen. Die Musik war so schrill, dass ich den blöden UNESCO-Welterbe-Mast am liebsten abgesägt hätte, aber ich biss die Zähne zusammen und haute einen ersten Entwurf in die Tasten, dann klappte ich den Laptop zu und ging hinaus in die schwüle Nacht.

Die roten Lichter des Hotels schwelten im Abendnebel. Graubraune Schwärme von Chachalacas verteilten sich über dem Park, der jetzt abgesehen von einem älteren Paar auf einer Bank beim Musikpavillon menschenleer war. Der Totonake, den ich mit Francisco am Pool gesehen hatte, hatte offenbar Glück in einem Restaurant: Ein Geschäftsmann und seine Frau bewunderten die ihnen angebotene Nachbildung der Kirche und des

Sprungmastes, an dem vier *voladores* hingen. Als sich unsere Blicke begegneten, nickte er und grinste.

Danach ging ich bergab in ein Labyrinth aus Straßen, durch die ich nie zuvor gegangen war. Das einzige Licht drang aus einer weiß verputzten Bar an der Ecke, über deren Eingang die Worte EL TALIBAN geschrieben standen. Statt einer Tür hing nur ein roter Vorhang vor dem Eingang. Boleros plätscherten nach draußen.

Wie gesagt, *white-knuckling* nennt man das, wenn man clean ist, aber die Treffen schwänzt, sich immer noch an alles klammert, was kein Alkohol ist, weil man im Prinzip ein Säufer geblieben ist, nur ohne Alkohol.

Aber jetzt gab es den Mann nicht mehr, an den ich mich geklammert hatte. Die LSD-Flasche, an die ich mich geklammert hatte, war weg. Die Story, an die ich mich geklammert hatte, war fast abgeschickt. Schon bald würde ich mich an nichts mehr klammern können, und dann würde ich wieder abrutschen.

Meine Zigarette flog durch die Dunkelheit, und schon war ich durch den roten Vorhang in die warme aorta-artige Dunkelheit der Bar getreten, noch bevor meine Kippe den Rinnstein traf.

Es waren nicht viele Leute da, nur ein Tisch mit Jugendlichen, die sich kichernd über ein Spiel auf einem ihrer Handys beugten und ein paar Bauarbeiter aus Totonaca, deren Jeans unter den Knien weiß waren vom Staub eines langen Tages. Ich setzte mich an den Tresen, neben einen dürren Kerl in PEMEX-Klamotten. Hinter der Bar korrigierte eine üppige Frau in Mieder und Netzstrümpfen ihr Make-up in dem verschmierten Spiegel hinter den aufgehängten Flaschen.

»*Chela, güerito?*«, sagte sie mit tiefer, samtiger Stimme.

Das Flattern in meiner Kehle war so laut und heftig, dass ich nur nicken konnte. Der Kronkorken zischte unter dem Öffner und fiel klappernd zu Boden.

Ein zwei Meter großes Ölgemälde von Osama bin Laden schaute durch das Halbdunkel in den Ecken auf mich herab, war verhangen mit Spinnweben so dick wie Mull.

Die Flasche stand vor mir. Eine feuchte Perle glitt vom Hals bis zur Schulter. Bevor ich den ersten Schluck nahm, stand ich auf und ging durch den Raum zur Jukebox, blätterte zu den Elvis-Songs, fand »If I Can Dream« und warf zehn Pesos ein. Traurige Trompeten ertönten, als würden sie zum letzten Gefecht blasen, Spielzeugklaviertöne wurden auf den Wirbeln meines Rückgrats angeschlagen, die Wellen der elektrischen Orgel hatten dieselbe Grünfärbung wie die Musik in der Trauerhalle zwei Wochen zuvor. Ich schloss die Augen, und langsam bildete sich Carlos in meinem Zigarettenrauch ab, er trug schmale Lederschuhe und einen Anzug, den ich in seinem zerschlagenen Kleiderschrank gefunden hatte. Der Rauch wurde dunkler und kräuselte sich in sanften braunen Wellen in die Locken seiner Haare hinein, die Lautsprecher der Jukebox brummten wie Wespen, und seine Stimme wurde laut in meinem Kopf.

Aber bevor ich mich wieder auf meinen Hocker setzen und mein Bier trinken konnte, wurde der Vorhang auseinandergerissen. Die in Spitze gekleidete Frau hörte auf, sich mit ihren Haaren zu beschäftigen, die Jugendlichen stellten das Kichern ein, und die Bauarbeiter aus Totonaca erstarrten. Der dürre Kerl im PEMEX-Anzug drehte sich kurz um, wandte sich aber ganz schnell wieder ab, als er sah, wer hereingekommen war. Eilig leerte er sein Bier, wie auf ein geheimes Kommando standen alle Anwesenden auf und lehnten sich auf ihre gespreizten Hände gestützt an die Wand, die Füße schulterbreit auseinander, die Blicke zu Boden gerichtet.

»Tut mir furchtbar leid wegen der Störung«, sagte eine Stimme hinter mir, dem Akzent nach keine mexikanische. Das aspirierte ›H‹, die verschluckten ›S‹, das war eindeutig El Salvador.

»Normalerweise würden wir euch einladen, sitzen zu bleiben und was mit uns zu trinken.«

Jemandes Füße quietschten auf dem schmutzigen Boden.

»Aber wir müssen mit diesem Mann hier unter vier Augen reden und bitten euch zu gehen.«

Ein paar Hälse drehten sich, doch die Blicke kehrten schnell zur Wand zurück. »Bitte erlaubt mir, eure Rechnungen zu übernehmen. Aber jetzt, wenn's recht ist …?«

Die in Spitze gekleidete Frau, der dürre Kerl am Tresen, die Jugendlichen, die Bauarbeiter, sie rannten fast aus der Bar, ließen mich mit Osama bin Laden, Mangueras und El Prieto alleine. Neben ihnen stand der Verkäufer in seiner sauberen weißen Leinenhose mit seinen Pyramiden. Sein Gesichtsausdruck war wie aus Holz geschnitzt.

Als ich den anderen Mann sah, der bei ihnen war, der, der gesprochen hatte, entwich meiner Kehle ein Geräusch, das zu müde war für ein Seufzen, zu kraftlos für ein Ächzen.

Seitdem ich sein ovales, olivenfarbenes Gesicht mit der wohlgeformten Nase und dem akkuraten schwarzen Bürstenschnitt zum ersten Mal auf Fotos gesehen hatte, auf düsteren Aufnahmen eines Armeebataillons, das 1992 auf einem Fußballplatz seine Gewehre abgeben musste, war es mir in den allermeisten Nächten im Traum begegnet.

Puccini war gut gealtert. Seine Hände waren die eines jungen Mannes, seine Haut war faltenfrei und sein Haar frei von grauen Stellen. Abgesehen von der Narbe, hätte sein Gesicht auch das eines Teenagers sein können, gleichzeitig entspannt und draufgängerisch, als wäre nichts ein Problem.

»Ist er das?«, fragte Puccini.

»Das ist er, *jefe*«, sagte El Prieto.

»Ich hab unseren Kollegen gefragt.«

Der Totonake nickte.

»Sehr gut«, sagte Puccini und schüttelte seine Hand. »Du kannst jetzt gehen.«

Die vier Männer hinter ihm teilten den Vorhang, um ihn durchzulassen, seine Messingpyramiden klapperten in seinen Händen.

»Durchsucht ihn«, sagte Puccini.

Mangueras kam langsam auf mich zu, kratzte sich über die Bartstoppeln, betrachtete mich wie einen Schwachsinnigen. Sein Abtasten bestand mehr oder weniger aus Schlägen. Dann zog er eine Pistole aus seinem Schulterholster und schlug mir den Griff über das Kinn, es krachte grell und laut, der Dreck auf dem Boden des Bar-Raums schnitt mir in die Wange. Eine Wolke aus Belegen, Flugtickets und kleineren Quittungen wirbelte mir um den Kopf. Ein Fuß traf hart auf meinen Nacken, verwandelte die Bar in einen langen schwarzen Tunnel voller weißer Sternschnuppen, die in den Tiefen des Alls verschwanden.

Die Pistole in Prietos Hand knackte feucht, als er sie spannte und mir an den Kopf hielt. Gleich würde ein Knall ertönen, den ich nicht mehr hören würde, ich würde zuckend in einer Lache aus Hirnmasse, Zähnen und Haaren zusammenbrechen und wäre tot: so wie Abel Carranza, wie Carlos, wie Julián Gallardo, wie zweihunderttausend andere, deren Namen ich nie erfahren würde.

»Ab in den Sack«, sagte Puccini, übertönte die Explosionen von Orchester und Chor aus der Jukebox.

Prieto trat mit einem Hanfsack, auf dem CAFÉ DE CÓRDOBA stand, vor und zog ihn mir über den Kopf.

Es wurde dunkel, und ich atmete Luft, die nach Schmutz und Kaffee stank.

Das hat mich wirklich fertiggemacht, zu wissen, dass ich mit meinem letzten Atemzug den Gestank des Sacks einsaugen würde und nicht deinen goldenen Gardenienduft, den beißenden Rauch einer Zigarette, den Chlorophyllgeruch der Pflanzen in meinem Apartment oder den kalten Holzqualm in der Luft über deiner Stadt.

Dann spürte ich es. Das kaninchenartige Zittern von Carlos' Pulsschlag unter meinem Daumen damals im Wagen, jetzt hatte ich es unter meiner eigenen Haut.

Eine große Hand packte meine Handgelenke, zog einen Kabelbinder fest. Dann umschlossen die Hände meinen Hals, ich trat aus, meine Füße trafen ins Leere, aber ich bekam im Gegenzug einen festen Tritt zwischen die Rippen, so dass mir nichts anderes übrigblieb, als mich wie eine Krabbe zu krümmen.

»Nicht so fest am Hals«, sagte Puccini.

Wieder wurde ein Kabelbinder zugezogen: gerade locker genug, so dass ich noch Luft bekam; mein Atem krächzte durch meine verengte Kehle.

»Die Füße«, sagte Puccini.

Meine Knöchel wurden fest aufeinandergestoßen, und der Saum meiner Hose rutschte über das Plastik, das Plastik ziepte an meinen Beinhaaren.

»Okay, wir sind so weit«, sagte Puccini.

Auf dem Weg nach draußen rammte ich den Türrahmen, war aber zu benommen, um aufzuschreien. Dann knallte ich auf die Ladefläche eines Pick-ups, hinter mir quietschten zwei Stiefel.

»Ich versteh dich nicht, *cabrón*«, sagte Prieto über mir, einen Fuß auf meinem Hals. »Wir tun dir jeden erdenklichen Gefallen, und du schmeißt uns alles vor die Füße.«

Der Motor sprang an, und wir fuhren los, durch den Lärm der Hauptstraßen des nächtlichen Papantla und schließlich auf stillere Nebenstraßen. Jede Unebenheit ließ meinen Kopf auf die Ladefläche knallen.

Irgendwann hielten wir.

Es gibt ein Dutzend Möglichkeiten, eine Leiche für immer verschwinden zu lassen.

Zum Beispiel, indem man sie von einer Brücke wirft.

Prieto nahm den Fuß von meinem Hals und beugte sich über mich, seine Knie auf meiner Schulter, dann zog er den Sack herunter. Von meiner Stirn spritzte Schweiß in die warme Nachtluft. Über uns, halb von den Scheinwerfern des Polizei-Jeeps erleuchtet, ragte die Pyramide von El Tajín hoch über uns auf wie ein Berg aus leeren Augen. Puccini stand in der Uniform der Veracruz State Police hinter dem Pick-up.

Oder man wirft sie in einen Öltank.

»Ich möchte mich für die Art der Beförderung entschuldigen«, sagte Puccini. Als er sich an der Wange kratzte, sah ich die dilettantische MUFC-Tätowierung auf seinen Fingerknöcheln, offenbar mit Nadeln und Tinte selbst gestochen. »Kannst jetzt vom Pick-up steigen«, erklang sein gedehnter Südstaatenakzent. »Prieto, hilf ihm.«

Prieto packte mich unter den Achseln und zog mich so weit heran, bis meine Füße über der Stoßstange hingen.

Man zerhackt sie, stopft sie in einen Frackingkanal.

»Geht schon, danke«, sagte ich. Die Worte kamen mitsamt einer Blutblase heraus.

Er warf mich zu Boden, auf meine verletzten Rippen, ich stieß Luft aus, blies kleine Schottersteinchen von mir fort.

Puccini kniete sich mit einem langen sauberen Jagdmesser in der Hand neben mich und durchtrennte die Kabelbinder mit dessen Spitze. Dasselbe machte er an den Fußknöcheln, dann hockte er sich auf einen umgestürzten, moosbewachsenen Sockel mit eingravierten Schlangen.

»Setz dich.« Puccini zeigte auf den Platz neben sich. »Zigarette?«

»Haben Sie Wasser?« Meine Stimme war ein heiseres Krächzen. Ich stolperte über den grasbewachsenen Schotterweg bis zu dem umgestürzten Sockel und setzte mich in das grelle Halogenlicht der Scheinwerfer.

Er reichte mir eine Wasserflasche. Die Schlucke ließen meine Kehle beben.

»Weil du das selbst nicht kapierst, will ich es dir erklären«, sagte er. »Du wirst keine Unterlagen über meine Beziehung zu Ajenjo finden. Unsere Absprachen waren rein mündlich. Im April 2011 gab es ein Treffen mit dem CEO in einem kleinen Restaurant in Narvarte, und seine Anweisung war eindeutig: Brich den Widerstand der Einheimischen gegen die Vorhaben des Unternehmens in der Region. Mit welchen Mitteln, weißt du bereits.« Er zündete seine Zigarette an.

Ich hatte rosa Striemen von den Kabelbindern rings um die Handgelenke. Mein Kopf dröhnte – Prieto und Mangueras bewachten den Schotterweg mit Gewehren.

»Ihre Männer«, sagte ich. »Haben davon gesprochen, dass ihr uns mehrere Gefallen getan habt.«

Puccini nickte durch einen zerfetzten Schleier aus Zigarettenrauch. »Inzwischen weißt du ja wohl, dass wir deinen Freund nicht umgebracht haben und Gallardo auch nicht.« Er hielt mir das Päckchen hin. »Tatsächlich haben wir dich vor den Leuten beschützt, die dahinterstecken: Abel Carranza und die Guardia Civil.«

»Aber das war doch einer von euch.«

»War.« Puccini zuckte mit den Schultern. »Ganz Mexiko ist voll von Leuten, die zu viel reden«, sagte er, sein Blick ruhte auf dem Schotterweg, der von den Pyramiden auf die Hauptstraße zurückführte. »Das mit dem Pakt mit Ajenjo hatte sich rumgesprochen, und der Staat hat dabei nicht gut ausgesehen. Deshalb wurden wir demonstrativ verfolgt, aber eigentlich macht die Guardia Civil genau das, was wir früher gemacht haben, nur mit dem offiziellen Stempel der Regierung.« Er trat seine Zigarette mit dem Stiefelabsatz aus. »Wir wurden ersetzt. Sah nicht gut aus für den Staat oder die Unternehmen, dass wir für sie gearbeitet haben. Also haben sie neue Leute rangeholt, die dasselbe gemacht haben wie wir – nur dass sie sich hinter einem Dienstabzeichen verstecken konnten.«

»Und dann hat Abel Carranza euch verraten.«

Puccini sah mich an und nickte. »Er hat gemerkt, woher der Wind weht, ist mit seinen Männern zum Direktor des Unternehmens und hat gesagt, er könne der Guardia Civil helfen. Daraufhin haben sie uns gemeinsam gejagt wie Köter, und Abel war plötzlich der neue Spezialist, wenn es darum ging, die Stadt von Aktivisten zu säubern. Er hat die Leute ermordet, und die Guardia Civil hat die Leichen verschwinden lassen, offenbar wurden sie ins Krematorium bei den Kasernen gebracht.« Er zuckte mit den Schultern. »Damit hab ich nichts zu tun. Ich wollte deinen Freund lebend, genauso wie Gallardo. Die hätten genug Krach schlagen können, um diesen Dreckschweinen bei Ajenjo Probleme zu machen.« Er nahm einen Zug. »Dann wäre der Aktienkurs gefallen, keine Ahnung. Irgendwas wäre passiert, womit wir uns an ihnen hätten rächen können. Erst lassen sie sich von uns helfen, dann sägen sie uns ab, wenn es ihnen gerade passt.«

»Aber vor drei Jahren hättet ihr uns umgebracht.«

»Oh, keine Frage«, sagte Puccini. »Aber die Proteste und deine Story könnten bei Ajenjo mehr Schaden anrichten als wir. Deshalb haben wir euch machen lassen, als kleine Gefälligkeit. Und als Abel es auf euch beide abgesehen hatte, haben wir ihn uns vorgeknöpft.«

Ratten huschten durch das lange Gras. Die Pyramide beobachtete uns aus leeren Augenhöhlen, sie atmete den Flusswassergeruch lange vergessener Geschichte.

»Und daher«, sagte Puccini, überschlug die Beine und lehnte sich zurück, »schuldest du mir zwei Gefallen.« Er nahm einen Zettel aus der Tasche und reichte ihn mir. Als ich ihn auseinanderfaltete, stand dort mit sauberer blauer Schreibschrift die Adresse eines Restaurants in Narvate. »Morgen Abend um halb neun erwartet dich der CEO von Ajenjo unter dieser Anschrift zu einem Interview. Ich habe einen Jungen anrufen lassen, der Englisch spricht, er hat sich als dein persönlicher Assistent ausgegeben.«

Ich schaute von dem Zettel auf. »Und inwiefern tue ich Ihnen damit einen Gefallen?«

Sein Blick wanderte zu mir. »Stell ihm einfach deine Fragen, bis um neun bist du draußen. Wenn du fertig bist, fährst du nach Hause, veröffentlichst deine Story, und anschließend streichst du meinen Namen aus deinem Gedächtnis.« Er hob einen Finger. »Das ist der erste Gefallen.«

Ich spürte kaum, wie die Moskitos meine Arme attackierten, so angespannt war mein ganzer Körper.

»Der zweite ist, dass du noch eine Zigarette mit mir rauchst.«

Als wir uns erneut eine angezündet hatten, sagte er: »Ich habe jeden Augenblick dieses Lebens gehasst, weißt du. Bei der Armee haben sie uns geschnitten, wenn wir eine Übung nicht geschafft haben.« Er fuhr sich mit einem Finger über die Narbe in seinem Gesicht. Dann kniff er die Augen zusammen, rollte die Zigarette zwischen den Fingern. »*Scarface* war damals voll angesagt. Plötzlich nannten mich alle Al Pacino, aber die meisten konnten es nicht richtig aussprechen, und es kam nur ›El Puccini‹ heraus.«

Colonel Monterroso am Rande des Fußballplatzes, sein aknezerfressenes Gesicht im Schatten der lodernden Flammen.

»Wenn du zweimal versagt hast«, fuhr Puccini fort, »haben sie dich in einen Käfig mit den Mastiffs gesperrt, die wir auch bei Razzien eingesetzt haben.« Er schaute mich an. »Ich hab nur einmal versagt.« Er nahm einen Zug. »Die haben uns erzählt, das sei ein Dienst an Gott, dem Vaterland und der Familie.«

Vor meinem geistigen Auge sah ich erneut den Artikel in der *L.A. Times*, das Foto von Alfredo Cristiani mit seinem adretten Schnurrbart und dem noch adretteren Anzug am Rande des Fußballplatzes: »*Ihr habt einer transzendentalen Mission gedient.*«

»Wenn es einen Gott gibt«, sagte Puccini, »dann war er nach dem Krieg schlimmer als der Teufel.«

»*Ihr habt mit Mystik und Disziplin gekämpft, mit Mut und Tapferkeit.*«

El Puccini zog eine Schnute, schüttelte den Kopf. »Und dann gab es kein Vaterland mehr. Mit meiner Abfindung habe ich meinem Cousin geholfen, seine Autowerkstatt zu kaufen, damit wir auf lange Sicht was haben. Das war der Plan. Und dann?« Er klatschte in die Hände. »Acht Tage später kamen zwei frisch deportierte Yankee-Mexikaner mit Motorrädern vorbeigefahren und haben ihn abgeknallt.« Puccini beugte sich vor.

»Kein Gott, kein Vaterland«, sagte ich.

Als Puccini seine Zigarette austrat, blitzte die Stahlkappe unter dem abgenutzten Leder seines Stiefels hervor. »Damals wurden Menschen abgeschlachtet wie Hühner. Daran hat sich nicht viel geändert. Die Wirtschaft war am Boden. Und sie ist es immer noch. Der einzige Job, den ich bekommen konnte, war Busfahrer. Vierzehn Stunden täglich, danach bin ich mit Staub an den Händen und roten Augen nach Hause. Ich hätte zur Polizei gehen können, zum Innenministerium, zum Geheimdienst. Aber ich war lieber ein müder Vater, der abends nach Hause kommt, als gar kein Vater.« Er nahm mein Handgelenk. »Hier. Fühl mal.« Er presste meinen Finger in eine Vertiefung an seinem Hals, direkt hinter dem Ohr. »Spürst du den Knoten?« Er wackelte mit dem Finger. »Acht Jahre bei der Armee. Hinterhalt, Schießereien, was man sich nur vorstellen kann. Ich hab nicht mal eine Schramme abbekommen. Drei Wochen nachdem ich in

San Salvador als Busfahrer angefangen hab, steigen zwei junge Männer aufs Trittbrett und schießen mir in den Kopf.« Er lachte. »Hab den Schuss nicht gehört. Kein Tunnel, kein Himmel, kein Licht. Als ich aufgewacht bin, lag ich auf dem Fahrersitz in einer Lache aus Blut und Zähnen.«

Er fuhr fort. »Hab mich da rausgeschleppt, der Schmerz in meinem Schädel war nicht schlimmer als nach einer Kopfnuss – die Endorphine, weißt du, die rauschen durch einen durch. Aber als ich in das öffentliche Krankenhaus gekommen bin, wollten die mich nicht behandeln. Die hatten zu viel Angst: Sie dachten, die jungen Männer wären noch hinter mir her.« Er kratzte sich an der Narbe, die sein Gesicht in zwei Hälften teilte. »Das Problem bei Kopfverletzungen ist, dass sie oft schlimmer aussehen, als sie sind. Wahrscheinlich verliert man nicht das Bewusstsein, solange das Gehirn noch intakt ist und man dem Schock standhält. Also hab ich mich weitergeschleppt, in ein privates Krankenhaus.« Er nahm einen Zug von seiner Zigarette. »Die Rechnung hat gereicht, um meine Familie zu ruinieren. Also hab ich mich in ein Flugzeug gesetzt und bin nach Atlanta. Hab auf dem Bau gearbeitet und meine Arztrechnung in Dollar bezahlt. Und dann bin ich geblieben, weil ich meiner Tochter dank der Dollar in meiner Lohntüte den Besuch einer sicheren Schule ermöglichen konnte. Wobei das jetzt natürlich auch keinerlei Bedeutung mehr hat.

Meine Tochter war ein schlaues Kind, ein tolles Mädchen. Sie hat mir immer ihre Noten über Skype gezeigt. Lauter Einsen.« Sein Blick richtete sich auf das raschelnde Unterholz. »Dann ist sie dreizehn geworden, und auf einmal stand so ein Junge bei uns vor dem Haus, spielte uns eine Sprachnachricht vom Bandenchef aus unserer Gegend vor, der meinte, sie soll zu ihm nach Hause kommen. Sie hat's ignoriert. Am nächsten Tag kam der Junge wieder. Meinte, dieses Mal bliebe ihr keine andere Wahl.

Er hat sie in eins der Bandenverstecke gebracht – ungefähr vier Ecken von unserem Haus entfernt, in einer Straße, vor der wir unsere Tochter immer gewarnt haben. Und dort haben sie sie festgehalten.«

Die Stimme, die mir das alles erzählte, war tot.

»Keine Familie«, sagte ich.

»Ein Jahr lang ging das so. Niemand hat mir was davon erzählt. Als ich nach Hause kam, war das Mädchen wie ausgewechselt.« Er schüttelte den Kopf. »Ein Kind, dessen Seele zerstörter war als die der beiden Männer da vorne, die die Straße bewachen.« Er schlug in die Luft. »Und da habe ich einen Fehler gemacht. Ich hab's der Polizei erzählt. Der Junge, der sie vergewaltigt hat, war minderjährig. Sechzehn. Sie konnten ihn nur verwarnen. Aber weil sie meine Vergangenheit kannten, haben sie mir einen Gefallen getan, haben mir eine Waffe und einen Streifenwagen gegeben. Ich hatte eine Woche Zeit, ihn zu töten.« Er zuckte mit den Schultern und stieß ein verbittertes Lachen aus. »Ich hab ihn nicht gefunden. Also bin ich mit meiner Tochter nach Guatemala gefahren und hab sie dort zu Nonnen gebracht, bevor die rausgefunden haben, dass ich sie hintergangen habe.«

»Um meine Familie zu schützen, brauchte ich danach noch sehr viel mehr Geld, als ich mit der Arbeit auf dem Bau verdient habe. Also bin ich zu einem anderen Veteranen, den ich in der Stadt kannte, und fing an, für ihn zu arbeiten.«

»So kann man's auch nennen«, sagte ich.

Er sah mich an, als wäre die Bemerkung unverschämt gewesen, fuhr aber fort, als hätte ich gar nichts gesagt. »Ein paar Jahre später hat mich mein Chef nach Tabasco versetzt. Dem Gouverneur hier in Veracruz hat gefallen, was er gesehen hat, dem Unternehmen auch. Also haben sie mich nach Poza Rica geschickt, meinen Lohn verdreifacht, und ich habe jeden Penny, den ich verdient habe, nach Guatemala zu meiner Tochter und nach Salvador zu ihrer Mutter geschickt.« Er lehnte sich zurück. »Und jetzt ist das alles vorbei. Ich bin hier, mit einer Handvoll Männer, der gesamte Polizeiapparat ist hinter mir her, und ich habe keinen Gott mehr, kein Vaterland und keine Familie.«

Meine Zigarette war heruntergebrannt. Ein langes Stück Asche hing am Filter.

»Darf ich dir noch eine anbieten?«

»Nein, danke.« Ich nahm seine Wasserflasche, sah ihn fragend an.

Er hob respektvoll die Hand. »Bitte, bedien dich.«

Als ich die Flasche geleert hatte, stellte ich sie ab, wischte mir über den Mund und fragte: »Darf ich Sie zitieren?«

Puccini lachte. »Führ morgen das Interview, dann kannst du zitieren, wen du willst.«

Danach erhob er sich von dem umgekippten Sockel. »Wir sind fertig«, rief er Prieto und Mangueras zu. »Ihr beiden steigt hinten auf. Er fährt vorne mit.«

Zurück im Hotel, schlief ich traumlos und tief. Am nächsten Morgen begab ich mich wie ein Zombie vom Hotel zum Flughafen und, in Mexico City angekommen, zu dem Parkplatz am Terminal, wo ich meinen Jeep mit den ganzen Kaffeebechern, dem abgestandenen Kippengestank und der Waffe im Handschuhfach hatte stehen lassen. Obwohl die Luft warm war, zitterte ich in meiner Jacke und fuhr durch den zunehmend dichter werdenden Verkehr zu der Adresse, die Puccini mir gegeben hatte. Als ich vom Restaurant aus gesehen um die Ecke parkte, hatte der Himmel über mir die Farbe von Rauch. Ich schlug die Stunde bis zu der Verabredung mit einer Mahlzeit aus schlechten Doughnuts und noch schlechterem Kaffee am Steuer tot, das AM-Radio dudelte Boleros.

Das Restaurant, in das Puccini mich geschickt hatte, befand sich zirka vier Straßenecken von meinem alten Apartment entfernt, die Eingangstür war aus dunkler Eiche und die Fenster boten Einblick in eine Bar im Stil des Los Angeles der fünfziger Jahre. Vor der Hipster-*Mezcaleria* auf der gegenüberliegenden Straßenseite standen Jugendliche mit adretten Frisuren und gebügelten Klamotten und prahlten mit ihrer Kohle.

Ein Lexus SUV parkte vor der Tür, ließ meinem Wagen aber noch jede Menge Platz. Zwei Minuten vor halb neun laut der Uhr am Armaturenbrett fuhr ich langsam mit dem Jeep um die Ecke, sah den großen Mann im Anzug an der Tür und hob eine Hand. Er nickte mir zu und ließ mich parken, am Eingang klopfte er mich ab.

»Danke«, dann öffnete er mir die Tür. »Mein Vorgesetzter erwartet Sie.«

Roberto Zúñiga saß auf einer roten Lederbank, eine Flasche Centenario Reposado und ein halbvolles, gedrungenes Glas vor sich. Er wirkte imposanter, als man aufgrund der Bilder auf den Wirtschaftsseiten gedacht hätte: eins fünfundneunzig, kerngesund und weißhäutig, sein Haar war voll und ebenso grau wie sein Schnurrbart. Er schaltete sein Lächeln ein wie andere Leute das Fernlicht.

»Andrew«, sagte er, »wie nett, dass Sie gekommen sind.«

»Das Vergnügen liegt ganz bei mir, Don Roberto.« Ich streckte eine Hand aus.

»Bitte setzen Sie sich.« Er schenkte mir ein zweites Glas ein.

Die blasse bernsteinfarbene Flüssigkeit stieg im Glas auf. Mein Herz klopfte mir bis zum Hals. Wir waren alleine, abgesehen von einem Leibwächter im Anzug, der neben der Toilette Wache stand.

»Ich glaube nicht, dass ich viel von Ihrer Zeit in Anspruch nehmen werde.«

»Ach, wir können uns gerne so ausführlich unterhalten, wie Sie möchten. Die Welt soll ja erfahren, was wir machen«, sagte er durch ein leises Lachen hindurch.

»In gerade mal fünf oder sechs Jahren hat sich Poza Rica zur Stadt entwickelt, vorher war da nichts als ein Acker. Bis in die frühen achtziger Jahre hinein haben die Menschen dort unter Cholera und Ruhr gelitten – Krankheiten, die jede moderne Nation beschämen müssen. Und wie wurde das Problem gelöst? Durch Ölgelder.« Er lehnte sich auf der mit Nieten besetzten Bank zurück. »Genau das wollen wir jetzt tun. Wir wollen die Menschen in Poza Rica wieder an erste Stelle setzen.« Er hob sein Glas. »Darauf trinke ich.«

Ich ignorierte das Glas, hielt mein Aufnahmegerät hoch und fragte: »Darf ich?«

»Nur zu. Wie gesagt, wir wollen, dass die Welt Bescheid weiß.« Don Roberto hob eine Hand. »Aber bevor wir anfangen – Ihr Akzent, ist das ein amerikanischer? Oder ein britischer?«

»Das Gegenteil, ein irischer.«

Sein Lachen war ein tiefes geschmeidiges Wogen. »Eine wunderbare Symmetrie. Wissen Sie, die Geschichte von Poza Rica beginnt 1898. Damals stieß ein Ire dort auf Öl, und er hat es als Kerosin raffiniert.« Wieder dieses Lachen. »Aber dann haben es ihm die Engländer natürlich weggenommen.«

»Was soll ich dazu sagen? Das ist so Tradition.« Ich lehnte mich zurück.

Don Roberto lachte. »Also worüber wollten Sie jetzt im Einzelnen mit mir sprechen?«

»Wo soll ich anfangen?« Ich kratzte mich am Kinn, blätterte träge eine Seite um. »Also, ich vermute mal, dass dieser neue Run aufs Öl ein ganz großer Moment für Ihre Stadt sein könnte.« Ich schaltete das Aufnahmegerät ein. »Würden Sie uns verraten, was Sie sich für Poza Rica erhoffen?«

Don Roberto lächelte. Ich startete auf einem für ihn sicheren Territorium. »Der Tag, an dem die Zwangsenteignungen verkündet wurden«, sagte er, »das war der 19. März 1938. Wenn Sie unser Gewerkschaftsgebäude besucht haben, kennen Sie vielleicht die Büste unseres geschätzten Präsidenten Lazaro Cardenas. Er ist sozusagen der Großvater dieser Stadt. Vor seiner Maßnahme wurden die Arbeiter hier geknechtet, die Gewerkschaften gezwungen, ihre Versammlungen in aller Stille und heimlich abzuhalten. Wenn die amerikanischen Unternehmen trotzdem Wind davon bekamen, wurden sie geschlagen, entführt, gefoltert, getötet. Ebenjene brutalen Auswüchse …«, er hob einen Finger, »… waren der Grund, warum unser Präsident beschlossen hat, die Rohölvorkommen unseres großartigen Landes zu verstaatlichen und zum Eigentum aller Mexikaner zu machen.«

Ich schrieb nichts auf. Diese Sätze hatte ich alle schon einmal gehört, schon vor Jahren in Interviews mit ihm gelesen. »Die Stadt schuldet Ihnen also einen Gefallen.«

»Also, so vermessen möchte ich nicht sein.« Don Roberto entspannte sich, schaltete auf Autopilot. »Seit 1938 gehört das Öl Mexiko und zum Teil auch unserem Unternehmen. Der Krieg hat uns Wohlstand gebracht.« Er zählte die folgenden Punkte an seinen Fingern ab. »Wir haben an Amerika verkauft, an Japan, Russland und Deutschland, an Frankreich und Italien. Dadurch entstand ein Arbeiterparadies, das Mexikaner für Mexikaner geschaffen hatten.« Er breitete die Hände aus. »In unseren Adern fließt Öl. Poza Rica ist die Gewerkschaft, und die Gewerkschaft ist Poza Rica.«

»Aber wie kommt es dann zu den aktuell herrschenden Zuständen in der Stadt?« Ich blätterte eine Seite in meinem Notizbuch um. »Sie wissen, dass viel über die Kriminalitätsrate gesprochen wird, über Öldiebstahl, über vertriebene Totonaken.«

Sein gelassenes Lächeln gefror. »Oh, das ist alles sehr traurig.

Aber der Niedergang von Poza Rica ist der Niedergang des Öls selbst.« Er zuckte mit den Schultern. »Aber wie Sie sagen, neue Investitionen bedeuten auch neue Hoffnung.«

»Haben Sie keine Angst, dass eine Situation wie in den dreißiger Jahren entstehen könnte? Ich meine, Sie haben gerade vom Missbrauch ausländischer Unternehmen gesprochen. Davon gibt es eine ganze Menge.«

»Aber das sind jetzt andere Zeiten.« Plötzlich war seine Stimme eine scharfe Klinge. Er nahm einen knappen Schluck aus seinem Glas.

»Nein, aber dieses Arbeiterparadies, von dem Sie sprechen ...« Die Luft in der Bar stieg auf dschungelschwüle Temperaturen an. »Ich meine, im Prinzip ist das für andere Menschen die Hölle, oder? Die Totonaken wurden von ihrem Land vertrieben, das Wasser ist vergiftet, die Luft auch.«

Don Robertos Stirnfalten wurde tiefer. »Wir haben den Betroffenen Entschädigungen gezahlt.«

»Ach ja, so wie in San Antonio Ojital?«, fragte ich.

Er hustete in sein Glas. »Was ist denn dort?«

»Ich habe mit einer Frau dort gesprochen«, sagte ich. »Sie haben ihr eine viel zu kleine Summe für ihr Land geboten.«

»Wir haben ihr den Marktpreis ihres Grundstücks angeboten.«

»Aber wie viel Öl haben Sie erwartet, dort zu fördern? Wie viel war das wert?«

»Das lässt sich unmöglich sagen«, erwiderte Don Roberto. »Wir mussten ja erst mal die Quellen unter ihrem Land prüfen. Hätte viel sein können, hätte aber auch sehr wenig sein können. Wir haben ihr die Summe geboten, die wir für fair erachtet haben.«

»Zwanzigtausend Dollar?«

»Etwa in dieser Höhe, ja.«

»Hielten Sie es auch für fair, ihr ein Erschießungskommando nach Hause zu schicken?«, fragte ich.

Sein Blick verengte sich, und er beugte sich über den Tisch. »Wie bitte?«

Ich entsperrte mein iPad und tippte auf das Foto von Abel Carranza.

Die Antwort kam unverzüglich. »Diesen Mann kenne ich nicht.«

»Was ist mit den beiden hier?« Ich zog den Ausdruck von Julián Gallardos abgeschältem Gesicht aus der Tasche. »Den haben Sie ermorden lassen.« Ich öffnete das Foto, das mir Gallardos Mutter von ihrem toten Mann geschickt hatte. »Und Sie wollten seinen Vater verschwinden lassen.«

Zúñiga befingerte seine Krawatte, sein Gesicht war reglos. »Von diesen Vorkommnissen ist mir nichts bekannt.«

»Okay.« Ich blätterte die Seiten durch, bis zu meinem Gespräch mit Leo. »Ein ehemaliger Angestellter behauptet, dass in einer der Frackingkanäle Ihres Unternehmens Leichen entsorgt wurden.«

Er schnaubte spöttisch. »Sollte das der Fall sein, dann betrifft das ja wohl eher seinen direkten Vorgesetzten.«

Der Leibwächter vor der Toilette löste die verschränkten Finger und trat einen Schritt vor.

Ich nahm die zerfledderte Ausgabe von *Proceso* aus meiner Tasche und warf sie auf den Tisch. Das Glas Tequila, das mir Zúñiga eingeschenkt hatte, kippte klappernd zu Boden, hinterließ einen Flecken auf Carlos' Gesicht.

Carlos starrte dem Mann entgegen, der ihn ermordet hatte.

»Erkennen Sie ihn?«

Zuñiga sagte nichts.

Ich tippte auf die Zeitschrift. »Das war mein Freund.« Ich schob ihm die Zeitschrift entgegen und sagte: »›Wir wollen, dass die Welt Bescheid weiß.‹«

Zúñiga stieß ein angewidertes Geräusch aus, als ihn die Zeitschrift am Bauch traf, dann erhob er sich.

»Mit dem größten Respekt«, sagte er, »ich muss Sie jetzt doch bitten, zu gehen.«

»Cool«, sagte ich, steckte das Notizbuch und das Aufnahmegerät ein und faltete die Ausgabe von *Proceso* zusammen, als wollte ich Fliegen damit erschlagen, und ging zur Tür. Roberto Zúñigas Blick laserte mir in den Rücken, Carlos' Gesicht ruhte fest an meiner Brust.

»Gute Fahrt.« Dann kippte er den restlichen Tequila runter.

Um neun bist du wieder draußen, hatte El Puccini gesagt.

Laut der Standuhr im Eingangsbereich des Restaurants war es jetzt acht Uhr achtundfünfzig.

Als ich hinaustrat, waren der Mann, der die Tür bewacht hatte, und der Wagen weg. Bevor ich die Fahrertür meines Jeeps öffnen konnte, warf mich der plötzliche Luftzug eines vorbeirasenden Fahrzeugs dagegen. Ein schwarzer Lexus SUV.

Durch das geöffnete Fenster griff ich ins Handschuhfach. Die Waffe war kalt und lag leicht in meiner Hand. Ich ging in die Hocke, presste mich flach an die Wagentür und sah vier Straßenecken weiter die Rücklichter des SUVs aufleuchten. Dann beschrieb er kreischend einen Kreis nahm wieder Fahrt geradeaus auf, die Kegel der Scheinwerfer blendeten mich grellweiß.

Der Motor röhrte, und der SUV raste auf mich zu, war drei Ecken weit entfernt.

Ich hatte noch Ositos Worte im Kopf: »Der Schalter für das Laservisier befindet sich oben am Schaft.«

Zwei Straßenecken.

Ich legte den Schalter um und holte tief Luft.

Noch eine.

Ein Fasan, der aus einer Hecke in Irland auffliegt, ein Kaninchen, das über ein Feld springt, und mein Finger am Abzug eines

Luftgewehrs auf einem Feld hinter dem Haus, in dem ich wohnte.

Der Knall des Reifens, als die Luft aus ihm entwich, übertönte den meiner Pistole. Die Bremsen quietschten, zogen eine Gummispur über den Asphalt, aber es funktionierte nicht: Glas zersprang, und der SUV krachte an die Wand der hippen *mezcaleria*, die Jugendlichen davor schrien laut, während die Hupe unter dem Druck der Stirn des bewusstlosen Fahrers dröhnte.

Don Roberto stand allein am Fenster des Restaurants, mit offenem Mund, den Blick auf das Wrack gerichtet. Ich sah ihn nicht an, stieg einfach in den Wagen.

Die Jugendlichen rannten bereits los, um dem Mann im Wagen zu helfen, pressten sich Handys an die Ohren.

»Scheiß aufs Wenden in drei Zügen«, sagte ich, setzte zurück und fuhr in den Kreisverkehr. Als ich aufs Gas trat, fiel mir ein Kaffeebecher über die Füße.

Don Robertos Gesicht schrumpfte im Rückspiegel und verschwand. Ich beschleunigte, und das abrupte Tempo fühlte sich für mich wie ein Fußtritt in den Magen an. Als ich am Parque Delta vorbeikam, textete ich Maya und sagte ihr, sie solle zu Dominic fahren, die Kopfstütze lag feucht an meiner Haut.

An der ersten Mülltonne, die ich sah, hielt ich an, steckte die Waffe in einen Kaffeebecher und warf beide hinein.

Ein paar Ecken von Dominics Haus entfernt stellte ich die beiden Café-Garat-Packungen mit Munition auf den Gehweg, montierte meine Kennzeichen ab und steckte sie in einen weggeworfenen Pizzakarton, der an eine Mülltonne lehnte, dann zog ich den Schlüssel vom Schlüsselring und ließ ihn bei unverschlossener Tür im Zündschloss stecken, ging mit meiner Tasche und einer Zigarette im Mundwinkel zu Dominic.

24

Dominic öffnete die Tür, wirkte zerzaust und müde.

»Warst du nicht in Uruguay?«, fragte er. Er führte mich in ein Wohnzimmer, dessen Wände mit Ausschnitten aus *Tim und Struppi* tapeziert war. Der lange Tisch war ein einziges Meer aus Visitenkarten und Ausdrucken. Er machte mir eine kleine Fläche dazwischen frei. »Was ist passiert?«

»Jemand hat versucht, mich zu überfahren«, sagte ich.

»Sind sie dir gefolgt?«

»Glaub nicht. Der Typ hatte einen Unfall und ist ohnmächtig geworden.«

»Ich hol dir ein Glas Wasser«, sagte Dominic. »Der Wächter unten soll einen Streifenwagen rufen.« Er kehrte zum Tisch zurück. »Irgendwie ist das aber gutes Timing. Ich hab mir deinen Entwurf von gestern Abend angesehen. Hast du sonst noch was? Die Sache mit den Todesschwadronen des Kartells trägt so noch nicht.« Er hielt inne. »Wieso grinst du?«

Und dann zog ich mein Notizbuch und mein Aufnahmegerät heraus, und bis ich mit dem Erklären fertig war, hockte Dominic den Kopf auf die Hände gestützt auf dem Sofa.

»Scheiße«, sagte er und drehte den Laptop um, schob ihn mir zu. Ein paar Visitenkarten und Blätter fielen raschelnd zu Boden. »Verfluchte Scheiße. Schreib das auf. Wir brauchen das bis morgen.« Er stand auf. »Und ich brauch was zu trinken. Willst du auch was?«

Das Zucken in meinem Auge war wieder da. »Kannst du vielleicht Kaffee kochen?«

Es klingelte an der Tür.

»Das ist Maya. Äh, ich wollte dir gerade … weißt du, ich wollte lieber auf Nummer sicher gehen.«

»Schleppst du jetzt gleich deine ganze Clique an, oder wie?« Er machte die Tür auf.

»Bevor du fragst«, sagte sie zu mir. »Ich hab die Katze nicht mitgebracht.«

»Sie hat auch einen Namen.«

»Was soll das alles?«, sagte Maya. »Geht's um die Schießerei in Narvate?«

»Was?«, fragte Dominic.

Mir lief es kalt über den Rücken.

Führ ein Interview mit ihm.

»Ja«, sagte Maya. »Dein Mann von Ajenjo hat sich abknallen lassen.«

Und um neun bist du wieder draußen.

»Auf Twitter heißt es, die Täter waren drei Typen in einem Wagen der Veracruz State Police«, sagte Maya und schaute auf ihr Handy. »Die haben ein Restaurant in Narvarte zusammengeschossen, gleich da an dem Kreisverkehr.«

»Aber es gibt nur ein Opfer«, sagte Dominic, der über ihre Schulter gebeugt mitlas. »Roberto Zúñiga. CEO von Ajenjo. Ein Leibwächter hatte eine Gehirnerschütterung, nachdem er seinen Jeep an die Wand gefahren hat, ein anderer hat eine Kugel in die Schulter abbekommen.«

»Schau dir die Patronenhülsen auf dem Foto an«, sagte Maya. »Bleifrei.«

»Ich glaube, wir brauchen alle einen Kaffee«, sagte Dominic.

»Ein Bier für mich, wenn du eins hast.« Sie setzte sich auf die Couch. »Also, seit wann bist du wieder da?«

Meine Finger klapperten über die Tasten. »Schwer zu sagen.«

»Er muss einen Artikel schreiben«, sagte Dominic. »Wir sind heute Abend seine Chefs.«

»Na ja, er hat seine Befugnisse als freier Mitarbeiter jedenfalls deutlich überschritten«, sagte Maya. »Hat er dir von der Katze erzählt?«

»Nein, aber alles andere«, rief Dominic aus der Küche.

»Er hat sie einfach bei mir abgeladen.« Sie zeigte auf mich. »Sobald du mit dem Artikel da fertig bist, werf ich dich vom Balkon.«

Dominic schob mir den Kaffee an meinem Ellbogen vorbei und reichte mir Kopfhörer. »Vielleicht brauchst du die. Ich hab ein Sixpack im Kühlschrank.«

Maya und Dominic hielten mich mit Kaffee wach, bis sie das Sixpack vernichtet hatten und eingedöst waren. Als der Gasmann am frühen Morgen rufend um den Block zog, war der Artikel fertig.

»Hey, also …«, sagte ich, »… ich glaube, wir sind fertig.«

Dominic schob seine Brille zurecht. »Oh. Großartig. Lass mal sehen …« Ich drehte den Laptop zu ihm. Er überflog den Text, und ich ging hinaus auf den Balkon, stellte mich neben Maya ans Geländer, die auf einem der Acapulco-Stühle, die Dominic dort aufgestellt hatte, unter einer Decke eingeschlafen war.

Die Wolkenkratzer am Paseo de la Reforma glühten messingfarben im Morgengrauen. Die Zigarette, die ich rauchte, ließ mich am ganzen Körper zittern. Die Apartments wirkten im morgendlichen Dunst wie kleine Höhlen aus dunklem Holz und trübem Licht.

»Das ist erstklassige Arbeit«, sagte Dominic hinter mir und hielt mir einen Ausdruck ohne rote Anmerkungen entgegen. »Vielleicht brauchen wir eine Fortsetzung.«

»Alles hier.« Ich klemmte mir die Zigarette zwischen die Zähne und reichte ihm den USB-Stick.

Dominic runzelte die Stirn. »Soll das heißen, du bist in nächster Zeit nicht per E-Mail erreichbar?«

»Theoretisch schon. Aber – na ja, du weißt ja.«

Dominic zuckte mit den Schultern. »Musstest deinen Urlaub ja wohl vorzeitig beenden …«

»Wo willst du hin?«, fragte Maya, gähnte auf dem Stuhl.

Carlos, wenn du das liest, ich hab mehr Angst vor deiner Mutter als vor El Puccini, Mangueras, El Prieto und den ganzen Kerlen zusammen.

»Guatemala«, sagte ich. »Antigua.«

»Da lässt es sich gut entspannen«, sagte Dominic. »Geh, schau dir die Kirche an.«

»Welche Kirche?«, sagte Maya. »Dort gibt es mindestens dreihundert.«

»Na ja, eine alte halt«, sagte er.

»Die sind allc alt.«

»Ich hab's nicht eilig.« Ich drehte das Aufnahmegerät in meiner Tasche.

Dominics Blackberry piepte.

»Das ist der Baron.« Er schaute aufs Display. »Deine Story erscheint in zwanzig Minuten.« Er schob seine Brille hoch und rieb sich die Augen. »Ich denke, wir brauchen mehr Kaffee.«

»Dieses Mal koche ich ihn«, sagte ich.

»Wenn du das machen würdest?« Dominic setzte sich langsam auf die Couch.

Maya folgte mir in die Küche. »Dann also Guatemala, hm?«

»Ja.« Ich spülte die Espressokanne aus und gab gemahlenen Kaffee hinein.

»Zu Carlos' Mutter.«

»Grüß sie schön von mir.«

»Das mache ich. Sie mag dich.« Ich stellte die Espressokanne auf den Herd und zündete die Flamme an.

»Dich mag sie auch. Bei der Feier im Anschluss an die Beerdigung hat sie sich schon gewünscht, du wärst dabei gewesen.«

»Um mir den Kopf abzureißen, oder warum?«

Maya gab mir einen Klaps auf die Schulter. »Sei nicht so.« Sie stieß einen Seufzer aus. »Geh sie besuchen, ja? Schau mal, was passiert.« Sie drückte mir ein letztes Mal die Schulter und ging zurück ins Wohnzimmer.

Die Espressokanne pfiff auf dem Herd, und ich schaltete das Gas aus, aber ich konnte den Kaffee nicht einschenken, so heftig musste ich weinen.

25

Alle paar Stunden geht ein Flug von Mexico City nach Guatemala, und so saß ich vier Stunden nachdem ich Dominics Wohnung verlassen hatte auf dem Gepäckträger eines türkis und rot angemalten und umgebauten US-amerikanischen Schulbusses, redete Blödsinn, rauchte Kippen mit den Gepäckhelfern und schaute von der hügeligen Waldstraße Richtung Antigua auf Guatemala City herunter.

Hinter mir piepten Küken in Kartons. Die Stoßdämpfer des Busses waren kaputt wie alte Bettfedern, weshalb das Piepen jedes Mal, wenn wir um eine Kurve bogen, anschwoll – also andauernd. Der Fahrtwind wehte mir ins Gesicht und erstickte jeden Gedanken, übrig blieb nur der Wind auf meiner Haut, das durch die Blätter der Bäume sickernde Licht, der Gestank nach Benzin und warmem Asphalt.

Wir trafen am späten Nachmittag am Marktplatz ein, wo ich den Gepäckhelfern ein Trinkgeld gab und durch die grellgelbe Nachmittagssonne davonging, mir den Schmutz der Straße von der Stirn wischte, mein ganzes Leben in einer einzigen Tasche mit mir herumschleppte.

Im Hotel loggte ich mich ins Internet ein, um Maya eine Nachricht zu schicken, ihr zu sagen, dass ich gut angekommen war – und da fing schon der ganze Trubel an – es hagelte Glückwünsche, Leute hatten meinen Artikel geteilt, getweetet und so weiter.

»*Tolle Ehrung für Carlos*«, schrieb Sadiq.

Ich öffnete den Link, den mir Dominic geschickt hatte, und scrollte durch den Artikel nach unten – die Geschichte, die ich mit Francisco zu Ende geführt hatte, die Geschichte, die Carlos das Leben gekostet hat, die Geschichte, über die jetzt alle redeten, war unter seinem, Franciscos und meinem Namen erschienen – meiner stand ganz oben.

Die mexikanische Geschäftswelt befindet sich im Schockzustand, nachdem Roberto Zúñiga, 61 – CEO des rasant wachsenden Ölunternehmens Ajenjo und von den einschlägigen Wirtschaftsseiten, die das mexikanische »Ölwunder« beschwören, nicht mehr wegzudenken – in einem Restaurant in dem gutbürgerlichen Stadtteil Narvate niedergeschossen wurde.

Ein Sprecher der Polizei wollte nicht über die Tatmotive spekulieren, Augenzeugen berichten aber, dass Schüsse aus einem Streifenwagen der Veracruz State Police auf das Restaurant abgegeben wurden, in dem Mr Zúñiga in Begleitung zweier Leibwächter allein zu Gast war – beide trugen Verletzungen davon, jedoch keine lebensbedrohlichen.

»Wir sind zutiefst erschüttert«, sagte ein Vertreter von Ajenjo, der nicht genannt werden möchte. »Roberto Zúñiga hat mehr zur Entwicklung seiner Heimatstadt Poza Rica beigetragen als irgendjemand sonst.«

Die in den USA ansässigen Vertragspartner von Ajenjo wollten zu dem Vorfall nicht Stellung nehmen, mit der Begründung, »es handele sich zwar um ein tragisches, aber doch internes Ereignis. Wir denken jetzt an die Angehörigen Zúñigas, denen unser Mitgefühl gilt, und an sein herausragendes Vermächtnis im Dienst des Unternehmens.«

Wieder brummte mein Handy. Kelleigh: »Und das Ass hattest du die ganze Zeit heimlich im Ärmel!«

Doch gerade in Bezug auf jenes Vermächtnis und den Dienst an Mexikos gebeutelter Ölhauptstadt Poza Rica bleiben einige Fragen offen.

Recherchen dieser Zeitung haben ein Netz an Gewalt und Bedrohungen offengelegt, das von den Kartellen und korrupten Ge-

werkschaften bis hin zu Zúñigas Vorstandsetage reicht. Außerdem konnten Zusammenhänge nachgewiesen werden mit dem sehr bekannt gewordenen Fall des verschwundenen Umweltaktivisten Julián Gallardo, dem Mord an dem Fotojournalisten Carlos Arana sowie zweier Angestellter von Ajenjo, die auf die Versuche des Unternehmens aufmerksam gemacht hatten, Proteste gegen die durch massive Umweltverschmutzung verursachte schwindende Luft- und Wasserqualität der Region zu unterdrücken.

Wieder brummte mein Handy: Pau von CNN. »*Wie hast du das hingekriegt?*«

Ein einheimischer Kartellmitarbeiter, ein ehemaliger Veteran aus dem Bürgerkrieg in El Salvador, Evelio Martínez – besser bekannt unter seinem Spitznamen »El Puccini« –, gab an, es habe bereits 2011 mündliche Absprachen zwischen seiner Fraktion des berüchtigten Zeta-Kartells und Mr Zúñiga persönlich gegeben.

»Sie werden keine belastenden Dokumente finden, was meine Beziehung zu Ajenjo betrifft«, sagte Martinez. »Das Verhältnis war rein verbal. Bereits im April 2011 hatte es ein Treffen gegeben, und Zúñigas Anweisung war eindeutig: den lokalen Widerstand gegen die Vorhaben des Unternehmens in der Region brechen.«

Diese Aussagen wurden vom Bürgermeister der Totonaken-Siedlung San Antonio Ojital bestätigt. Die Brunnen und Pflanzen der Ortschaft weisen allesamt die verräterischen Anzeichen von Ölverschmutzung auf: verschrumpelte Mandarinen, Wasser dickflüssig wie Sirup und Smog.

Apolonia Xanat Benítez behauptet, zwei Wochen nachdem sie die von Ajenjo angebotene Abfindung für ihr Land abgelehnt hatte, habe ein bekannter Vertreter des organisierten Verbrechens, der sich als Beamter der Veracruz State Police verkleidet hatte, sie und ihre Familie aus ihrem Haus vertreiben wollen.

»Er hat gesagt: ›Wir haben euch ein großzügiges Angebot gemacht. Wenn wir wiederkommen, und ihr seid noch hier, seid ihr

tot‹, hatte sie erklärt. ›Aber wir würden lieber sterben als weggehen.‹«

Wieder brummte es: Jon. »*Du Arsch, wegen dir müssen wir jetzt alle nach Poza Rica.*«

Zwei Bohrtechniker, die bei Ajenjo angestellt waren, gaben an, dass Frackinggeräte – die von einem multinationalen US-amerikanischen Ölkonzern bezogen und für den Einsatz außerhalb von Tamiahua angeschafft worden waren – verwendet wurden, um die Leichen derjenigen verschwinden zu lassen, die Puccini mit seiner lokalen Zeta-Fraktion ermordet hatte.

»Wir haben volle Müllsäcke mit menschlichen Körperteilen in die Bohrschächte geworfen und die Motoren eingeschaltet«, sagte einer der ehemaligen Techniker. »So zerstückelt lässt sich schwer sagen, wie viele Leichen es waren.«

Sowohl der Techniker als auch sein Kollege haben bestätigt, dass ein von der einheimischen Ölarbeitergewerkschaft als Anwalt verpflichtetes Mitglied der Zetas gemeinsam mit einem Komplizen die örtliche Polizei, die diese Entsorgungsaktion im Mai 2014 überwacht hatte, erfolgreich infiltriert hatte, und zwar kurz bevor die Staatsregierung die Guardia Civil einsetzte, eine polizeiliche Eliteeinheit, damit diese gegen die eskalierende Gewalt in der Stadt vorging.«

Francisco sprach mir eine Nachricht auf die Mailbox. Man konnte ihm die Erleichterung anhören und dass er bei hoher Geschwindigkeit im Auto unterwegs war.

»Tolle Neuigkeiten«, sagte er. »Alle wollen reden. Ich bin auf dem Weg zu ein paar Ölarbeitern. Später fahre ich zum Flughafen – ein paar Dokumentarfilmer aus Kolumbien kommen an.« Er hielt inne. »Weißt du, Carlos hat da wirklich was Großartiges hinbekommen.«

Vertreter des Kartells haben bestätigt, dass es ein fortgesetztes Bündnis zwischen Ajenjo und den einheimischen Polizeikräften gab. Darüber hinaus wurde bekräftigt, dass der ermordete Abel »Dientes de Tiburón« Carranza für den Mord an dem mexikanischen Fotojournalisten Carlos Arana und das Verschwinden des Studenten und Umweltaktivisten Julián Gallardo verantwortlich war, wodurch sämtliche Hoffnungen zunichtegemacht wurden, dass ein entschiedenes Vorgehen gegen das Verbrechen in Poza Rica erneut Investoren und Arbeitgeber in die ehemalige Ölhauptstadt Mexikos locken könnte. Im Gegenteil, Befürchtungen, Umweltverschmutzung und Verbindungen des organisierten Verbrechens zu korrupten Angehörigen der Guardia Civil würden auch weiterhin das bürgerliche Leben vergiften, erwiesen sich als überaus berechtigt.«

Als ich die Tabs auf meinem Browser durchsah, entdeckte ich, dass alle großen Nachrichten-Websites unseren Artikel als Topmeldung brachten – Carlos und ich, unsere Namen tauchten überall auf, sogar an Stellen, von denen wir immer geträumt hatten.

Wenig später schaltete ich mein Handy aus, ging mit meinem Kaffee auf die Dachterrasse, schloss das Fenster und sank auf den Liegestuhl, vergrub den Kopf in den Händen.

»Ich bin überhaupt nicht bereit dafür«, sagte ich, drehte das Aufnahmegerät in meiner Tasche herum.

Von der Terrasse aus konnte ich direkt durch den Eingang einer halb verfallenen Kirche an der Ecke schauen. Rotes Wachs tropfte, qualmte und loderte auf einem Abtropfblech am Altar. Gegenüber der Kirche, neben einem Säulengang, der 1773 bei einem Erdbeben zerstört worden war, saßen Mayafrauen auf rot-pinken Decken, deren Zickzackmuster an die Getreidefelder im Umkreis der Stadt denken ließen, vor ihnen ausgebreitet lagen Mais, Chayote und Chillies. Sie zu beobachten beruhigte mich genug, um nach unten zu gehen und mich auf den Weg zu Veronica zu machen.

Antigua ist ein zentraler Knotenpunkt für Rucksackreisende in der Region, weshalb aus den Clubs die lauten Rufe fröhlicher Touristen und das Wummern von Musik hallte, aber Veronicas Straße befand sich ein gutes Dutzend Straßen weiter weg von alldem, grenzte hinten an einen grün bewachsenen Hügel. Das einzige Geräusch war ein hin und wieder vorbeidröhnendes Motorrad, das Zirpen der Grillen, Vögel, die in ihren Nestern in den ausgehöhlten Ruinen der Kirchen zwitscherten. Im Licht der Natriumlaternen hätten die eingestürzten Kirchenschiffe und -kuppeln auch die kleinen Plastikruinen sein können, um die einst meine armen toten Fische ihre Kreise gezogen hatten. Im Osten sah man unzählige stumme, weiße Blitze über dem Pacaya-Vulkan, der in der Ferne brodelte.

Das Haus befand sich ganz am Ende der Straße – eine blau gestrichene Villa im Kolonialstil hinter einer riesigen gemaserten Holztür. Der Türklopfer war ein massiver Stahlring im Maul eines Löwen.

»Drei Mal klopfen genügt, oder?«, sagte ich zu niemandem und tat anschließend, wofür ich den ganzen langen Weg hierher auf mich genommen hatte.

Veronica brauchte nicht lange, um zur Tür zu kommen. Als sie öffnete, hielt sie ein Geschirrhandtuch in einer Hand und einen Becher in der anderen.

»Andrew.« Ihr Gesichtsausdruck war mehr oder weniger der, den ich erwartet hatte: drei verschiedene Formen von *Was zum Teufel willst du hier?* – wütend, überrascht, gerührt – alles gleichzeitig, trotzdem zog sie die Tür auf. »Na, dann komm mal rein.«

»Danke, Ms Arana.« Ich folgte ihr in die Diele mit den unverputzten Wänden und der hohen Decke, auf allen Seiten standen kleine Schulstühle aus Holz. Ich zeigte darauf und fragte: »Die Stühle, war das nicht mal eine Ausstellung von dir? Carlos hat mir mal ein Foto gezeigt. Ist toll geworden.«

Sie nickte. »Ende letzten Jahres. Anlässlich des Jahrestags des Waffenstillstands. Die sind alle aus Nebaj.«

»Wo die Massaker stattgefunden haben?«

»Genau.« Sie legte die Hände auf die Hüften. »Die Schulen in der Gegend konnten sich keine Möbel leisten, früher musste man sich selbst Stühle mitbringen. Hier ist einer für jedes während des Kriegs in Nebaj ermordete Kind.«

Der Atem, den sie einsog, klang heiß, und sie senkte den Blick zu Boden.

»Ich hätte nie gedacht ...« Sie unterbrach sich. »Verzeih mir.« Dann wandte sie sich kurz ab, zwickte sich in die Nase, ihre Brille mit dem dicken roten Gestell lag auf ihren Fingern. »Okay. Ich mach uns Kaffee.«

Wir gingen an einer Tür vorbei, die in ihr Atelier führte. Im Zentrum des Raums sah man ein Stück von einer großen hölzernen Pietà. Marias Gesicht war voller schwarzer Flecken. Das Haar unter ihrer blauen Haube war echt. Sie hatte kein Kind in den Armen.

»Die ist von 1541«, sagte sie. »Dem Jahr, in dem die Stadt zum ersten Mal zerstört wurde. Mehr konnte nach dem Vulkanausbruch nicht aus der Kathedrale gerettet werden.«

Der Rasen zu meiner Linken war satt und grün, hier und da wuchsen dunkellila Azaleen. In der Mitte plätscherte ein Brunnen. Weitere Heilige hingen an den Wänden: Santa Lucia bot ihre Augen auf einem Tablett an, Sankt Sebastians stummes Ächzen und seine dunkelvioletten Wunden, Sankt Judas mit seinem Messingmedaillon, das Jesus im Profil zeigte.

»Kann wohl ganz schön ruhig hier sein«, sagte ich, als wir die Terrasse umrundeten und in ihre Küche gingen.

»Mir gefällt das so«, sagte sie. »Jedenfalls meistens.«

Riesige gelbe Lehmschüsseln hingen überall an den Terrakotta-Wandfliesen, daneben alte gusseiserne Töpfe, Zangen,

Schürhaken. Der Herd in der Ecke war ein AGA. Auf einem der Stühle saß ein Holzjesus mit beweglichen Armen und Beinen.

»Tut mir leid wegen diesem Typen«, sagte sie. »Er ist zu schwer, um ihn an die Wand zu hängen.«

Ich setzte mich neben Jesus. Seine Lapislazuli-Augen glänzten im trüben Licht der Küche. »Das ist der Rest der Pietà, oder?«

»Ja«, sagte sie, stellte klappernd einen Topf auf den Herd. Sie stand wortlos da, bis das Wasser kochte, dann sagte sie: »Wie war dein Flug?«

»Hab die ganze Zeit geschlafen«, sagte ich. »Damit hatte ich gar nicht gerechnet.«

»Oh, das wundert mich nicht.« Sie trug eine randvolle Stempelkanne an den Tisch. »Du hast ein paar schwere Wochen hinter dir.«

»Ich weiß nicht«, sagte ich. »Nichts im Vergleich zu … du weißt schon.«

»Schmerz ist Schmerz.« Veronica drückte den Filter runter und schenkte uns jedem eine Tasse ein. Kurz starrte sie ihren Kaffee an, ihr langes weißes Haar glänzte im Licht. Carlos und sie hatten dieselben Gesichtszüge, stark konturierte Wangenknochen, durchdringender Blick, skeptische Augenbrauen.

Carlos, wenn du das hier liest, du würdest nicht glauben, wie ähnlich du ihr siehst.

»Wie ist es dir ergangen?«, fragte ich.

Ihr Blick hob sich langsam zu der Jesus-Statue neben mir, schwenkte dann zu mir. Sie sah mich direkt an: »Ich weiß es nicht.«

Als es ganz fein zu regnen begann, wurde das Plätschern des Brunnens lauter.

»Jeden Morgen«, sagte sie und holte Luft. »Jeden Morgen, all die Jahre, die er gearbeitet hat, hab ich nachgesehen, ob er mir eine Nachricht geschickt hat. Das war das Erste, was ich gemacht habe, an jedem einzelnen Tag.«

Die Kaffeetasse auf der weißen Untertasse war wie die Pupille eines starren Auges.

Sie schaute mich von der Seite an und hob die Tasse an ihre Lippen.

»Du kannst übrigens rauchen, wenn du willst«, sagte sie.

»Ich denke, ich halt's aus.« Ein Zittern löste sich an meiner Schädelbasis, und ich klopfte mit den Fingerknöcheln auf den Tisch, bis ich bereit war, zu sagen, weshalb ich hergekommen war. »Tut mir leid, was ich deinem Sohn angetan habe. Wäre ich vor vier Jahren nicht zu ihm hingefahren, säßen wir jetzt nicht hier. Und er würde noch leben.« Ich verschränkte meine Arme, starrte unter mich. »Ich habe ihn dir weggenommen. Als würde er mir gehören.«

Ihre langknochige Hand fühlte sich kühl an auf meinem Unterarm.

»Na ja, er hat dir ja auch gehört«, sagte sie. »Natürlich war ich froh, dass er jemanden gefunden hatte, nur der Gedanke daran, dass er wieder zu dieser Art von Arbeit zurückkehrt?« Sie schüttelte den Kopf. »Natürlich habe ich dir die Schuld daran gegeben. Und ich dachte, das würde auch immer so bleiben.« Sie verstummte. »Aber dann habe ich angefangen, ihn zu sehen. An Abenden wie diesem …« Sie zeigte zum Fenster: »… der Regen, das war seine flüsternde Stimme, die mir gesagt hat, es ist okay. Einschlafen ist okay. Und dass er in Sicherheit ist. Sogar so was wie glücklich. Und weißt du«, sagte sie, »wenn du so alt bist wie ich, hältst du so was für den Beginn einer fortschreitenden Demenz.« Sie lachte. »Oder vielleicht auch schon gar nicht mehr den Beginn. Ich weiß es nicht.« Sie schüttelte den Kopf. »In den letzten Tagen bin ich aufgewacht, da hatte er seine Hand auf meinen Kopf gelegt, mir übers Haar gestreichelt und gesagt, dass du wahrscheinlich irgendwann hier auftauchen wirst. Und dass ich nett zu dir sein soll.« Sie schnaubte durch die Nase, schloss die Augen und schüttelte den Kopf. »Ganz ehrlich, ich wusste doch sowieso, dass du ihn nicht erst überreden musstest, aus El Paso wegzuziehen.«

Ihr Lächeln erreichte ihre Augen nicht. »Du und ich zusammen hätten ihn nicht von seiner Arbeit fernhalten können. Seitdem er seine erste Kamera aus meinem Atelier geklaut hatte und wenig später mit einer Ausgabe der Zeitung zurückkam, in der seine Fotos abgedruckt waren, habe ich es gewusst. Ich erinnere mich noch an seinen Gesichtsausdruck, als er sie mir gezeigt hat. Wie ein Raubvogel hat er ausgesehen.« Sie verzog den Mund. »Das ließ sich nicht unterdrücken. Nein, er wollte die Probleme der Welt lösen und lieber sterben, als aufzugeben. Und in Mexiko stirbt man nun mal, wenn man es nicht aufgibt.« Sie starrte auf den Tisch. Tränen stiegen ihr in die Augen, liefen aber nicht über.

Ich tappte mit den Fingern im Takt des auf das Dach prasselnden Regens. »Ich wusste nicht, dass du Bescheid wusstest – na ja, du weißt schon. Über uns.«

Sie lächelte. »Wenn es um deinen eigenen Sohn geht, dann bleibt dir nichts verborgen. Ich glaube, ich wusste schon, wie er empfindet, bevor du es gemerkt hast. Nachdem ihr euch kennengelernt hattet, bin ich am Telefon ja kaum noch zu Wort gekommen. Es ist nur so aus ihm herausgesprudelt – ›Ma, ich hab einen Reporter getroffen, der ist noch verzweifelter als ich, und höflich genug, so dass er dir gefallen könnte. Zusammen werden wir den mexikanischen Journalismus retten.‹«

»Kommt ungefähr hin.« Ich kratzte mich am Hinterkopf. »Ich meine, das klingt sehr nach ihm.«

»Und es stimmte.« Sie schaute zu dem Regen auf, der über die Scheibe strömte. »Ich hab den Artikel gelesen. Ihr habt das gut gemacht.«

»War ganz okay.«

Ich nahm meinen Kassettenrekorder und legte ihn auf den Tisch.

»Ist das …?«

»Ja. Der Mitschnitt von unserer ersten Begegnung«, sagte ich. »Ab einem bestimmten Punkt hört man uns ehrlich gesagt nur noch, wie wir schreckliche Drinks mixen. Aber, na ja, ist halt seine Stimme.«

Sie nahm den Rekorder und drückte auf Play.

Da war sie wieder: die zufallende Tür in Zimmer 404 des Hotels in El Paso; Carlos schniefte, weil er Schnupfen hatte, schimpfte, weil er verkatert war, und fragte: »Ist das Ding an?«; dann das Geräusch eines aufflackernden Feuerzeugs, einmal, zweimal.

»Können wir uns das anhören?«, fragte seine Mutter, während sich die Kassettenrädchen drehten.

»Das ganze?«

Sie nickte.

»Klar.«

Draußen wurde die Nacht dunkler und die Jesusstatue warf einen Schatten auf den Boden. Carlos' Mutter lachte, lächelte, manchmal weinte sie ein bisschen. Ich streichelte einfach ihre Hand und hörte, wie unsere Geschichte zum Licht aufstieg, sanft wie Kerzenrauch.

»Das ist meine Lieblingsstelle«, sagte ich, nachdem das Band ungefähr eine Stunde gelaufen war.

»Wie bist du zu deinem Beruf gekommen?«, hörte ich mich fragen.

Carlos' Stimme war dumpf, weil er den Rauch in der Lunge hielt. »Als ich klein war, war meine Mutter sehr vorsichtig mit mir. Hat mich nie rausgelassen. Was verständlich war. Mein Dad war raus aus dem Spiel, sie war aus Vermont weggezogen, und ich war das einzige Zuhause, das sie hatte. Aber wenn man sechzehn ist, wird man zum Arschloch. Man will nur noch sein eigenes Ding machen. Und ich hab gesagt: ›Komm schon, ich will in die Stadt gehen.‹ Aber sie meinte: ›Das erlaube ich dir auf gar keinen Fall.‹ Eines Tages hab ich sie gefragt: ›Und wenn ich dafür Geld bekomme?‹ Sie erwiderte, das wäre dann wohl okay.«

Carlos' Mutter lachte und schniefte gleichzeitig.

»Ich hab mir also eine von ihren alten Kameras geschnappt, bin in ganz Juárez herumgelaufen und hab coole Gesichter gesucht«, sagte er.

»Dieser Frechdachs«, sagte Carlos' Mutter.

»Und ich wusste sehr viel über Narcos«, sagte Carlos. »So wie sich die meisten Jugendlichen mit Fußballspielern auskennen, so kannte ich mich mit Narcos aus. Mein Zimmer war so eine Art Höhle, vollgepflastert mit Plakaten von diesen Dreckschweinen. Ich hatte Carrillo Fuentes, Arellano Félix, El Güero Palma. El Chapo durfte ich nicht, aber den konnte ich sowieso nicht leiden.«

Sie vergrub das Gesicht in den Händen. »Sein Zimmer war grauenvoll.«

»Das erste Gesicht, das ich an jenem ersten Tag in Juárez mit der Kamera meiner Mutter fand, war das von einem alten Lieutenant aus der Zeit von Carrillo Fuentes.«

Sie sah das Band im Rekorder laufen. Ihr Lächeln wirkte warm und abwesend.

»Einer aus der alten Generation«, sagte Carlos. »Einer von den Typen, die es früher in jeder Stadt gab, so wie den Priester, den Bürgermeister und den Lehrer – nur dass dieser Mann, dieser Narco, echtes Geld in die Stadt gebracht hat. Er hat ballenweise Gras über die Grenze geflogen, kam mit dicken Bündeln von Dollarscheinen wieder zurück und saß den ganzen Tag zu Hause, wartete darauf, dass Leute ihn um Hilfe baten.«

»Ich war stinksauer, als er mir das erzählt hat«, sagte seine Mutter. »Aber auch wahnsinnig stolz.«

»Der Mann, den ich gesehen hatte, das war einer von denen gewesen. Und er hat in einem Parkhaus gearbeitet. Alt, lederig und schnurrbärtig. Ich bin einfach hingegangen, hab ihn um ein Foto gebeten, und er fühlte sich so geschmeichelt, dass er mir sogar noch ein Interview gegeben hat. Die Bilder hab ich an *Diario* geschickt. Und der Rest ist Geschichte.« Er zog an seiner Kippe. »Ich hab eine schillernde Karriere hinter mir, *cabrón*.«

Als sich der Rekorder am Ende des Bandes knackend ausschaltete, war es fast schon Morgengrauen. Veronica stieß ein so langes und tiefes Seufzen aus, dass man hörte, wie sich kiloweise Trauer in ihr anhob und wieder heruntersackte.

»Du kannst das Band behalten«, sagte ich.

Ihr Blick traf meinen. »Nein«, sagte sie. »Das kann ich nicht annehmen. Das gehört dir.«

»Nein«, sagte ich. »Ehrlich. Ich habe andere Arten, mich an ihn zu erinnern.«

Sie drehte den Kassettenrekorder in der Hand. »Bist du sicher?«

»Klar. Ist schön, seine Stimme zu hören. Meistens jedenfalls«, sagte ich. Draußen verstummte der frühmorgendliche Sturm.

Sie stand auf. »Ich hab auch was für dich.«

Ihre Schritte knarzten eine von weiteren Heiligen gesäumte dunkle Holztreppe hinauf: Maximón mit seinem herabhängenden Schnurrbart und dem traurigen Blick, der gelassene, bärtige Hermano Pedro; Sankt Johannes, der Jesus an der Schulter packt.

»Bitte«, sagte sie im Türeingang, gelbes Licht fiel von hinten auf sie. Sie hielt mir einen mit grober Schnur umwickelten Umschlag entgegen. Als ich ihn ihr abnahm, rutschte der Inhalt in eine Ecke.

»Das ist nicht alles«, sagte sie. »Ich will noch ein bisschen in der Wüste verstreuen.«

Als wir uns umarmten, schluchzte sie lange in meinen Armen, und ich schaute auf das Päckchen in meinen Händen, fuhr mit dem Daumen über den glatten Umschlag, und für einen kurzen Moment waren wir alle drei zusammen vereint.

Der Himmel an jenem Morgen auf der Terrasse meines Hotelzimmers war reines Kodachrome-Blau, der Dunst, der Zigarettenqualm und meine eigene Schläfrigkeit legten sich so dicht um mich, dass ich mir fast vorstellen konnte, wie Carlos auf dem anderen gusseisernen Stuhl neben mir saß, die Augen rot unterlaufen, der Hals voller Blutergüsse. Der Umschlag mit Carlos' Asche lag auf dem Tisch neben meinem Telefon.

Er zeigte mit gebrochenen Fingern darauf. »Du weißt, wo du damit hinmusst, *vato*?«

Ein Schwarm Spatzen flatterte auf. Unten knipsten ein paar weiße Touristen Bilder von dem zerstörten Säulengang, wo die Frauen am Tag zuvor ihre Waren verkauft hatten. Die Spatzen bildeten hoch oben in der Luft ein ›V‹, unter ihnen in dem grünen Hotelgarten wuchsen Palmen und Bananenstauden.

»Scheiße, Mann«, sagte ich gähnend, schlang seine Jacke um mich. »Ich werde dich wirklich vermissen.«

Carlos blies Rauch aus und sein Umriss bebte. »Du weißt, dass ich nicht wirklich da bin, oder?«

Die sternförmigen, blau geränderten Löcher in seiner Brust wurden jetzt größer. Grauer Rauch kam heraus, mischte sich mit dem Qualm seiner Zigarette, die er zwischen den entstellten Fingern hielt.

»Aber dein Hotelmanager vielleicht schon.«

Jetzt war er eine Wolke, trieb über dem Stuhl, plötzlich steckte seine Zigarette zwischen meinen Lippen, als wäre sie immer schon da gewesen, und dann war ich allein in der erwachenden Stadt.

Der Wählton tutete ewig, jedenfalls kam es mir so vor.

»Ich glaub's nicht«, hast du gesagt.

»Doch. Der Artikel ist fertig. Ich hab Urlaub.«

»Na dann, Glückwunsch. Wo bist du?«

»Guatemala«, sagte ich. »Ist mein Zimmer noch frei?«

Ich hörte ein Lächeln in seiner Stimme. »Kann sein. Willst du zurückkommen?«

Carlos' letzte Rauchfäden fächerten sich auf, zerfaserten und waren verschwunden.

Um von Guatemala nach Uruguay zu gelangen, muss man nur einen Nachtflug mit der LAN bis Chile nehmen. Dann sind es nur noch ein paar Stunden bis Montevideo, und von dort geht es weiter mit dem Bus nach Colonia.

»Sozusagen.«

»Wann?«

Die Spatzen flogen auf in die blaue Atmosphäre. Fünfundfünfzig Kilo Blut und Muskeln, eine Reisetasche voller Klamotten und ein paar ausstehende Honorarschecks – das war ich.

»Na, ehrlich gesagt, am liebsten heute.«

»Wow. Na gut, okay«, hast du lachend gesagt. »*Te espero acá.*«

Das spanische Verb *esperar* hat drei Bedeutungen: »hoffen«, »warten« und »erwarten«. Welche davon du gemeint hast, wusste ich nicht, aber ich vermutete, vielleicht wirklich alle drei.

ANHANG

Eine Würdigung des ›echten Carlos‹

Es heißt ja, man hat sein Leben lang Zeit, sein erstes Buch zu schreiben, und auch ich habe mich an diesem fast zehn Jahre lang versucht.

Mexiko befand sich 2008 bereits seit zwei Jahren in einem schubweise verlaufenden bewaffneten Konflikt, in dessen Verlauf während der darauffolgenden zehn Jahre zweihunderttausend Menschen starben oder verschwanden. Ich war damals Literaturstudent im zweiten Semester am Trinity College in Dublin, versuchte ein Buch über zwei Männer zu schreiben, deren Liebe für einander sehr schmerzhaft war.

Immer wenn ich von meinem Manuskript aufschaute, um die Nachrichten aus einem Land zu lesen, das mich seit meiner Kindheit fasziniert hatte, sah ich drastische Bilder von Menschen in meinem Alter, die von korrupten Polizeikräften oder nebulösen Kartellen ermordet worden waren, und mir wurde mulmig, weil ich so viel Glück gehabt hatte und sie nicht.

Dieser Gegensatz verfolgte mich bis zu meinem Uni-Abschluss und darüber hinaus, ebenso wie auch der Gegensatz zwischen dem Buch, das ich schreiben wollte, und dem, das ich tatsächlich schrieb. Die Filme und Bücher, die mich interessierten, berichteten davon, inwiefern Macht das Leben unzähliger Einzelpersonen zerstören kann, während ich hier am Schreibtisch saß und mich auf die Geschichte zweier Männer konzentrierte, die versuchten, sich zu verlieben. *Liebe, Erfüllung, Glück* schienen mir neben *Geschichte, Tragödie, Politik* viel zu klein und unbedeutend.

In der Hauptsache war dies der Grund, warum ich ungefähr ein Jahr nach meinem Abschluss den Versuch aufgab, Romane zu schreiben, und nach Mexico City zog, wo ich als freiberuflicher Journalist tätig war und mich der Themen annahm, über die meiner Ansicht nach mehr geschrieben werden sollte. Auch wenn ich mich nicht für die Qualität dessen verbürgen kann, was ich dabei hervorgebracht habe, so war mein Gewissen doch ein bisschen beruhigt, weil ich mich jetzt immerhin näher am Geschehen bewegte.

Oder zumindest dachte ich das zu Beginn.

Aber man gewöhnt sich wirklich an alles. In Mexiko hat fast jeder schon einmal eine Tragödie erlebt, in seinem unmittelbaren Umfeld, am eigenen Leib erfahren oder bei einem Nahestehenden. Natürlich ist es nicht einfach, sich diese Geschichten der Menschen anzuhören, aber man befindet sich nie weiter als einen Flug oder eine Taxifahrt vom geschützten Kokon des bezahlten Auslandskorrespondenten entfernt. Man kann die Tür zumachen und mit seinen Freunden darüber reden: Wenn der Artikel erscheint, zählt man die Likes und Shares, wartet auf das Honorar, und die Berichterstattung wird zu einer Art Währung, mit der man sich Coolness, Selbstwert oder Wagemut erkauft.

Lange Zeit war mir dies bestenfalls vage bewusst, und noch viel vager hatte ich ein schlechtes Gewissen deshalb. Am 31. Juli 2015 wurden in einem Apartment zwei Straßenecken von meiner Wohnung entfernt vier Frauen und ein Mann gefoltert, vergewaltigt und erschossen. Zwei der Opfer waren einfach zur falschen Zeit am falschen Ort gewesen – das heißt bei sich zu Hause. Eine weitere Tote war die Reinemachefrau. Die anderen beiden waren die Aktivistin und Autorin Nadia Vera und ihr Freund, der Fotojournalist Rubén Espinosa: Beide hatten in den Wochen vor ihrem Tod Interviews gegeben und Zuschauer darauf hingewiesen, dass Morddrohungen gegen sie vorlagen, die ihrer Vermutung nach von staatlicher Stelle aus Veracruz ausgingen, wo beide vor ihrem Umzug ins Exil nach Mexico City gearbeitet hatten.

Trotzdem ich durch gewisse Privilegien relativ abgesichert war, jagte mir die Geschichte Angst ein. Obwohl ich viel in Veracruz gearbeitet hatte, hatte es nie jemand auf mich abgesehen gehabt. Und auch wenn ich finanziell stets knapp bei Kasse war, hatte ich nie um mein Leben fürchten müssen.

Nach dem Mord an meinen Nachbarn verlor ich den Glauben an das, was ich tat. Zwei Kollegen und ich waren auf eine große Story in Veracruz gestoßen, es ging um eine brutale Verbrecherorganisation, die als Los Zetas bekannt war und deren Terrorfeldzug gegen die Totonaken in der niedergehenden Ölmetropole Poza Rica. Seitdem ein Ire 1898 dort auf Öl gestoßen war, glich die Geschichte der Region einer einzigen langen Chronik der Vertreibung, Umweltverschmutzung und Gewalt, wobei in stets wechselnder Besetzung die immer wieder gleiche Story erzählt wurde: die Polizei gegen die Gewerkschaften, die Zetas gegen die Totonaken, der Staat gegen die Journalisten, Profit gegen Menschen.

Meine Freunde und ich dachten, die Unternehmen, die in der Region operierten, konnten unmöglich nicht wissen, was dort vor sich ging. Die Menschen, mit denen wir sprachen, die für ebenjene Unternehmen arbeiteten, bestätigten diesen Eindruck. Die Story schien uns riesengroß. Du liebe Güte, eigentlich hätte das ein riesengroßes Ding sein müssen. Aber niemand wollte sich offiziell äußern, und sofern es überhaupt je belastende Materialien oder Unterlagen gegeben haben sollte, waren diese längst vernichtet worden. Wie bei so vielen Interviews in Mexiko fanden die besten inoffiziell statt, blieben unbestätigt oder wurden nur unter dem Siegel der absoluten Verschwiegenheit gegeben, manchmal war das Berichtete so befremdlich, dass es eigentlich nur ein Gerücht sein konnte, dabei aber andererseits so detailliert, dass es wahr sein musste. Wie bei vielen Geschichten hatten Verbrechen, Korruption und Kapital die Wahrheit im Würgegriff.

Wenn ich in jener Zeit Karten, Statistiken und Transkripte zusammenstellte, schaute ich von meinem Schreibtisch zu der Schublade mit dem alten Romanentwurf von 2008 über die beiden Männer, deren Liebe mit großem Schmerz verbunden war. Dann sah ich wieder Nachrichten und hatte das Gefühl, dass etwas zu Ende gegangen war, und ich fragte mich, welchen Nutzen ich als Auslandskorrespondent hatte. Ich war nach Mexiko gefahren, um nah am Geschehen dran zu sein und um mich von meinem eigenen schlechten Gewissen zu befreien, aber ebenjene Entscheidung hatte mich noch viel fester an meine eigene Privilegiertheit gebunden: Der Mord an meinen Nachbarn hatte mir meine eigenen Lügen offenbart, und nichts, was ich schrieb, würde mich je davon befreien.

Und so nahm ich das alte Manuskript, gab den beiden Hauptfiguren neue Namen, neue Klamotten und eine neue Adresse. Sie waren immer noch ein sehr gegensätzliches Paar – genau wie ich und der Mann, auf dem das Buch von 2008 basierte –, nur jetzt war einer der beiden Mexikaner, der andere Ausländer; der eine war Fotograf, der andere Journalist; der eine fühlte sich seiner Arbeit verpflichtet, der andere seinem Lebensstil; einer hatte Pech, der andere Glück auf eine Weise, die er gar nicht richtig begriff.

Dann stellte ich mich und meine Privilegiertheit auf die Probe, das Ergebnis war *Call Him Mine.*

Der Text – das Buch, das Sie jetzt vor sich haben – ist nicht unbedingt ein Tatsachenroman und ganz gewiss kein Sachbuch, aber eben auch nicht nur ein Roman. In Mexiko gibt es die Tradition der *crónica*, einer Mischform, die ihren Gegenstand der Reportage entlehnt, mit der zweifelhaften Objektivität der Autobiografie berichtet, darüber hinaus aber frei erfunden ist. In Anbetracht der Gefahren, die es birgt, wenn man in Mexiko die Wahrheit sagt, lässt sich unschwer nachvollziehen, weshalb diese literarische Form hier so stark verwurzelt ist. Aber die Beschränkungen bergen auch Vorteile.

Bei einer *crónica* bekommt man vielleicht nicht die im journalistischen Sinne ›reine‹ Wahrheit, wie der langjährig erfahrene Fotograf Keith Dannemiller einmal gesagt hat, aber man bekommt ein Gefühl dafür, wie sich etwas in einer bestimmten Situation zu einer bestimmten Zeit und an einem bestimmten Ort in Wahrheit anfühlt. Liest man die besten *crónistas* – wie Fernanda Melchor, Juan Carlos Reyna oder Federico Mastrogiovanni –, dann erfährt man dort ebenso viel wie durch Nachrichtenberichte, Artikel oder Reportagen.

Betrachten Sie *Call Him Mine* also entweder als einen Thriller in Form einer *crónica* oder als *crónica* in Form eines Thrillers. Betrachten Sie es als eine irgendwie verzerrte Art, die Wahrheit zu sagen. Betrachten Sie's als Würdigung all der Carlosse und Mayas dort draußen, tot wie lebendig. Betrachten Sie es als reine journalistische Wahrheit, die sich in einer kleineren fiktionalen verbirgt.

Und betrachten Sie die Charaktere als fiktional, aber stellen Sie sich die Figuren trotzdem als echte Menschen vor.

Tim MacGabhann, Oktober 2018
Loret, Baja California

Über *Der erste Tote*

1

›Veracruz se escribe con Zeta‹, Fernanda Melchor

Obwohl mexikanische Geheimdienste vermuten, dass die Los Zetas seit zirka 2004 in und um Poza Rica operierten[1], gerieten sie erst im Lauf des Jahres 2007 in den Blick der Öffentlichkeit, als ein Konvoi schwarzer SUVs von bewaffneten Männern gelenkt in die Stadt rauschte, um die Leiche eines gefallenen Kameraden zu exhumieren, der bei einem Pferderennen erschossen worden war.[2]

Obwohl die dem Kartell angehörenden Mitglieder größtenteils von mexikanischen Sondereinheiten, die teilweise in den Vereinigten Staaten ausgebildet[3] worden waren, wahrscheinlich bereits Ende der neunziger Jahre übergelaufen waren[4], war diese Form der offenen Machtdemonstration neu und läutete die Spaltung der Zetas von ihren Zahlmeistern beim Golf-Kartell ein, die zu jahrelangen Gewaltexzessen und wirtschaftlichen Krisen in der Gegend um Chicontepec führten, wo sich über fünfzehn Milliarden Barrel Rohöl finden – eines der weltweit größten verbliebenen Inlandsvorkommen an Erdölkohlenwasserstoff.[5]

1 »Guerra entre cárteles deja 500 muertos«, *El Universal*, 4.9.2015.

2 »Comando armado exhuma y roba el cadáver del Z14 del cementerio de Poza Rica«, *Al Calor Político*, 7.3.2007.

3 Chris Arsenault, »US-Trained cartel terrorises Mexico«, *Al Jazeera*, 3.11.2010; »El origen de ›Los Zetas‹: brazo armado del cártel del Golfo«, *Expansión*, 5.7.2011.

4 Ioan Grillo, *El Narco: Inside Mexico's Criminal Insurgency*, London: Bloomsbury, 2011, S. 94-98.

5 José Ignacio De Alba, »Poza Rica, Veracruz: la ciudad que pasó de la abundancia con el oro negro a vivir una crisis«, *Animal Político*, 11.9.2016.

2
Unsaubere Treibstoffe

Aber solch große Rohölvorkommen fordern ihren Preis. Der Großteil des Öls ist eingeschlossen in unregelmäßige Schiefergesteinsformationen, will man auch noch die letzten Reste herausholen, wird der Einsatz schwerer Frackinggeräte erforderlich, wodurch das Grundwasser vergiftet wird.[6] Die Methode ist so umstritten, dass sie als »fracking lite« deklariert wird, weil sie sonst nicht zugelassen werden würde, obwohl Einheimische Drohnen über den Förderstellen fliegen ließen und die Aufnahmen mit denen von anderen Frackingoperationen weltweit verglichen, um zu ermitteln, was dort tatsächlich passiert.

Mit dem Beginn der Operation »Rettet Veracruz« 2011, einer hochsichtbaren, sanften Sicherheitsstrategie, initiiert von der Regierung Calderón, sahen sich die Zetas gezwungen, auf Erpressung, Menschenhandel und Treibstoffdiebstahl auszuweichen, weil ihre Einkünfte aufgrund des Drucks durch die bundesstaatlichen Sicherheitskräfte zurückgingen und personeller Nachschub fehlte.[7]

Von diesem Punkt an wurden Gerüchte hinsichtlich geheimer Absprachen zwischen PEMEX und Gruppierungen des organisierten Verbrechens laut[8], wobei Erstere Letztere bezahlten, um einheimische Bevölkerungsgruppen, Aktivisten und Journalisten zu terrorisieren, um – den Einheimischen zufolge – den

6 Rubén Albarrán, »Fracking y ecocidio, la triste realidad que vive Veracruz«, *SinEmbargo*, 25.3.2018.

7 Will Dunham, »Thirty-two bodies found in Mexican gulf state«, *Thomson Reuters*, 7.10.2011.

8 Seth Harp, »Blood and Oil: Mexico's Drug Cartels and the Gasolin Industry«, *Rolling Stone*, 6.9.2018; Gabriel Stargardter, »Uneasy Energy: A Reuters Special Report«, 28.6.2018; Ana Lilia Pérez, »Crimen organizado somete a PEMEX«, 25.7.2010.

Einsatz umstrittener Frackingmethoden zur Kohlenwasserstoffgewinnung in der Region zu ermöglichen.[9] Häufig wurden Zetas entweder direkt unter den Polizeikräften der Veracruz State Police rekrutiert[10], oder sie haben sich als Polizeibeamte verkleidet, weil der Verkauf von Streifenwagen und Uniformen eine wichtige potentielle Einkommensmöglichkeit für unterbezahlte Polizeikräfte war.[11]

3

Ein Jaguar und ein paar verschwundene Milliarden

Das oben angeführte Beispiel ist nicht der einzige Fall von Infiltrationen der Zetas in den Staatsapparat von Veracruz. Soziologen, Journalisten und Einheimische sind sich darin einig, dass der ehemalige Gouverneur Fidel Herrera in seiner Amtszeit von 2004 bis 2010 die Zetas einlud, im Staat zu operieren, und zwar als Gegenleistung für die zwölf Millionen Dollar, mit denen sie seinen politischen Wahlkampf unterstützt hatten.[12] Herrera hat die Vorwürfe bestritten und als »unerhörte, scheußliche und unfassbare« Versuche von sich gewiesen, »den Namen eines Dieners von Veracruz zu beschmutzen«.[13]

9 Paul Sapin und Verity Oswin (Regie), »Crude Harvest: Selling Mexico's Oil« – Dokumentarspielfilm (Al Jazeera English, 29.12.2014); Interview mit Gumercindo González, agente municipal für *ejido* Emiliano Zapata, Mai 2014, von Jonathan Levinson (NPR), Charles Levinson (Reuters) und mir.

10 Arturo Ángel, *Javier Duarte: el PRIista perfecto*, Mexico: Ediciones Grijalbo, 2017, S. 86 ff.; Ricardo Raphael, »De cómo el narco financia la política«, *El Universal*, 19.10.2017; Fabiola Rocha, »Vinculan a mando policial de Veracruz con los Zetas«, 16.3.2018.

11 Grillo, a.a.O., S. 210; »Por 1500 pesos se puede adquirir un uniforme de policía en CDMX«, *Noticieros Televisa*, 15.5.2018.

12 Ángel, a.a.O., S. 103, 141; Raphael, *El Universal*, 19.10.2017; Jaqueline Ángeles, »Los Zetas dieron dinero a campañas de Veracruz y Coahuila: estudio Universidad de Texas«, 6.11.2017.

13 *La Jornada*, 7.11.2018, »Fidel Herrera niega tener nexos con ›Los Zetas‹«.

Sein Nachfolger Javier Duarte kam 2010[14] dank einer weiteren Schmutzgeldlawine ins Amt. Während seiner Regierungszeit wurden siebzehn Journalisten getötet und drei verschwanden. Todesschwadronen, bestehend aus Sicherheitskräften und Zetas, waren in mindestens fünfzehn Vermisstenfällen im Umfeld der Lencero Police Academy involviert, in deren Keller sich ein Zoo exotischer Fleischfresser im Stil von James Bond befand. Hinter dem Gebäude wurde ein Massengrab[15] mit den Leichen vermeintlicher Verbrecher entdeckt, die ohne Gerichtsprozess zu Tode gefoltert worden waren. Ein leitender Beamter der State Police mit dem Spitznamen El Jaguar wurde neben einunddreißig seiner Mitarbeiter wegen der Beteiligung an fünfzehn bestätigten Vermisstenfällen vor Gericht gestellt.[16]

Gouverneur Duarte begab sich 2016, zirka fünfzig Tage vor Ende seiner Amtszeit, auf die Flucht nach Guatemala, nachdem er 3,2 Milliarden Dollar an Staatsgeldern gestohlen hatte. Kurz darauf wurde er in einem Seebad festgenommen, später in Mexiko vor Gericht gestellt[17] und zu neun Jahren Gefängnis verurteilt.[18]

4

Immer dasselbe Spiel

Wenn die mexikanische Wirtschaft in einem Klima der globalen Austerität stagniert, gilt dies auch für die Ölindustrie in der Gegend um Poza Rica, weil ausländische Unternehmen entwe-

14 Ángel, a.a.O., S. 62 f., 65, 164.
15 Nathanel Janowitz, »Code Name Jaguar: How a Top Police Official Carried Out a Reign of Terror in Mexico«, *The Intercept*, 20.5.2018.
16 Ebd.
17 David Agren, »Mexico: ›worst governor in history‹ sentenced to nine years for corruption«, *The Guardian*, 27.9.2018.
18 David Agren, »Mexican governor accused of embezzling billions detained in Guatemala«, *The Guardian*, 16.4.2017.

der aus der Region abziehen oder ihre Aktivitäten auf Eis legen, bis der Markt wieder belastbarer erscheint. Nach 2014 und der Freigabe von Fördergenehmigungen in der Region Chicontepec begann die Regierung in Veracruz, ihre Verbindungen zu den Zetas zu kappen[19] und diese durch den Einsatz einer besser bezahlten Einheit der Veracruz State Police, bekannt als Fuerza Civil (im Roman Guardia Civil) zu ersetzen.[20]

Obwohl ihr Vorgehen brutal und kaum zielführend war, wird das Ende der Zeta-Operationen in der Region allgemein der Fuerza Civil gutgeschrieben. Die Zerschlagung des einen Kartells öffnete jedoch nur das Feld für die Aktivitäten eines neuen[21], und der Einsatz der neuen Polizeitruppe hat zu denselben Vorwürfen geführt, die auch gegen ihre Vorläufer erhoben worden waren: Menschen verschwanden, und es wurde gegen geltendes Recht verstoßen.[22] Poza Rica und die Region Chicontepec blieben in demselben Teufelskreis aus Arbeitslosigkeit, Umweltverschmutzung und Verbrechen gefangen wie eh und je.

19 Ángel, a.a.O., S. 61, 85, 103; Oscar Balderas und Nathaniel Janowitz, »What it's like to Lead a Team of Cartel Hitmen in One of Mexico's Bloodiest States«, *Vice News*, 2.6.2016.

20 Sapin und Oswin (Regie), a.a.O.; Interview mit Edgar Escamilla, Reporter des *La Jornada de Veracruz*, Mai 2014, von Jonathan Levinson (NPR), Charles Levinson (Reuters) und mir; Edgar Escamilla, »Enésima demostración de fuerza en Poza Rica«, *La Jornada de Veracruz*, 19.5.2016.

21 Ángel, a.a.O., S. 85; Noé Zavaleta, »La sangrienta batalla por la plaza de Veracruz«, *Proceso*, 16.1.2018.

22 José Martín, »Acusan a la Fuerza Civil en Poza Rica de levantar a tres«, *Imagen del Golfo*, 25.4.2016.

Danksagung

Call Him Mine wäre ohne Lourdes Pintado Gallardo nicht zustande gekommen, denn sie hat mir zu dem Auftrag verholfen, der mich zum ersten Mal nach Poza Rica geführt hat. Ohne Jonathan Levinson, der darauf bestanden hat, dass wir so oft wie nötig nach Veracruz zurückkehren, bis wir so was wie eine Story zusammenhaben, wäre dieser Roman nicht mehr als ein Entwurf geblieben. Ohne Fabio Barbosa, Érika Ramírez, Edgar Escamilla und Nancy Flores Nández wäre mir Poza Rica wie jede andere heruntergekommene Ölstadt vorgekommen. Ihnen allen bin ich zu großem Dank verpflichtet.

Alfredo, Amy, Azam, Béne Caf, Cristy, die Three Daves, Diego, Donovan, Dudley, Duncan, Keith, Luises Orozco y Kuryaki, Lucía, Mara, Nathaniel, Rafa, Robin und Steve: Eure Fingerabdrücke sind hier überall drauf. Danke.

Meine Tutoren und Kommilitonen an der UEA haben mir alle bei der Arbeit am ursprünglichen Manuskript geholfen, trotzdem muss ich Giles Foden herausgreifen, der dieses Buch zu dem gemacht hat, was es sein konnte. Ich bin immer noch tief beeindruckt von deiner Hilfe. Senica, Tom W., James, Sophie, Philly, Alan, Cara, Grace, Deepa, Joe, Mónica, Sumia, Timothy, Kathy, Kunzes, Laura, Harriet, Tommy K., Alake, Naomi – vielen Dank euch allen, dass ihr mir auf unterschiedliche Art durch das Jahr geholfen habt. Entschuldigt bitte den ganzen E-Zigaretten-Qualm.

Aufrichtigen Dank an Sally und Oisín dafür, dass ihr mir geholfen habt, einen sehr unförmigen ersten Entwurf in etwas zu verwandeln, auf das ich stolz sein kann; an Cathal, Chloe, Hannah, Karl, Kevin und Roisín dafür, dass ihr mir geholfen habt, den Kopf nicht hängen zu lassen, als alles ein bisschen schiefging; und an John the Shed und Tom M., die ihr darauf geachtet habt, dass ich zum Schluss hier ankomme.

Jools und Rose haben mir ein Heim fern der Heimat gegeben, und das für viel längere Zeit, als jemand von uns erwartet hatte, und das immer mit so viel Anstand und Güte. Aufrichtiger Dank euch beiden. Das Autumn Meal geht auf mich.

Die anderen Mitglieder des Legends Club und des Earthen Cat Tree haben mich mit Ermutigungen, fürsorglichen Mitteilungen und guten Ratschlägen ewig lange am Laufen gehalten. Nur ein Polizist würde euch namentlich nennen, aber ihr wisst, dass ihr gemeint seid.

Ich bin Sam Copeland so dankbar, dass er mich stets mit Zuspruch und schützendem Blick unterstützt hat, dass sich das kaum mit scherzhaften Fußballvergleichen ausdrücken lässt. Trotzdem, wäre Schreiben die Premier League, dann wäre er Jürgen Klopp. Natasha und Max haben mir ungeheuer bei frühen Entwürfen von *Call Him Mine* geholfen, und Elizas Geduld schien keine Grenzen zu kennen: danke euch allen sehr.

Federico Andornino gebührt mein endloser Dank dafür, dass er das Projekt angenommen und das Buch besser gemacht hat, als ich es jemals für möglich gehalten hätte, ich bin dadurch zu einem besseren Autor geworden. Danke an die gesamte Familie bei Weidenfeld & Nicolson und der Orion Publishing Group, dass sie es mit einer Geschichte versuchen wollten, von der ich niemals geglaubt hätte, dass sie wirklich zustande kommt. Ich möchte Jo danken für ihren Scharfschützenblick beim Auffinden aller Tipp- und Anschlussfehler – wer mich kennt, weiß, dass das nicht leicht war.

Außerdem möchte ich dem Arts Council of Ireland danken, dessen Unterstützung bei der Fertigstellung dieses Projekts entscheidend war, insbesondere die Hilfe von Jennifer, Kat und Ben.

Meine Mutter, mein Vater und meine Schwester Beck standen immer hinter mir und haben mich uneingeschränkt unterstützt. Meine Partnerin Jany hat lange bevor ich es selbst getan habe, an mich geglaubt. Alles, was wir tun und worüber wir reden, macht mich zu einer besseren Person und zu einem besseren Autor. Sie ist die beste Fahrerin, Leserin und Motivationstrainerin, der ich je begegnet bin. Ich habe ihr so ziemlich alles zu verdanken. Meine Liebe und Dankbarkeit gegenüber meiner Familie ist grenzenlos.